장난감 & 책 오타쿠 일본 취준생의
한 해 다섯 번 떠난 일본 여정 다이어리

이스안 지음

TOYPHIL BOOKS

내가 일본에 있는 동안
나를 믿고
재워주고 놀아주고 먹여주고
나에게 여분 열쇠를 쥐어주며
자신의 집을 기꺼이 내어 준 일본의 친구들에게
우선적으로 이 책을 바칩니다.

私が日本にいる間
私を信用して
泊まらせてくれ、遊んでくれ、奢ってくれ、
そして合鍵を私の手に渡してくれて
自分の家を貸してくれた日本の友達皆に
優先的に、この本を捧げます。

飛出し注意(뛰어들기 주의) 표지판 ▶
도로에 어린이가 뛰쳐나오는 것을 주의시키기 위한 일본의 공공 표지판.

글을 시작하며

2016년 한 해 동안 일본에 총 다섯 번을 다녀왔다. 늦겨울, 초봄, 봄, 늦봄, 가을. 여름을 제외하고 세 계절을 느끼고 돌아왔다. 그래서 1년 중 약 한 달이 조금 안 되는 시간을 일본에서 보냈다. 여름에 가지 않은 것은 당시 첫 번째 책 준비를 하면서 매우 바빴던 것과 굳이 일본까지 가서 무더위를 느끼고 싶지 않았다는 단순한 이유 때문이다.

나는 초등학교 저학년 때부터 애니메이션과 장난감의 왕국인 일본에 관심이 생겨 혼자서 일본어를 독학하기 시작했고 그 이후에도 종종 일본에 갔다. 그리고 대학에서 부전공으로 일본학을 공부했고, 일본 교환유학도 다녀왔다. 그래서 일본에 관련된 책도 앞서 한 권 냈다. 사실 이 책은 매우 부끄러운 나의 첫 책인 〈나의 알록달록한 일본〉의 후속작이라고도 할 수 있다. 〈나의 알록달록한 일본〉은 2013년 12월부터 5주 간 오사카에서 자유여행을, 2014년 9월부터 도쿄에서 반년 간, 2015년 3월부터 후쿠오카에서 5개월 간 내가 일본에서 교환유학을 하며 쓴 일기를 모은 책인데 그 책에서 미처 다 말하지 못한 것과 유학이 끝난 이후에도 계속되는 일본과의 인연을 이 책에서 말하고 싶었던 것이다. 중점적으로 얘기하고자 하는 것은 일본에서 벌어진 잊을 수 없는 소소한 에피소드들이다. 책 제목 그대로 정말 내 맘대로, 내 멋대로 일본을 돌아다녔다. 일본에서 나는 여행자이기도 했고, 대학생이기도 했으며 취준생이기도 했다.

한국 나이로 스물 다섯 살이었던 2016년은 내 인생에 있어서 가장 진로를 많이 고민한 시기였다. 대학을 졸업하고 나면 대학원에 갈지, 회사원이 될지, 작가가 될지, 설령 작가를 지향한다 하더라도 미술 작가가 될지, 글을 쓰는 작가가 될지… 나는 하고 싶은 게 너무 많아서 오히려 진로를 고르기 힘든 상태였다. 그 사이사이에 일본 여정이 있었다. 그 여정 속에서 종종 주어지는 혼자만의 시간은 나에게 많은 생각에 잠기게 했다. 그리고, 스물 다섯을 보내던 도중 내가 진심으로 하고 싶은 일을 찾아낼 수 있었다.

그리고 일본에서 친구들과 만나는 것은 물론이요, 중간 중간 서점에 들어가서 다양한 책을 구경하는 것과 다양한 장소에서 장난감을 수집하는 재미는 내가 일본에 자주 가는 이유이다. 그래서 나는 이미 일본에 중독된 지 오래이며, 일본 여행이 끝나도 아직 마음만큼은 그 땅에 두고 오기도 한다.

글에서 나의 일본에 대한 과한 애착이 보여서 아니꼽게 느껴 질 독자도 분명 계실 거라 생각한다. 하지만 이 책을 선택한 독자들도 어느 정도 일본에 관심과 흥미가 있을 기라고 예상하며, 나는 일본에 있는 다양한 책과 장난감, 그리고 나의 일본인 친구들을 좋아하지 일본 정부와 역사까지 좋아하지는 않는다. 오히려 혐오 수준에 가깝다. 모든 대한민국 국민들이 그렇듯이 말이다. 그리고 한일 관계가 매우 악화된 이 시점에서 한일 관계가 하루 빨리 개선되길 기원하고 있다. 한국과 일본은 지리적으로 너무나도 가까워서 자주 볼 수밖에 없는, 서로 애증을 느끼는 친자매와 같은 사이라고 생각하기 때문이다. 애증에서 증을 없애는 일이 쉬운 일이 아니라는 것은 잘 알고 있지만 분명 개선이 가능한 일이라고 본다(개인적으로 거기에는 일본의 노력이 조금 더 필요하다고 생각한다). 한일 양국의 교각이 되고 싶다는 등의 진부한 말은 잠시 집어넣고, 일단 나는 조만간 다시 책과 장난감을 사러, 그리고 친구들을 만나러 잠시 일본으로 다녀올 생각이다.

아쉽게도 나에겐 글을 기교있게 쓰는 재주가 없다. 그저 있는 그대로, 겪었던 상황과 그때의 감정을 단순히 나열한 것일 수 있다. 아마 글을 읽으며 아래와 같은 의문이 들 것이라 예상해본다.

"얘는 왜 맨날 맥도날드 해피밀 세트랑 카레만 먹어?"
"얘는 왜 툭하면 장난감 가게랑 서점만 가지?"
"얘는 왜 툭하면 가챠퐁을 뽑고 다녀?"
"얘는 왜 취준생이라면서 취업준비를 제대로 안 해?"
"얘는 왜 맨날 호텔에서 안 자고 친구 집에 자면서 민폐를 끼치지?"
"얘는 왜 툭하면 질질 짜고 툭하면 기절해?"
"얘는 대체 뭐 때문에 이렇게 빈곤하고 안쓰럽게 여행하는 거야?"

편식이 심한 탓에 본문에 맛집 정보도 별로 없고, 매일 같은 것만 먹으며 취업 준비도 열심히 하지 않고서, 툭하면 장난감 가게와 서점을 들락날락 거리는 등의 공감하기 힘든 내용이 자주 나올 것이라고 예상한다. 하지만 조금의 픽션도 넣지 않고 최대한 모든 기억을 되살려 솔직하게 그려넣었다. 공항에 도착하여 비행기에 올라 탄 나의 첫 호흡부터, 비행기에서 내려 공항에서 집으로 돌아간 순간까지 솔직하게, 있는 그대로. 이 책은 일본여행 가이드북이 아닌, 에세이이기 때문에.
한 해 다섯 번의 일본 여정을 다녀온 바, 나름대로 느낀 바가 자질구레하게라도 많았던 바, '여유가 되신다면 읽어 주시지 않겠습니까? 완전 재미없지는 않을 거예요' 하는 마음으로 이 글을 여러분께 바친다.

언제 어디로 떠나든
잠을 어디서 자든
누구를 만나든
무엇을 사고 무엇을 먹든
무엇을 어떻게 하든 무엇을 느끼든

내가 떠나는 여정은
오로지 나만의 길이고
나만의 룰이 있다.

그리고 나만의 그 룰 마저도
가끔은 깨부숴도 좋은 것.

남들이 공감할 수 없을지라도
내 시간과 길은 오로지 나만의 것이기에
내 멋대로, 끌리는 대로 걸어가도 좋지 않을까.

가끔은 그 길에서도 의외의 답을 찾을 수 있으니까.

목차

■ 글을 시작하며_4

■ 첫 번째 여정 - 2월 오사카, 교토 (3박 4일)_9
부모님의 가이드가 되어 함께 떠난 오사카&교토 여행

■ 두 번째 여정 - 3월 도쿄 (4박 5일)_67
일본으로의 취업 준비를 위해 도쿄로 취업설명회를 들으러 떠나다

■ 세 번째 여정 - 4월 도쿄 (4박 5일)_119
갈 이유가 없어졌지만 그래도 꿋꿋이 다시 찾은 도쿄

■ 네 번째 여정 - 5월 도쿄 (4박 5일)_185
정말 즐거웠던 M사의 그룹면접 경험

■ 다섯 번째 여정 - 10월 후쿠오카, 히로시마 (7박 8일)_227
친구들과 후쿠오카가 그리워 다시 일본으로 떠나다

■ 글을 마치며_312

■ 부록_314

본문에 있는 사진은 대부분 핸드폰 카메라로 찍은 것이기 때문에
화질이 좋지 않을 수 있습니다.

일본여행 가이드북이 아닌 에세이이므로 개인적 경험이 많고
여행지 관련 정보가 많이 부족할 수 있습니다.

여행지에 관련된 위치 정보는 부록에 간단히 수록되어 있습니다.

첫 번째 여정

오사카
교토

2016.2.29 ~ 3.3
3박 4일

어느날 갑자기 부모님과 떠나게 된 일본여행.
다시 일본에 가게 되어 마냥 신났지만
부모님과 함께 있는 탓에
자유로운 여행은 불가능했다.
누군가와 함께 하는 여행은 아무런 트러블 없이
마냥 즐거울 수는 없는 법.
심지어 여행 도중 천하의 불효녀인 나는
이 말까지 내뱉고 말았다.

"다시는 엄마 아빠랑 여행할 일 없을 거야!"

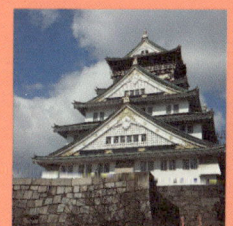

2월 초.

밖에서 부는 차가운 바람을 보일러와 히터로 애써 잠재워놓은 집 안. 나는 엄마와 단 둘이서 늦은 아침식사를 하고 있었다. 엄마가 갑자기 말을 꺼내셨다.
"엄마 아빠가 해외여행 못 가본지 2년이 다 되가네. 이번에 간다면 너는 어디가 좋을 것 같니?"
"음... 오사카는 어때?"
"너는 뭐만 하면 일본이니? 그리고 오사카도 너 잠시 지냈던 곳이잖아."
나는 2013년 12월 말부터 1월까지 약 5주간, 일본에서 일하고 있던 친구의 집에서 함께 머물며 오사카 자유여행을 한 적이 있다.
"맞아."
"오사카 좋았어?"
"응, 좋았지. 근데 엄마 아빠 일본 가면 나도 따라갈래."
"너 두 달 전에도 엄마가 생일 선물로 후쿠오카 보내줬잖아."
"그래도 갈래. 내가 다 가이드 하면 되잖아. 지금 바로 비행기랑 호텔 알아볼게."
나는 숟가락을 내려놓자마자 항공 사이트와 호텔 예약 사이트를 뒤졌다. 2월, 성수기라 그런지 비행기와 호텔 가격은 비수기의 두 배로 올라 있었다. 내가 3월에는 개강이니 2월 안에는 떠나야 했고 그나마 제일 저렴한 항공편이 인당 30만원이었다.
"엄마, 지금 예매 안하면 더 오를 것 같아."
"그럼 지금 하던가."
어쩌다 흘러가는 식으로 말을 꺼낸 것뿐이고 아주 약간의 떼를 쓴 것뿐인데 그렇게 나는 정말 두 달 만에 다시 일본에 가게 되었다. 사실 나도 오사카에는 안 간지 1년이 다 되어가서 오사카가 그리운 참이었다.
부모님은 두 분 다 여행을 자주 다니기도 했고 여행 다큐멘터리 방송을 즐겨 볼 정도로 여행을 좋아하신다. 최근에는 아빠의 업무 스케줄 때문에 어쩔 수 없이 여행을 자제하시던 부모님인데, 이렇게 쉽게 일본에 가기로 결정하게 된 걸 보니 그동안 정말 여행이 하고 싶어서 답답하셨나보다.
날짜는 앞으로 3주 뒤인 2월 29일부터 3월 3일까지, 3박 4일간으로 잡았다. 개강 직후에 잠깐 학교를 빠지게 되긴 했지만, 이미 나는 학점 따윈 관심사에서 벗어난 지 오래라 그런 건 딱히 개의치 않았다.
부모님과 함께 일본으로 떠나는 건 2003년 5월 도쿄 여행 이후로 처음이었고, 세 살 위의 오빠는 바쁜 회사 일 때문에 어쩔 수 없이 여행을 포기해야 했다. 부모님께 내가 오사카 여행 가이드를 한다는 명목 하에 내가 지불해야 하는 여행 경비 부담도 없었고, 오랜만에 추억이 많은 오사카에 다시 갈 수 있어서 그저 좋았다. 부모님을 고려해 일본의 옛스러움을 느낄 수 있는 도시인 교토도 일정에 넣었다. 나는 오사카에도, 교토에도 일본인 친구가 있어서 한 명씩 잠시라도 만날 계획도 세웠다. 부모님이 료칸에 묵고 싶어 하셨기 때문에 료칸도 알아봤지만, 저렴한 곳도 인당 15만원에서 30만원 사이였다. 나는 부모님을 설득해서 료칸은 다음에 가기로 하고, 그 돈으로 좀 더 맛있는 것을 먹고 사고 싶은 것을 사자며 좀 더 가격이 저렴한 비즈니스호텔로 예약했다.
"료칸은 내가 나중에 돈 많이 벌어서 모시고 갈게."
"그 나중이 언제가 될까?"

그리고 얼마 후, 출국 3일 전.
부모님과 나는 몇 년 만에 크게 다퉜다. 다퉜다기보단 내가 대들었다는 게 맞는 표현일 것이다. 마찰의 원인은 내가 친구 집에서 외박했다는 이유였다. 나는 아기를 키우는 친구의 집에서 엄마의 허락을 받고 하루 묵을 생각으로 놀러 갔지만 아빠는 무조건, 이유 없이 절대 반대였다. 아빠를 이해할 수 없었던 나는 결국 아빠의 반대를 무릅쓰고 그 친구의 집에서 묵었다. 그리고 다음 날, 집에 돌아가니 방 안의 장난감 장식장이 텅 비어 있었다. 장난감들은 집 밖 쓰레기통에 처박혀 있었다. 쓰레기통을 다시 방으로 가져

와서 장난감들을 살펴보니 목이 부러지고 산산조각이 나 있었다. 대부분 다시 조립할 수 있는 것이었지만 아끼는 인형의 목이 부러진 건 정말 참을 수 없었다. 나는 장난감들을 끌어안고 집이 떠나가라 통곡했고, 듣고 있던 엄마는 밖에서 "쟤 왜 저래?"라며 나를 조롱했다. 나는 집 옥상으로 올라가 호흡곤란인 상태로 친구에게 전화를 걸었다. 신호음이 끝나고 친구의 목소리가 들리자마자 나는 다시 통곡했다. 다짜고짜 전화 걸어서 말도 안 하고 짐승처럼 우는 걸 듣는 친구도 어이가 없었을 것이다. 나는 숨을 고르고 자초지종을 설명했고, 당장 오사카행 비행기와 호텔을 전면 취소해 버릴 것이라고 선언했다. 하지만 친구는 나에게, "너 진짜 취소하면 최악의 딸이 되는 거고 부모님이랑 더욱 화해하기 힘들어질 거야." 라고 말했다. 결국 이 상황에서는 어쩔 수 없이 잘못을 저지른 내가 숙이고 들어가는 수밖에 없었다. 하지만 아끼는 장난감들이 엉망이 되어버린 나도 분명히 억울한 게 있었다.

나는 여행을 떠날 기분도 아니었고, 이틀간 부모님과 나는 한 집에 살면서도 얼굴도 쳐다보지 않고 한 마디도 하지 않고 있었다. 그런데 출국 전날, 엄마가 나에게 먼저 말을 걸었다.

"너 혹시 여행 취소했니?"

"…아니."

"그럼 짐 안 챙기고 뭐해?"

그렇게 우리 가족은 짐을 함께 챙기면서 아무 일도 없었다는 듯이 돌아왔다. 장난감이 버려졌었다는 상처는 아직 앙금으로 남아 있었지만 어쩔 도리가 없었다. 마찰의 원인 제공자는 나였으니까.

2월 29일 월요일   첫째 날 간사이공항-난바-신사이바시-히고바시

오후 4시 비행기라 집에서 느긋하게 준비한 후 우리 세 가족은 자가용을 끌고 공항으로 향했다. 나는 어린아이처럼 편하게 뒷좌석에 누워 이어폰을 귀에 꼽고 음악을 들으며 마음껏 설렘을 즐겼다. 말소리는 잘 들리지 않았지만 부모님도 오랜만의 여행으로 꽤 들뜨신 듯 했다.
짧은 일정이기 때문에 그다지 많은 짐이 들지 않았다. 나는 베낭과 마블의 캐릭터들이 그려진 기내용 캐리어를, 엄마는 작은 핸드백과 기내용 캐리어를, 아빠는 메는 가방과 세 인원의 물건들이 들어간, 아주 커다란 핑크색의 내 캐리어를 들기로 했다.

공항에 도착한 후 출국 수속을 마치고 여유롭게 면세점을 구경한 우리 가족은 시간에 맞추어 탑승 대기줄에 섰다. 성수기가 다 끝나갈 무렵인데도 줄은 매우 길었고 비행기는 빈 좌석 하나 없이 꽉 찼다. 여태 비행기는 거의 항상 혼자서 조용히 타고 일본을 오가곤 했는데, 나의 보호자들과 함께 타니 나는 마치 어린아이로 돌아간 기분이어서 가방에서 인형을 꺼내 사진을 마구 찍어댔다. 내가 가져온 인형은 내가 탄 비행기의 승무원들을 마스코트

"오늘도 저희 항공을 이용해 주셔서 대단히 감사합니다."

화하여 같은 승무원 유니폼을 입고 있는 인형이며 이 항공의 비행기 안이나 전문 면세점에서도 판매하는 것이었다. 뒷좌석에서 "저 사람 좀 봐, 인형 갖고 사진 찍는다." 하고 소근대는 소리가 들렸지만 딱히 개의치 않았다. 혼자 있으면 절대 못 할 행동이었기 때문에 지금이라도 실컷 했다. 계속되는 수군거림을 듣다 못한 엄마가 옆에서 이제 그만하라며 나를 제지했다. 하지만 이 여행은 이제 내가 부모님의 보호자가 되어야 한다. 마냥 철없고 어리광 피우는 딸이 되어서는 안된다. 부모님은 도쿄나 다른 나라는 많이 가 보셨지만 여태 오사카에는 가 본 적이 없고 일본어를 모르시기 때문에 내가 책임지고 가이드를 해야 한다. 공항에서 시내까지 한방에 가는 전철 티켓을 비행기 안에서 구입하고 나니 어느새 창밖에는 오사카로 추정되는 풍경이 내려다보였고 저녁을 먹을 시간대쯤에 우리는 오사카의 간사이 공항에 도착했다. 부모님은 인천공항과는 색다른 간사이공항의 풍경을 이리저리 둘러보느라 바쁘셨다. 우리는 짐을 찾고 입국 수속을 마친 후 공항에서 난바 역으로 바로 가는 전철에 올라탔다. 나는 나만 따르라며 부모님을 리드했고, 이미 오사카에서 여러 번 겪은 절차라 헤매거나 막히는 일은 없었다. 부모님은 좋은 가이드를 뒀다며 흡족해하셨다.

간사이공항 도착!

전철을 탄 지 약 한 시간 정도가 지나 도착한 난바 역. 이곳은 오사카의 심장이라고 해도 틀린 말이 아닐 것이다. 우리 가족이 예약한 호텔은 난바 역과 세 정거장 떨어진 히고바시 역 부근에 있었고, 전철을 갈아타기 전에 난바와 이 주변을 돌아보고 호텔로 이동하기로 했다. 난바 역의 주변에는 신사이바시, 도톰보리, 닛폰바시 등의 번화가가 한데 밀집되어 있고 모두 서로 충분히 걸어서 오갈 수 있는 거리다. 역에서 밖으로 나오자 이미 해는 져 있었고, 어딜 보나 사람들로 바글바글했다. 마지막으로 왔던 오사카는 일본 교환유학 중이었던 2015년 3월이 마지막이었고, 약 1년 만에 다시 온 오사카는 변함이 없었다. 단지 부모님과 처음으로 함께 이곳에 온 것이 생소한 경험이었다. 저녁 시간이 이미 지나 충분히 허기진 상태였던 우리 가족은 나의 단골 가게였던 '하나마루 우동'부터 찾아가기로 했다. 난바 역에서는 조금 걸어서 이동해야 하는 신사이바시 쪽에 있었고, 가는 길목에 바로 그 유명한 구리코 간판이 있었다. 부모님은
"아~ 이게 오사카에 있었구나!" 하고 신기해하며 사진을 찍으셨다. 나는
"이것도 모르고 오사카에 왔어?!" 하고 아는 체를 하며 간판 앞에 어색하게 포즈를 잡고 선 엄마와 아빠의 사진을 찍어 드렸다. 나도 덩달아 신이 나서 혼자 셀카를 찍자마자 SNS에 사진을 올려 모두에게 자랑해 보였다.
도착한 하나마루 우동에도 역시 사람들로 북적였다. 이곳은 우동만을 판매하는 곳은 아니며 유부초밥, 튀김, 카레, 모밀 등 다양한 메뉴가 있다. 나는 이곳에 올 때마다 항상 주문하던 카레 세트(우동과 카레가 함께 나오는 메뉴)를 주문했고, 아빠는 냉모밀과 튀김을, 엄마는 우동과 유부초밥을 주문했다. 부모님은 몇 입 드셔보시더니, 정말 맛있다며 만족해 하셨다.
"엄마 아빠, 이 집 어때?"
"첫 번째 코스, 완전 만족!"

모르는 사람이 없는 오사카의 마스코트 구리고 간판.

저녁을 만족스럽게 해결한 우리 가족은 난바 부근을 잠시 돌아보았는데, 부모님이 서서히 피곤한 기색이 보였고 시간도 저녁 9시가 다 되어가서 슬슬 호텔로 향하기로 했다. 히고바시 역으로 향하는 티켓을 한 장씩 끊고 전철에 탔는데, 폭이 좁고 누리끼리한 오사카의 전철보다는 확실히 한국의 전철이 더 깔끔하고 세련된 느낌이 들었다.

우리 가족은 금방 히고바시 역에 도착했다. 이곳은 나도 생소하게 느껴지는 곳이었다. 오사카에 잠시 살았을 때 딱히 이 역에 내린 적이 없었다. 호텔과 제일 가까운 출구로 나와 보니 높은 건물들이 수두룩했고 인적이 드물었다. 우리는 호텔 입구로 들어갔고, 부모님은 잠시 의자에 앉아 쉬시는 동안 나는 체크인을 하고 방 열쇠를 받았다.

엘리베이터에 올라탄 우리는 오랜만에 호텔의 냄새를 맘껏 즐겼다. 호텔 카페트 냄새가 진동하는 복도 제일 끝에 우리 가족이 단 하루 동안 머물 방이 있었다. 문을 열었더니 한 공간에 침대 세 개가 꾸역꾸역 들어가 있었다. 침대가 없어야 할 공간에 침대가 있어서 그런지 공간이 좁아 보였다. 이게 1박에 20만원이라니….

우리는 짐을 풀고 그제야 한숨 돌렸다. 엄마와 아빠는 신이 나서 나 보란 듯이 침대에서 서로를 껴안고 약을 올렸다. 당시 내가 남자친구가 없는 줄로 알고 계셨기 때문이다. 하지만 나는 그 당시 사귀고 있던 남자친구의 존재를 알리지 않았었고, 그저 조용히 그 광경을 핸드폰 카메라에 담았다.

하지만 20대와 50대의 체력은 역시 차이가 있었다. 신나게 장난을 치던 부모님은 바로 곯아떨어지셨고, 나는 아직 힘이 팔팔하게 남아돌아서 혼자서 호텔 주변을 산책하기로 했다. 호텔 주변에는 회사 건물로 보이는 높은 빌딩이 많았고, 10시가 조금 지난 시간인데도 거리에는 지나다니는 사람이 거의 없어 고요했다. 호텔의 위치를 기억해 두고 좀 더 큰 거리로 나갔더니, 길을 가로지르는 넓은 강이 보였다. 나는 강가를 걸으며 흘러가는 강물을 멍하니 바라보기도 하고, 강에 걸친 다리를 왔다 갔다 하기도 했다. 강 주변에 있는 큰 호텔의 연회장으로 보이는 곳 주변을 서성이기도 하고, 괜히 횡단보도를 건너보기도 하고, 편의점에 들어가서 군것질거리 하나를 사기도 했다. 오랜만에 오사카에 오니 거리를 걷는 것조차 설렜다. 커다란 건물들 뒤에 숨은 골목길에도 사람이 거의 없었다. 사람이 없는 거리는 마치 나의 소유물 같다. 내가 이 길의 주인이 된 듯한 기분이다.

호텔로 향하는 골목길에 외관이 장난감들로 꾸며진 아기자기한 술집을 발견해서 혼자서라도 잠깐 들어가 맥주 한 잔이라도 해 볼까 하는 생각이 들었다. 하지만 동전이 몇 개 들지 않은 동전지갑만 가지고 나왔고, 그마저도 편의점에서 써버려서 맥주를 마시기에는 돈이 부족했다. 다시 호텔로 들어가서 돈을 가지고 나올까도 했지만, 뭔가 혼자서 가게에 들어가기엔 부끄럽기도 하고 나도 내일을 위해서 늦게 자면 안 될 것 같아 그냥 포기하기로 했다. 잠시 후 호텔로 들어온 나도 침대에 눕자마자 정신을 잃고 말았다.

肥後橋: 히고바시

3월 1일 화요일　둘째 날　히고바시-츠루하시-오사카성-난바 주변-츠텐카쿠-교토

오늘부터 본격적인 대학생들의 취업 활동이 시작되었습니다. 청년들은 발빠르게 기업들을 찾아…

TV 소리와 부모님의 나갈 채비를 하는 분주한 소리에 눈을 떴다. 어젯밤과는 다르게 하늘은 적응하기 힘들 만큼 밝고 화창했다. 잠결에 들은 뉴스. 그러고 보니 일본의 장난감 제조 회사에 지원할 의향이 있는 나도 일본으로 취직 준비를 시작해야 하는 입장이다. 하지만 아직 딱히 이렇다 할 준비는 되지 않았다. 벌써 남들은 발빠르게 움직이고 있구나, 하는 생각이 들어 약간의 조바심을 느끼며 이불을 들춰내고 빠져나왔다. 엄마는 벌써 다 씻고 나와 로션을 바르고 있었고 욕실에는 아빠가 씻는 소리가 들렸다.
"일어나서 아침 먹어. 30분 후에 나갈 거야."
"밥맛 없는데…"
나는 다 뜨지 못한 눈을 하고 미리 물이 채워져 있는 컵라면과 레토르트 밥을 꾸역꾸역 입에 넣었다. 그러고 보니 오늘은 3월의 첫 날, 삼일절이다. 삼일절에 일본으로 관광을 와 있다는 점이 조상님들께 조금 죄송했지만, 항공편 가격과 우리 가족의 스케줄 상 어쩔 수 없는 날짜 선택이었다. 어쨌든 오늘은 일본을 마냥 좋은 시선으로만 볼 수는 없을 것 같다.

나갈 준비를 마치고 호텔에서 나온 우리는 전철을 타러 가기 전에 히고바시 역 부근을 구경하기로 했다. 어젯밤 내가 혼자 걸었던 강가를 부모님과 함께 걸었다. 낮에 본 히고바시 역 주변은 다시 보니 내가 오사카에서 살았을 때 자전거를 끌고 두어 번 온 적이 있는 곳이었다. 그 당시에는 이곳이 어떤 곳인 줄 모르고 그저 지나가기만 했었다.

주변을 둘러보다 다리에서 조각상을 발견한 부모님은 그 앞에 서서 나에게 사진을 찍어달라고 부탁하셨다. 이곳이 딱히 관광지도 아닌데다 주변에는 높고 삭막한 빌딩들과 그 사이를 가로지르는 커다란 강 한 줄기가 전부이지만, 지금 여행으로 와 있는 우리 가족에게는 생소하고 색다른 여행지 중 한 곳이 되고 있다.

얼마 후 전철역으로 내려간 우리는 전철 1일권부터 끊었다. 이 티켓은 주말에는 600엔이지만 우리가 여행한 시기는 전부 평일이라 800엔이었다. 이 티켓으로 오사카의 웬만한 관광지는 거의 다 돌아볼 수 있다고 한다. 티켓을 구입하고 있는데, 우리 주변에서 한 아주머니가 계속 서성거렸다. 우리가 관광객인걸 알고 도와주려는 눈치였다. 하지만 나는 익숙하게 티켓을 뽑아냈다.

"저, 혹시... 한국에서 오셨스므니까?"

아주머니는 약간 서툰 한국어로 내 옆에 서 있던 엄마에게 말을 걸었다.

"네, 한국에서 왔어요."

엄마도 그 분에게 활짝 웃어 보이며 또박또박 대답하셨다.
"반갑스무니다. 혹시 티켓 구입하시는데 어려움이 있나 싶어서… 여행으로 오셨어요?"
"네, 딸아이가 오사카를 좋아해서 여기로 왔어요. 그런데 한국말을 정말 잘 하시네요."
"한국을 좋아해서 드라마랑 영화 열심히 보면서 공부했스무니다. 그럼 오사카에서 재밌게, 조심히 관광하고 가세요."
"예, 재밌게 놀다 갈게요. 감사합니다."
엄마는 그 분에게 예의바르게 인사하셨고, 나와 아빠도 그 분에게 감사 인사를 했다. 조금 서툰 한국어로도 우리에게 도움을 주려고 하고 말을 걸어준 아주머니의 마음이 감사하고 따뜻하게 느껴졌다.

난바 역에 잠시 들러 물품보관함에 캐리어들을 넣어 둔 다음, 나의 제안으로 우리는 제일 먼저 츠루하시 역으로 가기로 했다. 츠루하시는 내가 잠시 살았던 추억의 장소이기 때문이다. 츠루하시는 오사카의 코리안타운이며 한국 관련 가게들이 많고 한국인들도 많이 거주하고 있는 곳이다. 난바 역에서 갈아탄 후 우리는 금방 츠루하시역 에 도착했고, 우리 가족 중 나에게만 익숙한 전철역 부근의 풍경이 펼쳐졌다. 그곳에 위치한 타이야끼(일본식 붕어빵) 노점도, 작은 서점도, 짧지 않은 시간이 지나도 역시 그대로였다. 타이야끼를 아빠가 유심히 지켜보더니 저건 먹어야겠다며 가게 앞으로 성큼성큼 다가갔다. 딱히 내 도움이 없어도 아빠와 상인은 짤막한 영어 몇 마디만으로 거래를 성공적으로 성사시켰다. 우리는 타이야끼를 하나씩 들고 베어 물며 거리로 향했다. 아직 이른 오전이라 츠루하시의 상가 아케이드에는 문을 연 가게들이 몇 군데 없었다. 한복, 미용실, 떡집, 한국식당 등 한국어가 적힌 간판들을 보고 부모님은 일

본에도 이런 곳이 있냐며 신기해하셨다. 아케이드를 빠져나와 조금만 더 걸으면 내가 살았던 집이 있는데, 가는 길에 내가 매일 꼭 들렀던 편의점이 보였다. 당시 그 앞에는 항상 입구 앞에 웅크려 자리를 잡고 있던 검은 고양이가 있었는데, 사람이 가까이 다가가 쓰다듬어도 얌전히 있던 아이였다. 하지만 이젠 보이지 않았다. 거처를 옮겼는지, 죽었는지 살았는지 모를 일이다. 부디 어디에선가 무사하기를.

얼마 후 우리는 좁은 골목길로 들어가 내가 살았던 집 건물 앞에 섰다. 역시 그대로였다. 살았던 집의 창은 커튼으로 가려져 있었다.

"집 되게 작았겠다. 여기서 너가 살았구나."

엄마도 나와 같이 건물을 올려다보며 말했다.

저 공간에서도 많은 추억들이 있었다. 친구와 밤새 수다를 떨다 잠들고, 함께 밥을 해 먹고, 너무 쌀쌀한 날에는 이불 속에 들어가 나오지 않고, 매일 일기를 쓰고… 지금은 저 공간 안에 어떤 사람이 살고 있을까. 나는 잠시 건물 안에 들어갔다 나오겠다고 했고, 엄마도 같이 따라가 보고 싶다고 하셨다. 아빠는 밖에서 자리를 지키셨다.

이곳은 이제 더 이상 우리 집이 아니지만, 반가운 마음이었다. 전에도 이곳이 그리워 다시 찾았을 때 나는 이 건물 안에 들어갔다가 다시 나오기도 했다. 내가 살았던 곳은 2층에 있었다. 나는 잠시 그 앞을 서성거리다 내가 살았던 집의 문을 가리키며 엄마에게 말했다.

"내가 이 방에 살았었어."
"그래? 건물이 되게 소박하고 알차네."
그리고 나는 이곳에 살면서 한 번도 올라가보지 않은 꼭대기까지 올라가 보았다. 3층까지 있는 줄로만 알았는데, 이제 보니 4층까지 있었다. 옥상은 없는 구조였다. 아무튼, 부모님과 함께 이 집에 다시 오게 될 줄은 몰랐다.

건물에서 나와 우리는 동네 주변을 돌아다녔다. 동네는 집들로 빽빽했지만 고요하고 인적이 드물었다. 그리고 보니 내가 오사카에 머물렀을 때 나는 항상 난바나 시내 가기에 바빴고 집 주변을 돌아본 적은 거의 없었다. 나는 부모님과 함께 나도 가본 적 없던 츠루하시의 구석구석을 둘러보았다. 삭막하기만 한 줄 알았던 츠루하시는 알고 보니 정말 소박하고 아기자기한 동네였다. 부모님은 일본의 이런 소박한 동네를 꼭 보고 싶었다며 만족해하셨다. 캔과 페트병으로 만든 바람개비, 골목길의 이발소, 하늘 가득히 수놓은 전깃줄… 골목골목 정겨운 동네였다. 내가 이런 동네에 살고 있었다는 걸 왜 진작 몰랐을까. 왜 그땐 관심을 가지지 않았을까.

츠루하시의 풍경

골목 한편에 쌓여있는 알록달록한 상자들

츠루하시의 아케이드 상가에 있던 한복을 입은 테디베어 인형들

골목의 소박한 풍경. 거리의 분위기는 한적했다.

집 밖에서 보아도 집주인의 취미를 파악할 수 있었다.

이 다음, 우리는 다시 전철을 타고 오사카성이 있는 타니마치큐초메 역으로 향했다. 오사카성은 오사카의 대표적인 관광지이자 여행의 필수코스로, 나는 수학여행 등으로 이미 다섯 번도 더 온 곳이다. 성 안으로도 이미 두 번 들어간 적이 있기 때문에 부모님만 들어갔다 나오시라고 했다. 나는 부모님을 기다리는 동안 주변을 혼자 둘러보거나 벤치에 앉아서 비둘기 구경을 했다. 그러다 지루해져서 성 주변에 있던 오사카 마스코트 핀뱃지를 가챠퐁으로 두 번 뽑았는데, 둘 다 같은 오사카성이 나왔다. 한국으로 돌아가면 하나는 같이 살았던 친구에게 줘야겠다.

약 한 시간 정도가 지나고 멀리서 부모님이 성에서 나오고 계시는 모습이 보였다.
"오사카성 어땠어?"
"볼만했어."

그 다음으로 우리는 닛폰바시 역으로 향했다. 첫 날 제대로 구경하지 못한 탓에 오늘 제대로 도톰보리, 신사이바시, 닛폰바시 등 난바의 주변을 관광하기 위해서였다. 전철

에서 내리자마자 보이는 바글바글한 인파가 이곳이 오사카의 중심부라는 걸 증명해주고 있었다. 우리는 아케이드 상점가를 걷다가 타코야끼 가게들이 늘어서 있는 것을 발견했다. 내가 제일 좋아하는 음식 중 하나인 타코야끼를 본고장인 오사카에서 꼭 먹어야만 했다. 이따 일본 라멘을 먹을 계획을 세워두었던 부모님은 맛만 보기로 하고, 나를 위해 한 접시를 사주셨다. 부푼 기대를 안고 한 입 넣은 타코야끼는 너무 뜨거웠고, 특별히 오사카에서 만들었다고 해서 훨씬 더 맛있는 것은 아니었다. 그래도 이곳에서 타코야끼를 먹었다는 것 자체로도 타코야끼 마니아는 만족이다.

도톰보리의 풍경

이제 부모님이 드실 라멘 전문점을 찾아다녔다. 이 부근에서 제일 유명한 곳은 거대한 용 모형이 장식되어 있는 '킨류라멘'이었지만, 이미 사람들로 가득 차서 자리가 없었기에 그 근처에 있던 작은 라멘집으로 들어가기로 했다. 문을 열고 가게 안으로 들어가자 손님은 한두 명 밖에 없었다. 나는 부모님의 메뉴를 주문해드린 후 식사를 하시는 동안 다시 거리로 나가 잠시 혼자만의 시간을 가졌다. 다시 만나기로 약속한 시간은 20분 후. 사람들로 북적대는 토톰보리의 거리를 나 혼자 설레 다니며 간판 구경, 가게 구경, 사람 구경을 했다. 그러다 오사카의 명물 중 하나인 '구이다오레 타로'와 만나보기로 했다. '구이다오레'는 먹다가 집안이 망한다는 뜻과 재산을 까먹어 없앰, 무위도식 등의 뜻도 있다. 이 구이다오레는 몇 년 전 없어진 오사카의 한 음식점의 이름으로, 오사카에 맛있는 것이 너무 많아서 먹다가 망해버린다는 의미로 지었다고 한다. 구이다오레 타로는 그 음식점의 마스코트 로봇으로, 천천히 북을 치는 로봇이다. 근처 상인들에게 위치를 묻고 물어 찾아낸 구이다오레 앞에 다가섰다. 그 모습을 가만히 지켜보고 있자니 기분이 요상해진다. 이 로봇은 꽤 괴기하게 생겼기 때문이다. 북을 치는데 눈알을 이리저리 굴리고 로봇 특성상 바들바들 떨기까지 한다. 음식점은 없어졌지만, 로봇과 기념품숍이 남아있어서 그 인기를 여전히 유

食い倒れ : 구이다오레

지하고 있다는 것을 알 수 있다. 그러고 보니 나는 여태 오사카에 여행으로 여러 번 왔었고 잠시 살았던 적도 있지만 구이다오레를 실제로 본 적이 없었다. 장난감이나 인형, 로봇 등을 좋아하는 내가 왜 여태 딱히 관심이 없었는지는 지금 생각해봐도 의문이다.

그 근처에 구이다오레 관련 기념품샵들이 보였고, 구이다오레를 축소하여 만든 인형이나 양말, 열쇠고리 등이 가득했다. 인형이 정말 탐이 났지만 생각보다 지출이 커질 것 같았기에 다음을 기약할 수밖에 없었다.

얼마 후 나는 부모님을 모시러 라멘집으로 돌아갔다. 부모님은 라멘의 맛이 굉장히 흡족하셨는지 주인아저씨에게 라멘이 맛있었다고 전해달라고 하셨다. 내가 일본어로 전달해드리자 주인아저씨는 굉장히 고마워하셨다. 부디 옆집의 킨류라멘만큼 더 번창하시기를 빈다.

라멘집에서 나온 우리는 부모님이 미리 가이드북에서 보고 가려 했던 '호젠지요코초'를 찾아갔다. 호젠지요코초는 약 80m의 골목길에 선술집이나 점포가 빽빽하게 늘어서 있는 골목길이다. 굉장히 좁지만 일본 느낌이 물씬 나는 거리로, 우리 가족 말고도 이미 여러 관광객들이 이곳에 찾아와 있었다. 길 안쪽에 있는 절인 '호젠지'에는 소원을 들어준다는 불상 '후도우묘'가 있었는데 이 불상은 항상 물이 끼얹어지기 때문에 푸른 이끼가 끼어 있다고 한다.

신사의 이곳저곳을 살펴보고 있는데, 한 할아버지가 우리에게 말을 걸어오셨다.

"안녕하세요. 한국에서 오셨어요?"

말소리를 들어 보니 재일동포 할아버지인가 싶었다.

"네, 한국에서 여행 왔어요. 혹시 한국 분이세요?"

엄마가 대답했다.

"아니오, 저는 왜놈, 어이쿠, 왜놈이 아니지. 하하. 일본사람이에요."

할아버지의 발언에 우리 가족은 웃음이 터지고 말았다.

"한국말을 정말 참 잘하시네요. 한국 분인 줄 알았어요."

"제가 한국을 좋아해서 젊은 시절에 한국 분과 펜팔을 한 적이 있어요."
할아버지의 발음은 일본인 특유의 딱딱함 없이 한국인과 많이 비슷한 억양이었다.
"정말 대단하세요. 우리 딸도 일본어를 애기때부터 혼자 공부했답니다."
"아, 정말요? 일본어를 공부해주셔서 감사합니다."
할아버지는 나에게 허리를 숙여 인사를 하셨다. 이어서 우리에게 호젠지에 대해 간략하게 안내를 해 주셨고, 한국어가 정말 자연스러우셔서 재일동포나 일본에 오래 산 한국인을 보는 것 같았다.
"할아버지와 같이 사진 찍어도 될까요?"
"아이구, 그럼요. 영광입니다."
엄마는 나에게 할아버지 옆에 서 보라고 했고, 할아버지는 주머니에서 무언가를 찾으시더니, 마패를 꺼내어 내밀어보이며 포즈를 취했다.
"이건 오래 전에 한국에 갔을 때 받은 거예요. 이걸 보여주고 싶었어요."
엄마는 할아버지와 나를 카메라에 담았다. 한국을 좋아해서 한국어가 유창해질 때까지 공부하시고, 한국에 갔을 때 받은 것을 몸에 항상 지니고 계시고, 한국인에게 말을 걸어 주시고 안내를 해 주시는 고마우신 일본인 할아버지. 조금 독특한 분인 것 같지만 한국을 사랑하는 마음이 우리 가족에게 그대로 전달되었다. 일본이 비록 과거에 우리나라에 큰 잘못을 저지른 것은 사실이지만 오전에 전철역에서 표를 살 때 만났던 아주머니와 호젠지에서 만난 할아버지와 같은, 한국을 사랑하고 친절한 분들이 있다는 것은 정말 감사하고 기쁜 일이다. 할아버지와 작별 인사를 하고 난 후 다음 코스로 가는 길에 성함도 여쭙지 못한 것을 깨닫고 아쉬움을 느꼈다.

호젠지요코초의 풍경

호젠지요코초의 길목에 있던 불상

이끼가 끼어있는 불상인 '후도우묘'

우리는 난바 부근을 좀 더 돌아본 후, 다시 전철에 타고 에비스쵸 역으로 향했다. 오사카의 에펠탑이라는 '츠텐카쿠(통천각)'에 가기 위해서였다. 츠텐카쿠는 103m 높이의 송신탑으로 하늘과 통하는 높은 건물이라는 의미이며 오사카의 중심에 우뚝 서 있다. 이곳 또한 오사카 관광의 필수 코스이다. 오사카의 랜드마크를 오랜만에 나도 보고 싶었고 부모님께도 보여드리고 싶었다. 전철역에 내리자마자 다양한 빛깔을 내뿜고 있는 츠텐카쿠가 멀지 않은 곳에 보였고, 하늘은 서서히 해가 지고 있었다. 올려다 본 적은 많지만 올라가 본 적은 없었던 츠텐카쿠. 막상 와 보니 오늘은 왠지 올라가 보고픈 욕심이 들었다. 하지만 우리는 얼마 후 교토로 이동해야 하고 내가 탑에 올라간 동안 부모님은 딱히 하실 만한 것이 없을 것 같았다. 그리고 입장료를 내야 올라갈 수 있기 때문에 혹시 기대에 못 미치면 돈 낭비 아닌가 하는 생각이 계속 들며 고민이 되었다. 나는 그 앞에서 몇 분 정도를 고민하고 있었다.

"뭘 그렇게 고민해? 엄마 아빠 때문에 그래?"
"어떡하지. 올라갈까 말까…"
그러자 엄마는 내 손에 1000엔을 딱 쥐어주시며 말했다.
"엄마 아빠는 여기 주변 돌아보고 있을 테니까 온 김에 올라갔다 와."
그렇게 나는 엄마가 주신 천 엔을 들고 츠텐카쿠의 입구로 들어갔다. 우리

오사카의 심볼, 츠텐카쿠(통천각)

는 한 시간 후에 다시 이곳에서 만나기로 약속했다.

츠텐카쿠 전망대의 입장료는 성인 700엔이었다. 대학교 학생증이 있으면 200엔 할인이었지만 아쉽게도 나는 학생증을 한국에 두고 왔기에 어쩔 수 없이 제 값을 내고 들어갔다. 엘리베이터에 탑승하자, 빠른 속도로 위로 치솟기 시작했고 안에 있는 모니터 화면에서는 시계가 거꾸로 돌아가는 영상이 나왔다. 왠지 시간 여행을 할 수 있을 것 같았다. 유리창 너머로 오사카의 시내 모습이 빠르게 바닥으로 꺼지고 있는 것이 보였다.

잠시 후 전망대 층에 도착했고, 생각보다 넓지는 않았지만 360도로 오사카 시내의 모습을 볼 수 있었다. 마침 아직 해가 다 지지 않은 시간이었고, 풍경은 야경을 빛낼 준비를 하고 있었다. 전망대 안에는 작은 공간인데도 사람들이 많이 찾아 와 있었고, 한국어와 중국어도 많이 들려왔다. 창 너머의 풍경은 서서히 어두운 하늘로 물들었고, 곧 완벽한 야경이 되었다. 사진을 안 찍을 수 없었다.

전망대 안에는 '빌리켄'이라는 오사카의 또다른 마스코트 모형이 종류별로 전시되어 있었다. 빌리켄은 황금색의 익살스러운 표정을 한 아이의 모습을 하고 있으며 복을 가져다준다고 한다. 이는 츠텐카쿠 부근인 신세카이의 마스코트이기도 하다.

야경과 전망대 내부를 충분히 구경한 나는 아래층으로 내려갔다. 그곳에는 몇 십 년 전의 옛날 일본 느낌이 나는 장식물과 제과 회사 구리코의 마스코

트인 팔 벌린 마라토너 아저씨가 그려진 간판, 옛날 과자들과 물건들, 츠텐카쿠의 역사를 소개하는 영상 등이 전시되어 있었다. 그래서 아까 엘리베이터에서 거꾸로 돌아가는 시계가 보였던 거군.

기념품 가게 옆에는 일본의 애니메이션인 '근육맨'의 실제 사이즈 모형이나 전시물들이 전시되어 있었다. 게다가 내가 환장하는, 수많은 가챠퐁(장난감 뽑기 기계) 머신들이 쭈루룩 늘어서 있었다. 나는 그것들을 구경하느라 부모님과 정한 약속시간을 오버하고 말았다.

약속한 시간보다 10분 늦게 만난 부모님의 표정은 매우 굳어져 있었다.
"너 사회에 나가서도 이러면 주변 사람들한테 인정 못 받는다."

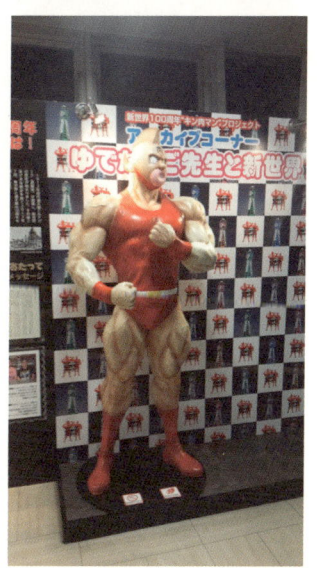

우리는 난바 역에서 캐리어를 되찾은 후, 교토로 가는 전철로 갈아타기 위해 우메다 역으로 향했다. 전철에서 부모님과 나는 나란히 자리에 앉았다. 전철 1일권 사용 안내서를 펼쳐서 읽는 도중, 츠텐카쿠 입구에서 1일권을 제시하면 100엔을 할인 받을 수 있다는 문구가 적혀 있었다. 그러고 보니 오늘 오전에 읽어서 이미 알고 있던 정보였지만 깜빡했던 것이다. 100엔 할인이라도 받을 걸, 왜 바보같이 기억을 못했는지...! 그깟 100엔인데도 괜히 너무 안타까웠다. 내가 막 안타까워하는 것을 옆에서 어이없다는 듯이 지켜보고있던 엄마는 "100엔보다 스트레스를 받으면서 잃는 너의 정신적 건강이 더 아깝다." 고 하셨다.

우메다 역에 도착한 우리는 큰 무리 없이 교토 역으로 향하는 전철로 갈아탔다. 벽면에 붙어 마주보고 앉는 오사카의 시내 전철과는 다르게 이 전철은 마치 기차 좌석처럼 되어 있었다. 운 좋게도 마주보고 있는 네 자리에 우리 가족과 세 개의 캐리어를 꾸역꾸역 넣고 앉아서 편하게 갈 수 있었다. 나는 부모님에게 양해를 구하고 잠시 이어폰을 끼고 노래를 들으며 창가 너머의 풍경을 바라보았다. 주황빛 조명이 켜진 집과 지붕들이 빠르게 지나갔다.

우메다 역에서 교토 역까지는 3~40분 정도밖에 걸리지 않았나. 요금은 편도 560엔. 교토 역에는 우리 가족을 포함한 많은 사람들이 쏟아지듯 내렸고, 역은 매우 컸다. 그리고 역에서 나오자마자 보랏빛을 띤 교토 타워가

교토 타워

택시를 타고 호텔로 향하는 길

바로 보였다. 교토 타워는 길다란 우주선처럼 생겼다. 도시마다 우뚝 세워진 개성 넘치는 랜드마크를 보는 것도 재미있는 일이다.

호텔은 역에서 도보 20분 거리. 이미 부모님은 꽤 지쳐 있었고, 캐리어를 끌고 걸어갈 거리는 아니었다. 우리는 역 앞에서 호텔까지 가는 택시를 잡았다. 나는 조수석에 타서 목적지를 말하자 운전수 아저씨는 많은 손님들을 데려다 드리던 곳이라고 했다.

호텔 앞에 내리고, 어제처럼 내가 체크인을 하고, 열쇠를 받았다. 이번 호텔도 협소한 공간에 침대 세 개가 빽빽하게 들어차 있었다. 그리고 어제와 같은 레퍼토리로 부모님은 지쳐서 바로 주무셨고 나는 혼자 나와서 호텔 주변의 거리 구경을 했다. 비디오 렌탈샵에 들어가기도 했고, 좁은 골목길로 들어가서 사람 사는 집 구경을 하기도 했다. 부모님과 함께 있는 시간은 내가 리드하고 안내를 해야 한다는 부담감이 있다. 하지만 그 와중에 이렇게 혼자 있는 시간이 나에게는 진짜 여행이다. 가끔씩 혼자도 좋다. 부모님이 아시면 속상할 말이지만.

산책을 마친 후 돌아온 나는 곧 만날 일본인 친구 두 명에게 줄 편지를 끄적였다. 오늘은 한국에서는 삼일절이기 때문에 일본을 보더라도 좀 삐딱한 시선으로 볼까 했는데, 우연히 친절한 일본인들을 만나게 되어 그 생각은 쏙 들어가고 말았다(그래도 과거는 잊을 수 없다). 부모님은 이미 꿈나라라는 다른 여행지로 떠난 지 오래였다. 그렇게 일본에서의 두 번째 밤이 저물었다.

3월 2일 수요일   셋째 날 교토 성당-금각사-기요미즈데라-가와라마치

교토에서 맞는 아침 역시 어제와 같이 화창한 날씨라 다행이었다. 우리 가족은 절대 열리지 않는 커다란 호텔 창문으로 세차게 내리쬐는 아침햇살을 받으며 밖으로 나갈 채비를 했다. 오늘은 전철이 아닌 버스를 주로 이용하여 교토의 대표적인 관광지를 돌아 볼 계획이다.

준비를 다 마치고 로비로 내려와, 카운터 직원에게 버스 1일권은 어디서 구매하면 좋을지 물으니 직원은 바로 근처에 있던 티켓 자판기를 가리켰다. 티켓 장당 가격은 800엔. 자판기로 다가가 돈을 넣고 버튼을 꾹 누르니 겉에 아무것도 적히지 않은 작고 하얀 박스가 툭 하고 떨어졌다. 그 안에는 표가 들어있었고, 부모님 것까지 총 세 장을 뽑았다.

직원이 알려준 대로 호텔 바로 근처에 있는 버스 정류장에서 버스를 기다렸다. 몇 분 정도 기다리자 버스가 왔고, 우리는 약간은 조심스러운 마음으로 그 탈것에 올라탔다. 제일 먼저 갈 곳은 '금각사(킨카쿠지)'. 금으로 칠해진 절이 호수 한 가운데에 떠 있는, 교토의 대표적인 관광지 중 하나로 일본의 청소년들이 교토로 수학여행을 온다고 하면 백중의 백은 무조건 들리는 곳. 나 역시 이미 중학교 때의 수학여행과 고등학교 1학년 때의 교토 미술교육 연수로 이미 두 번이나 갔던 곳이라 이번에도 들어갈 생각은 없다. 부모님이 금각사를 돌아 볼 동안, 나는 그 근처에 살고 있는 리나라는

객실에서 바라본 풍경

일본인 친구와 만날 계획이다. 어제 쓴 편지 중 하나도 리나에게 선물과 함께 건네줄 것이다.

우리가 탄 버스는 금각사로 직행하지 않기 때문에 도중에 한 번 갈아타야 했다. 첫 번째 버스에서 내린 후, 나는 주변 가게 상인들과 행인들에게 물어물어 간신히 금각사 근처에 도착하는 버스로 갈아탈 수 있었다.

버스에서 내린 다음 금각사로 향하는 길목에서 커다란 성모 마리아상을 발견했다. 그곳은 '카톨릭 의립 교회(성당)'였다. 일본에서 성당은 좀처럼 보기 힘든 곳이었는데, 마침 엄마가 천주교 신자여서 성당 안으로 들어가고 싶어하셨다. 참고로 엄마를 제외한 아빠, 오빠, 그리고 나는 무신론자다. 우리는 조심스럽게 성당 입구로 들어갔다. 고요한 풍경 속 어딘가에서 차분한 대화 소리가 들렸다. 아무래도 구경을 하려면 허가를 받아야 할 것 같았기에 말소리가 들리는 곳으로 향했다. 건물 안으로 들어가자 그 안에 있던 사람 중 한 명이 인기척을 느끼고 우리 쪽으로 다가왔다. 나는 조심스럽게 말을 꺼냈다.

"한국에서 온 관광객인데요, 저희 어머니가 천주교 신자여서 구경을 좀 하고 싶은데 혹시 괜찮을까요?"

"아, 그럼요! 얼마든지 구경하세요."

독실한 천주교인으로 추정되는 그녀는 우리에게 굉장히 친절하게 대해주며 성당 곳곳을 안내해 주었다. 이번에도 아빠는 밖에서 대기.

호기심과 관심어린 눈으로 성당 안을 둘러보는 엄마의 뒤에서 나도 성당의 풍경을 바라보았다. 나는 초등학교 저학년 때까지는 엄마를 따른 종교인이었다. 그 당시 매주 가던 성당 안은 천장이 매우 높았으며 빼빼 마른 나무 예수님이 그 중앙에 못박혀 있었다. 그 당시의 성당 건물 안은 약간 찬, 엄숙함의 공기로 가득 차 있었다. 그 느낌이 일본 교토의 이 성당에서도 느껴졌다.

성당 내부와 그 주변의 정원까지도 어느 정도 둘러보고 난 후 우리는 관계자에게 감사하다는 인사를 전하고 다시 금각사로 향하는 길을 걸었다.

카톨릭 의립 성낭의 풍경

금각사 주변은 역시나 관광객들이 많았다. 금각사로 들어가는 입구 앞에서 부모님과 나는 약 두 시간 후에 다시 이곳에서 만나기로 약속한 후 부모님은 안으로 들어가시고 나는 그 앞에서 리나를 기다렸다.

몇 분 후, 리나는 내 앞으로 헐레벌떡 뛰어왔다. 내가 일본에서 한참 교환유학 중이던 1년 전에 우리는 오사카에서 만났었고 이번 만남이 벌써 열 번이 훌쩍 넘었다. 2013년부터 알게 된 우리는 아직 햇수로 4년 친구지만 서로의 지역에 오갈 때 반드시 꼭 만난다. 리나는 현재 대학원생이며 나보다 태어난 년도는 한 해 늦지만 우리의 생일은 단 3주밖에 차이가 나지 않는 친한 친구이다. 우리에게 주어진 시간은 두 시간. 제일 먼저 리나가 사는 동네에 있는 회전초밥집 체인점인 '쿠라즈시'로 향했다. 스시를 못 먹는 나는 이곳에서 유부초밥이나 스테이크 초밥, 디저트 등을 먹으면 되기 때문에 전혀 거부감이 없다. 우리는 자리에 앉아 어색함 없이 서로의 근황을 공유하기 시작했다. 리나가 먼저 놀라울 만한 말을 꺼냈다.

"나 최근에 스토커 생겼어."

"뭐?!"

싫은 기색을 팍팍 내며 리나는 말을 이어갔다.

"같은 학교 학생인데, 얼마 전에 학교 안에서 번호 따였거든."

"응, 그래서?"

"별로 맘에는 안 들었는데 한두 번 같이 식사는 했어. 근데 그 이후로 계속 끊임없이 연락 오고, 얼마 전에 만났을 때도 식사 마치고 집에 가려는데 자꾸 따라오면서 집 앞까지 데려다 주겠다는 거야. 그래서 그것까진 오케이 했는데…"

"응, 근데?"

"두 번 다 우리 집에서 들어갔다가 나가도 되겠냐고 그러더라구."

"으, 최악! 그거 너무 속보인다. 완전 실례 아냐?"

"그러니까. 진짜 싫어. 그래서 미안하다고 거절했더니 되게 서운해하면서 자기 집으로 돌아갔어."

"아, 웃기다. 연락을 씹으면 되잖아."

"그게… 성격상 안 돼."
일본의 유명한 여배우인 아야세 하루카를 닮아 예쁘장한 리나에게 스토커가 생긴 것도 이해가 갔고, 착한 리나의 성격상 싫은 소리 못하고 받아주고 있는 것도 이해가 갔다.
"그래도 무시할 사람은 무시해야지. 안그래도 너 혼자 사는데 조심해."
"조심해야지…."
리나는 한숨을 푹 쉬었다.
식사와 수다가 끝난 후에는 리나가 여기까지 오느라 고생했다며 내 몫까지 계산해 주었고, 나도 한국에서 가져온 군것질거리들과 편지가 담긴 종이봉투를 건네주자 리나는 기쁘게 받아주었다.
그 다음으로는 그 근처에서 리나가 다니고 있는 학교인 리츠메이칸 대학교 캠퍼스로 들어가 내부를 구경했다. 일본은 4월부터 개강이기에 아직 캠퍼스 안은 한산했다. 이 학교는 내가 부전공으로 이수하고 있는 우리 학교의 일본학과와 자매결연을 맺은 학교이기도 하다.
부모님과 만나기로 약속한 시간이 다가온 나는 아쉽게도 리나와 헤어져야 했지만, 한국에서 일본어 교사를 희망하는 리나는 약 한달 후 서울에 있는 한 대학교로 실습을 간다고 했고 우리는 얼마 후 다시 한국에서 만날 수 있다.
리나와 헤어진 후 나는 약속한 시간에 맞춰 부모님과 만나기로 한 약속 장소로 돌아왔다. 하지만 부모님은 그곳에 계시지 않았고 나는 잠시 당황했지만 건너편 버스 정류장에서 내 이름을 부르고 계시는 부모님을 발견했다.
"금각사 어땠어?"
"크게 감흥이 오는 곳은 아니었지만 그래도 안 왔으면 약간 섭섭할 수도 있겠더라."

京都

이제 우리는 금각사 주변 동네를 둘러보기로 했다. 금각사 주변의 인구 밀도는 굉장히 높았지만, 의외로 그 주변 동네는 한적하고 고요했다. 그리고 아무래도 관광지 주변이라 그런지 오사카의 츠루하시의 소박한 정경과는 다르게 이곳의 주택가는 고급스러운 느낌이 풍겼다. 평소에도 일본의 주택 풍경을 맘에 들어하던 엄마는 동네 구석구석을 유심히 구경하며 잠시 이 동네에 머물고 싶다고 하셨다.

나는 리나와 이미 배를 좀 채웠지만 아직 점심 식사를 하지 못한 부모님은 주변에 어디 식사할 곳이 없는지 찾기 시작했다. 골목에 인적도 드물고 눈에 보이는 식당은 모두 문을 닫아 아쉬워하던 찰나, 단 한 곳만이 문을 열고 영업을 하고 있었는데 반갑게도 그 가게에는 '타코야끼'라고 적힌 나무 팻말이 걸려 있었다. 우리는 망설일 것도 없이 그 가게로 들어갔다.

가게는 중년의 부부(누가 봐도 부부였다)가 운영하고 있었고, 작은 공간 안에 종이로 만들어진 인형들이 장식되어 있는, 아기자기하고 소박한 가게였다. 우리는 타코야끼 두 그릇과 야키소바를 주문했고 부모님은 추가로 맥주 두 잔을 주문했다. 한국에서도 골목에 어쩌다 보이는, 떡볶이와 김밥을 파는 분식집과 비슷한 느낌의 가게였다. 이 집의 타코야끼도 꽤 먹을 만 했다. 배가 많이 고프셨는지 부모님은 우리 앞에 놓인 음식들을 맥주를 곁들여가며 맛있게 드셨다.

식사를 마친 후 가게 아주머니에게 우리의 다음 행선지인 '기요미즈데라'로 가는 방법을 물어보았다. 아주머니는 굉장히 친절하게 했던 말을 다시 재확인 시켜주면서 길을 알려 주셨다.

우리는 아주머니가 알려 준 대로 버스 정류장을 찾아 기요미즈데라로 향하는 버스에 올라탔다. 기요미즈데라는 유네스코 세계문화유산으로 지정된 교토의 대표적인 관광지이다. 이름은 그 안에 있는 폭포에서 유래된 것이며 이 절에서 학업, 건강, 연애운 등의 소원을 비는 곳이라고 한다.
그곳에 도착하면 이미 입장을 종료하기까지 얼마 남지 않은 시간일 게 분명했지만 이왕 여기까지 왔는데 안 보고 갈 수가 없었다. 그곳도 이미 내가 앞서 언급한 대로 두 번이나 방문했던 곳이지만 부모님이 꼭 보고 싶어 하셨기에 강행하기로 했다. 다행히도 우리가 탔을 때는 자리 몇 개가 비어 있어서 편히 앉아 유리창 너머의 교토 풍경을 멍하니 바라보았다. 기요미즈데라까지는 버스로 30분 이상의 시간이 걸려 약간 지루하던 찰나, 버스 안으로 눈이 아플 정도의 형광 노란색의 옷을 입은, 연세 지긋한 노부부가 올라탔다. 그들은 모자, 상의, 하의까지 모두 형광 노란색으로 깔맞춤을 하고 있었다. 진기한 광경이었다. 왠지 이미 일본의 방송에 몇 번은 출연한 전적이 있을 것 같은 느낌이었다. 이 광경은 여태 보지 못했던 광경이라 나는 그 노부부를 몰래 계속 지켜봤지만 신기하게도 버스 안에 탄 사람들은 그들을 그다지 신경 쓰지 않는 듯 했다. 몇 정거장을 지나 노부부는 다시 버스에서 천천히 내렸다. 뒷문이 닫히고 버스는 다시 출발했고, 유리창 너머로 노부부는 손을 잡고 사이좋게, 천천히, 길을 걸어가기 시작했다. 나는 그들의 모습이 보이지 않을 때까지 시선을 쉽게 떼지 못했다. 천생연분, 혹은 덤앤더머와 같은 그들. 아마 같은 집 아래에서도 그들은 같은 잠옷을 입고 있을 것 같다. 짧은 시간에 참 많은 생각을 들게 하는 독특하고, 귀여운 노부부였다.

얼마 후 버스는 기요미즈데라로 올라가는 입구 근처에 섰다. 어느새인가 버스에 꽉 차 있던 많은 사람들이 이번 정류장에서 우르르 하차했다. 역시나 관광지였다. 우리는 물 흐르듯 사람들이 하나같이 향하는 곳으로 따라 갔고, 역시나 기요미즈데라의 방향을 알려주는 표지판이 길가 곳곳에 세워져 있었다.

기요미즈데라로 가려면 오르막길을 걸어 올라가야 했다. 이 오르막길에도 이름이 있는데, 아래에서부터 니넨자카, 산네이자카, 기요미즈자카로, 약 20분 가량을 걸어 올라가야 기요미즈데라에 도달할 수 있다. 참고로 자카(혹은 사카)는 언덕이라는 의미다. 그 거리에는 신기하게도 기모노를 차려 입은 젊은이들이 많이 보였다. 3월 2일, 일본에서 딱히 특별한 날도 아닌데 이렇게 전통 의상을 입고 유적지를 방문한 내 또래의 젊은이들을 보니 뭔가 부러움이 느껴진다. 그래도 요즘 한국에서도 한복을 입고 관광지를 여행 다니는 젊은이들이 많아진 것은 좋은 현상이다. 나도 괜시리 한국에 돌아가면 한복을 입고 거리를 돌아다니고 싶은 욕구가 생긴다.

오르막길에는 관광객들로 넘쳐났고 일본적, 전통적인 상점들도 빽빽하게 늘어서 있었는데, 아무래도 시간이 촉박하다 보니 내려오는 길에 구경하기로 하고 열심히 기요미즈데라를 향해 올라갔다. 어느새 강렬한 붉은 빛의 입구 건물과 뾰족한 탑들이 보이기 시작했고, 교토에서 제일 관광객이 많이 방문하는 관광지라는 명성답게 많은 사람들이 모여 있었다. 입장권을 사려

고 더 들어가 보니, 내부가 대규모 공사중이라 들어갈까 말까 고민이 되었다. 그래도 여기까지 왔는데 안 들어갈 수 없다는 엄마의 말씀에 수긍하고 400엔짜리 입장권 세 장을 사서 안으로 들어갔다.

그 안에는 원숭이가 그려져 있고 뒷면에는 소원을 적어 거는 나무 팻말(에마)들이 눈에 들어왔는데, 마침 나도 원숭이띠라 한 개쯤 기념으로 사 볼까 싶어 가격을 물었더니 생각보다 비싼 800엔이었다(그 당시에는 그냥 됐다 싶어 사지 않은 것이 나중에는 조금 후회가 되었다). 본당을 지나 전망대로 도달하니, 여태 이미 높은 오르막길로 올라와서인지 눈앞에 넓은 시야가 펼쳐졌다. 산 정상에 오른 기분과 비슷하게, 마음이 탁 트이는 느낌이었다. 곳곳에서 공사중인 것이 약간 경관을 해치긴 했지만, 그래도 이 광경을 보려고 다들 이곳까지 오는구나 싶었다. 산으로 둘러싸인 기요미즈데라의 관광지 범위 안에는 신사나 탑 등이 여러 군데 더 있었고, 구석구석 둘러볼 만한 아기자기한 곳도 많았다. 특히, 돌부처마다 빨간 앞치마(혹은 냅킨?)을 입혀 놓은 것이 상당히 인상적이고 귀엽기까지 했다.

위에서 내려오자, 사람들이 줄을 서서 모여 있는 광경이 보였는데, 바로 '오토와 폭포'였다. 이 폭포의 물을 마시면 소원이 이루어진다는데, 특히 외국인 관광객들은 그 폭포수를 우스꽝스러운 모습으로 마시기도 했고, 맞기도 했다. 줄이 너무 길어 우리 가족은 구경만 하고 가던 길을 갔다.

"소원은 비는 것보다 노력하는 게 더 중요한 것 같은데…"

평소에 노력이라는 것을 잘 하지 않는 주제에 나는 엄마와 아빠에게만 들리도록 중얼거렸다.

清水寺 :
[청수사]
기요미즈데라

기요미즈데라 안에서 약 한 시간 정도 소요한 것 같다. 출구에서 나왔을 땐 하늘 저편에서 노을이 주황빛으로 하늘을 물들이고 있었다. 내려올 때 둘러보기로 한 상점가도 대부분 셔터를 내렸다. 하지만 다행히도 일본 전통 인형들이 진열된 몇몇의 가게는 아직 문을 닫기 전이라 얼른 들어가 구경해 보기로 했다. 이미 집에 있는 일본 인형과 같은 인형을 발견하기도 하고, 탐나는 인형들이 한가득이었지만 가격 면에서도 부피적으로도 구입하기는 힘들었기에 사진으로 남겨두는 것으로 만족하기로 했다. 다행히도 사진촬영은 딱히 제재를 받지 않았다. 사진을 찍으면서 열심히 구경을 하던 도중, 구석에 진열되어 있던 작은 분홍색 도자기 인형을 발견했다. 가격도 700엔으로, 꽤 저렴한 가격이었다. 나는 어린아이처럼 그 인형을 가리키며 부모님께 사 달라고 졸랐지만 가져가는 도중에 깨질 수도 있다는 부모님의 말씀에 수긍하고 그 아이를 포기하기로 했다. 아쉬운 마음으로 내리막길을 내려가는데, 아무래도 미련이 계속 남아 도저히 데려 오지 않으면 안 될 것 같은 느낌이었다. 원숭이 팻말도 포기했는데 이번에도 포기하면 너무 슬플 것 같았다. 나는 "아무래도 안 되겠어! 걔는 진짜 사야 돼!" 하고 외치며 부모님을 뒤로한 채 다시 그 가게로 뛰어서 돌아갔다. 마침 그 가게는 셔터를 내리려고 하는 찰나였다. 나는 헉헉대며 직원에게 아까의 그 도자기 인형을 가리켰다.

"문 닫으시려는데 죄송합니다. 이 아이는 꼭 사야할 것 같아서요."
내가 그렇게 말하자 직원은 진열장에서 조심스럽게 인형을 꺼내어 정성스럽게 포장해 주었다. 나는 지갑에 있던 천 엔 한 장을 내밀었다. 생각해보니 나도 엔화를 조금 가지고 있기에 내가 직접 사면 되는 문제였다.

포장된 인형을 받아들고 나니 만족스러운 마음에 입가에 미소가 절로 났다. 나는 정말 어쩔 수 없는 인형 애호가인가보다. 그리고 기쁜 마음으로 길목에서 나를 기다리고 있던 부모님을 향해 달려갔다.

상점의 인형들

기요미즈데라 부근의 거리

어느새 하늘은 어둠으로 드리워지고 있었다. 붉게 반짝이던 노을도 정수리만 살짝 남기고 모습을 거의 감추고 있었다. 아직 문을 열고 있던 상점가들의 가게마다 실내의 불빛을 밝히고 있었는데, 해가 진 어두운 남색 풍경 안에 그 사이사이의 노란 불빛들의 조화가 굉장히 예뻤고, 일본다웠다. 길목에서 택시 안에 타고 있던 게이샤를 목격하기도 했다. 택시는 길목에서 사람들이 지나가기를 기다리고 있었는데, 뒷좌석에 앉아 있던 게이샤의 새하얀 얼굴과 머리는 있는 힘껏 공을 들이고 꾸민 티가 팍팍 났다. 고개를 살짝 들고서 앉아 있던 그녀의 도도한 자태는 주변의 관광객들이 길을 가면서도 쉽사리 눈을 떼지 못하게 했다.

그 다음은 교토의 번화가인 '가와라마치'로 이동하기로 했다. 가와라마치는 음식점이나 쇼핑몰, 술집 등이 가득 모여 있는 곳이다. 이곳으로 향하기 위해 무작정 올라탄 버스는 알고 보니 1일권 티켓이 적용되지 않는 버스였다. 기사에게 먼저 티켓을 확인받고 탈 걸 그랬다. 한 명이면 그나마 괜찮은데, 세 명이 한꺼번에 타서 괜히 700엔 가까이 되는 돈을 헛되이 써 버렸다. 당연히 교토의 모든 시내버스는 다 되는 줄 알았고, 일본에 살면서도 여행하면서도 버스를 탈 일은 좀처럼 없었기에 이런 실수를 했나보다. 사실 걸어갈 수 있는 거리라 더 아쉬웠다. 아무튼 버스는 금방 가와라마치에 도착했다.

음식점이 모인 골목으로 들어가자, 온갖 맛있는 음식 냄새가 거리에 풍겨 있었고 사람들의 와자지껄 떠드는 목소리도 곳곳에서 터져나왔다. 뭘 먹을까 하며 골목을 빙빙 돌던 부모님은 결국 이번에도 작은 라멘집으로 들어갔다. 나는 그동안 멀지 않은 거리에 있던 맥도날드에서 저녁을 해결하기로 했다. 딱 30분 후 라멘집 앞에서 다시 만나기로 하고, 나는 맥도날드에서 혼자 햄버거와 감자튀김을 우걱우걱 먹었다. 거기까지 가서 왜 하필 맥도날드에서 식사를 해결하는지 이해하기 힘든 사람들도 있을 것이다. 어쩔수 없다. 나처럼 편식이 심한 사람은 '맛의 여행'이 불가능하다.

나는 책날개에 쓰여진 대로 우주최강 편식쟁이인데, 야채는 물론이요 스테이크, 족발, 보쌈, 닭발, 냉면, 쫄면, 회, 육회 등등 심지어 뼈 있는 치킨도 먹지 못한다. 차라리 먹을 수 있는 걸 세는 게 더 빠르다. 아, 그래도 의외로 김치는 무지 좋아한다. 매일 먹는 게 밀가루와 군것질거리인데도 내가 큰 병 없이 이렇게 잘 살아 있는 것은 아무래도 김치의 힘이 있지 않나 싶다.
약속대로 30분 후 다시 만난 부모님은 그다지 만족스럽다는 표정은 아니었다.
"무슨 문제 있었어?"
"맛은 괜찮았는데 아빠가 아직 뭔가 부족하다 하시네."
그래서 우리는 자연스럽게 안주도 넉넉히 먹을 수 있을 만한 술집을 찾았다. 곧 어렵지 않게 조금 외진 곳에 위치해 있던 한 술집을 발견했는데, 손님이 그닥 많지 않고 가게도 넓고 깔끔한 느낌의 가게였다. 부모님과 나의 취향에 따라 맥주 세 잔과 소세지구이, 샐러드 등의 여러 메뉴를 주문했다. 술을 자주 하지 않고 딱히 좋아하지도 않는 나지만 특히 이곳에서 마신 맥주는 여태 마셔본 맥주 중에서 가장 맛이 깔끔하고 맛있다고 느껴졌다. 술이 맛있는 것이라고 이 집에서 처음 느꼈다. 술도 음식도 모두 맛있고 가게 분위기도 편안하고 좋아서 우리 가족은 기분이 한껏 올랐다. 엄마가 갑자기 지갑에서 천 엔짜리 지폐를 몇 장 꺼내시더니, 엄마 아빠 안내하느라 수고

가게 이름을 기억해두지 않은 게 후회가 될 정도로 맥주가 맛있었던 그곳.

한다며 길가다 장난감 보이면 사라고 나에게 건네주시기도 했다.
술집에서 만족스러운 시간을 보내고 난 후, 호텔로 돌아가기 전에 그 주변을 돌아다니며 구경하고 있는데 아빠는 이번에는 자꾸만 오뎅이 먹고 싶다며 보이는 가게마다 기웃거렸다. 엄마와 나는 이젠 그만 좀 하라며 아빠를 말렸다.

하지만 화기애애한 분위기는 호텔로 돌아가려고 할 때 사라지기 시작했다. 내가 일본에서 자주 가는 체인 서점의 간판을 발견하고 잠시 구경하고 싶다고 졸랐지만, 부모님은 이제 더 이상 걸어 다닐 힘이 없고 서 있을 힘도 없다며 나를 말리셨다. 그래서 호텔로 돌아가는 방향의 버스를 타려고 정류장에서 기다리는데, 아무리 기다려도 버스는 오지 않았다. 간신히 온 버스도 우리가 원하는 방향으로 가지 않았다. 그 뒤에 온 버스의 기사 아저씨에게도 물었지만 호텔 쪽으로 가는 버스는 이 주변에는 없고 다른 곳으로 가야 있다고 했다. 호텔까지 도보 20분 거린데 그쪽으로 가는 버스가 이 근처에 하나도 없다는 게 말이 되는가. 우리는 교토의 버스 체계에 대해 화가 났다. 마냥 이렇게 기다려야 하냐며 답답해하시던 부모님은 나에게 지나가는 사람 아무나 붙잡고 버스를 물어보라고 다그쳤다. 하지만 내 성격상 처음 보는 사람에게 말을 잘 걸지 못한다. 어쩔 수 없이 억지로 근처에 있던 행인들을 붙잡고 물었지만 사람들은 잘 알지 못하거나 설명해 주는 것도 제각각이었다.
"됐어, 그냥 걸어서 가."
내가 우물쭈물하며 제대로 해결을 해내지 못하자 결국 참다못한 부모님은 그냥 걸어서 가자고 하셨고, 나는 거리 한복판에서 부모님에게 큰 소리로 꾸중을 들었다.
"너는 부모님이 힘들어 하는데 왜 빠르게 일을 해결하질 못하니?!"
아니, 내가 무슨 '일본여행 만능 천재 가이드'인가?! 엄마는 계속해서 거리에서 큰 소리로 나를 나무랐고, 아빠도 거들었다. 지나가는 사람들이 우리를 다 쳐다보았다. 나는 이 상황이 너무나도 부끄럽고 화가 나서 목소리를 깔고 대들었다.
"지금 나라 망신 다 시키니까 좀 조용히 해 줄래요?"
"나라 망신이 문제가 아니라 네 태도가 문제야!"
"...다시는 엄마 아빠랑 여행할 일 없을 거야."
참다못한 나도 부모님에게 그렇게 내뱉고 말았다. 분한 마음에 목구멍 구석에서부터 눈물이 올라오려는 것을 안간힘을 주고 참았다. 목이 아플 정도로 메었다. 그리고 호텔로 돌아가는 세 명 사이에 차가운 적막이 감돌았다. 도중에 나는 발걸음을 멈추고 입을 열었다.
"나 지금 호텔 안 들어갈거니까 알아서들 가세요."
"뭐?!"
아빠가 뒤돌아보며 나를 다그치려고 하셨다.
"분 좀 삭히고 돌아 갈 거야." 나.
"이 밤에 어딜 가, 그냥 방으로 들어가!" 아빠.
"어, 갔다 와." 엄마.
말리는 아빠와 달리 엄마는 쿨하게 나를 보냈다. 부모님은 그대로 호텔로 들어가고, 나는 왔던 길을 다시 돌아갔다. (당시 사귀던)남자친구와 통화하며 위로를 받으면서 혼자서 길을 걷다보니 분이 조금 사그라드는 느낌이었다.
약 한 시간 정도 혼자만의 시간을 가졌더니 마음이 가라앉기 시작하며 부모님께 막 내뱉었던 불효막심한 말들이 죄송스럽게 느껴졌다. 나는 아까 부모님께 받은 돈으로 돌아가는 길의 편의점에서 오뎅과 맥주를 사들고 호텔로 들어갔다. 호텔 방 안에는 아빠만 계셨다.
"엄마는?"
"엄마도 산책하러 나가셨어."
"엄마도 이 시간에? 그리고 이거 오뎅인데, 드세요."
아빠는 오뎅을 받아들더니 입을 쩍 벌리며 기뻐하셨다.
"우리 딸이 아빠 생각해서 오뎅도 사 왔네. 아이고 착하다~"
나는 일부러 못 들은 척을 했고, 아빠는 내 칭찬을 계속 하며 오뎅을 맛있게 드셨다.

잠시 후 엄마도 방으로 돌아오셨는데, 손이 심하게 까져서 피가 흐르고 있었다. 오뎅을 먹던 아빠가 소스라치게 놀라며 무슨 일이냐고 묻자, 엄마는 걷다가 넘어졌다고 하셨다. 나도 가지고 있던 밴드를 급하게 뜯어 엄마 손에 붙여주었다. 상처가 많이 패여 있었는데, 내 마음도 찢어지는 듯 했다. 혹시 내가 아까 한 발언이 부모님의 마음에도 이런 상처를 내지 않았을까(그치만 나도 엄청 상처 받긴 받았다). 나는 괜히 엄마에게 툴툴거렸다.
"애도 아니고 왜 괜히 넘어지고 와?"
"그러게."
엄마는 담담하게 대답했고, 아빠는 엄마 곁에서 계속 인상을 쓰며 밴드에 고여나오는 피를 걱정스럽게 바라보셨다.
"어, 근데 이 오뎅은 뭐야?"
엄마가 테이블 위에 올려져 있던 오뎅을 보며 물으셨다.
"내가 사왔어."
"아이고, 우리 딸 아빠 생각해서 사 왔네. 엄마도 좀 먹자."
"맥주도 있어."
밤 12시가 다 되어가는 시간이었지만 우리 가족은 야식으로 오뎅과 맥주를 먹으며 오늘 하루의 끝을 마무리했다.

혼자서 하는 여행도 마찬가지겠지만 특히 누군가와 함께하는 여행은 결코 그 여정 내내 마냥 평화롭기만 한 것은 아니다. 서로 간의 의견 차이나 갈등도 겪으면서, 그렇게 다시 서로를 알아가는 것도 여행의 의미 중 하나라고 생각한다. 부모님과 다시는 여행하지 않겠다는 철없는 다짐을 잠시 하긴 했지만 혹시 모른다. 부모님이 언젠가 또 일본에 갈 일이 생긴다면, 그때도 '이번에도 내가 가이드를 해 드릴테니 나도 데리고 가 줘요'라고 애원할지도 모를 일이다.

3월 3일 목요일   마지막 날 교토 역-우메다-난바-간사이공항

한국으로 돌아가는 날이 다가오고야 말았다. 나는 왠지 교토에서 벗어나 빨리 다시 오사카로 돌아가고 싶었다. 우리는 부랴부랴 짐을 챙기고 호텔에서 나와 택시를 타고 교토 역으로 향했다.

밝은 시간에 본 교토 역은 정말 징그러울 정도로 거대했다. 한국의 서울역보다도 더 컸다. 역사 안에 전철 뿐 아니라 신칸센도 있었고, 호텔과 백화점 등 다양한 시설이 있었다. 오사카로 향하기 전 오전의 일정은 교토 역 주변을 돌아볼 계획이었기에 역사에 있는 일식집에서 아침을 간단히 해결한 후 역 안을 돌아다녔는데, 건너편 건물에 100엔샵의 간판이 눈에 띄었다. 물건은 함부로 막 사면 안 된다며 귀찮아하시는 두 분을 이끌고 백엔샵으로 향했는데, 막상 와 보니 부모님은 지방에 있는 세컨하우스에 필요한 비품들을 사느라 나보다 더 열심히 구경하시더니 결국 각자의 두 손에는 삽, 비닐, 램프 등의 물건이 한가득 들려 있었다.

쇼핑을 마치고 교토 역으로 다시 돌아온 우리는 오사카로 돌아가는 길을 찾아다녔지만 교토 역은 너무 넓고 복잡했다. 이 길이 맞다 싶어 간 길은 그 길이 아니었다. 우리가 바보인건지, 교토 역이 바보인건지. 아무래도 전자가 맞는 것 같다. 분명히 여기로 가면 오사카로 가는 전철 방향이 나올 거라며 자신 있게 아빠가 향한 곳은 엉뚱하게도 교토 역 꼭대기층의 정원이었다. 그래도 덕분에 잠시 교토의 시내 정경을 내려다 볼 수 있었다.

교토 역 정원의 전망대에서 바라본 풍경

징그러울 정도로 거대했던 교토 역

여차저차 오사카로 가는 방향을 찾아 전철에 올라 탈 수 있었다. 오늘 비행기는 저녁 6시 발. 시간은 아직 오후 한 시도 되지 않았다. 아직 오사카에서 보낼 수 있는 시간이 조금 남았다. 얼마 후 전철은 우메역에 도착했고, 우메다 역시 난바와 어깨를 나란히 하는 오사카의 번화가이며 쇼핑할 곳도, 먹을 곳도, 구경할 곳도 많은 곳이지만 우메다까지 돌아 볼 여유는 없었다. 나는 오사카에서 잠시 살았을 때나 여행을 왔을 때 이미 몇 번이고 우메다에 온 적이 있지만, 난바역으로 가는 전철로 갈아타러 가는 도중 도로 위 다리를 건너며 바라 본 우메다의 높은 건물들이 부모님이 보실 우메다 풍경의 전부였을 것이다.

우메다

마지막으로 부모님은 회전 초밥이 그렇게도 먹고 싶다고 하셨다. 나는 난바역 부근에 있는 회전초밥집 '쿠라즈시'로 부모님을 모시고 갔다. 교토에서 리나와 만났을 때 갔던 그 체인점이다. 나는 스시를 먹지 못해서 이곳의 스시 맛이 어떤지는 잘 모르지만, 한 접시에 소비세 포함 108엔이라는 가격에 비해 맛이 훌륭하다며 부모님은 매우 흡족해 하셨다. 이 음식점이 이번 여행에서 가장 만족스러운 곳이라고 할 만큼. 그리고 부모님은 두 분이서 순식간에 높은 접시 탑을 쌓아올렸다.

이 다음 나는 일본인 친구 마유카와 만날 약속을 잡아 두고 있었다. 부모님과 함께하는 짧은 일정에도 불구하고 어떻게든 친구들은 만나고 싶었다. 이번에도 주어진 시간은 두 시간. 부모님과 잠시 헤어진 후 마유카와 약속한 장소에서 오랜만에 상봉했다. 마유카는 2013년 겨울에 펜팔로 알게 된 친구인데, 첫 만남부터 서로 마음이 잘 맞는다고 느꼈던 친구이다. 슈퍼주니어의 은혁을 좋아해서 콘서트가 있을 때마다 한국에 자주 오기 때문에 이미 셀 수 없을 만큼 많이 만났었다. 하지만 마유카와의 마지막 만남은 반년 전 서울에서였기 때문에 만나지 못한 기간의 텀이 나름 길었던 상태였다. 오랜만에 마유카의 얼굴을 보니 매우 반가웠지만 우리에게 주어진 시간은 너무 적었다. 우리는 제일 먼저 스티커 사진을 찍었고, 함께 가챠퐁을 돌려 뽑은 후 도톰보리 강가에 앉아 이야기를 나누었다. 우리가 만나면 항상 함께 오는 이 곳. 특히 내가 이 강가를 아주 맘에 들어 한다.

"오늘 히나마쓰리인거 알지? 스안짱, 인형 좋아하잖아."

마유카는 나에게 일본 전통인형이 그려진 사탕을 내밀었다. 그러고 보니 3월 3일 오늘은 일본의 각 가정에서 전통 인형을 장식하는 날인 '히나마쓰리'였다. 나도 질세라 마유카에게 한국에서 가져온 선물과 편지를 건네주었다. 교토에서 만났던 리나도, 마유카도, 그리고 대부분의 일본인 친구들과 나는 이렇게 만날 때마다 선물을 교환한다. 서로가 좋아서 준비하는 것이라 이렇게 서로의 마음을 교환하는 순간마다 서로의 우정은 점점 더 깊어지는 기분이다.

  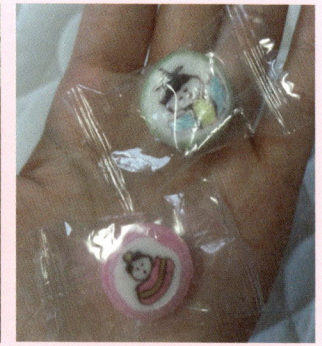

어느새 두 시간은 훌쩍 지나가서, 헤어져야만 하는 시간이 다가왔다. 마유카는 부모님과 내가 다시 만나기로 약속한 장소까지 데려다 주면서 부모님과 처음으로 인사를 나누기도 했다. 나는 부모님에게 "내가 정말 아끼는 친구야"라며 마유카를 소개했다. 짧은 순간이었지만 내가 사랑하는 친구들을 잠시라도 만날 수 있어서 행복했다.

마유카와 헤어지고 난 후 우리 가족은 공항으로 향하는 전철에 올라탔다. 두 자리가 비어 부모님을 먼저 자리에 앉으시도록 했다. 마주보고 있는 나에게 엄마는 나에게 봉투 하나를 건네주셨다.

"이게 뭐야?"
"너 수고했다고 주는 거야."
봉투 안에는 내가 좋아하는 브랜드의 입욕제가 들어 있었다.
"이거 비싼데… 더 싸고 이쁜 것도 많은데."
"없어보이게 왜 그래."

공항으로 향하는 전철에서 빠르게 지나가는 오사카의 풍경은 낮은 주택과 맨션 등의 민가가 대부분. 항상 오사카에서의 마지막 모습은 이 풍경이었다. 곧 헤기 될 시간이어서인지 하늘이 살짝 어둡고 흐릿했다.

간사이공항 역에 내리고, 출국 수속을 밟았다. 그리고 아빠가 계속 들고 있던 제일 커다란 캐리어는 0.1kg의 오차도 없이 20kg를 맞추었다.
우리는 마지막 식사로 공항 안의 편의점에서 샌드위치와 유부초밥, 군것질 거리 등을 사서 비행기를 기다리며 먹었다.

짧은 일정이었지만 우리 가족은 꾸역꾸역 여기저기 열심히 여행했고 여러 일들도 있었다. 언제 또 오사카에 올 일이 생길까.
그냥, 그리워지면 다시 올게. 그런데 왠지 교토는 당분간 별로 안 가고 싶을 것 같아. ●

이번 여행에서 유일하게 건진 인형.

두 번째 여정
도쿄

2016.3.18 ~ 21
4박 5일

부모님의 제안으로 일본의 완구회사에 지원하기 위해
한국과 일본을 오가는 취준생이 되었다.
이번 일정은 일본의 취업박람회에 참가하여
내가 지원할 회사의 설명회를 듣기 위한 목적.
하지만 왠지 취업준비보단 장난감 쇼핑에
더 열정적인 것 같은 이 느낌..!
친구들의 집을 전전하며 도쿄 곳곳을 누비는 나는
오타쿠 부랑자…

3월 17일 목요일

이 날은 대학교에서 저녁 수업까지 마친 후에 바로 공항으로 가야 했다. 도쿄로 향하는 밤비행기를 타야 했기 때문이다.

2주 만의 일본, 1년만의 도쿄. 이렇게 불과 2주 만에 다시 일본으로 가게 된 이유는 도쿄에서 열리는 취업 설명회에 가기 위해서였다. 내가 지원하는 장난감 회사의 설명회가 도쿄에 있는 국제전시장에서 취업박람회처럼 이틀 동안 행해진다고 한다. 보통 본사에 가서 듣는 것으로 알고 있었는데 최근에는 이런 식으로도 하고 있나 보다. 아무튼 나는 뒤늦게 이 사실을 알고 떠나기 불과 일주일 전에 항공권을 부랴부랴 예매했었다. 일정은 3월 18일부터 3월 22일까지. 4박 5일 간의 여정 동안 내가 제대로 이불 깔고 잘 수 있는 날은 3박 뿐. 첫날은 18일 새벽에 도착하기 때문에 길거리에서 자든지, 24시간 영업하는 패스트푸드점에서 자든지, 아니면 넷카페(칸이 나눠진 pc방)에서 자든지 해야 했다. 내가 노숙자도 아니고 길거리나 패스트푸드점에서 잠들어서 되겠는가. 나는 첫날을 잠은 잘 수 있고 샤워도 할 수 있는 넷카페에서 보내기로 했다(하지만 이 넷카페에서 노숙하는 홈리스들도 그렇게 많다고 한다). 그리고 나머지 금, 토, 일은 일본인 친구들 집에서 신세를 지기로 했고, 마지막 날인 월요일은 그 다음날 화요일 새벽 비행기였기 때문에 공항과 비행기에서 밤을 지새우기로 했다.

슈-카츠, 취활. '취업 활동'을 줄여서 부르는 일본어다. 취업준비를 줄여서 취준이라고 하는 한국과 살짝 다르지만 의미는 같다. 툭하면 일본에 가는 나를 보고 어느 날 부모님은 이렇게 말씀하셨다. "일본에 그렇게 자주 가면 아예 일본에서 직장을 얻어서 거기서 살지 그러니?" 서서히 장래를 생각하지 않으면 안 되는 시점에서 들은 부모님의 제안에 귀가 솔깃해졌고, 일본의 장난감 관련 기업에 도전하여 올해 일본의 슈-카츠세이(취준생)가 되기로 한 것이다.

하지만 사실 나는 취업 준비를 한다는 것에 대해서 아직 여러 가지로 준비가 덜 되어 있었다. 취업 준비의 준비라니 조금 우습기도 하지만(다른 친구는 이것을 취준준이라고 말했다) 나는 토익, 토플 등의 스펙은 없고 내세울 만한 자격증은 성적이 높지 않은 JLPT 1급 하나 뿐이었다. 웬만한 대학생이라면 이미 고학년 때에는 토익, 토플 성적은 다 가지고 있는데 말이다. 나도 취업에 대해서 열정이 있었다면 이미 토익 정도는 낮은 점수라도 가지고 있었을 것이다. 하지만 나는 일본어 말고 다른 어학 분야에는 그다지 열정을 쏟고 싶지 않았다. 여기에는 나의 게으름도 한몫 했다.

아무튼 나는 확실히 준비가 덜 된 사람이긴 하다. 회사에서 일 하는 것을 '자기만의 시간도 없는 회사의 노예로 전락하는 것', '돈만 버는 기계 부품이 되는 것' 정도로만 생각하고 있었기 때문이다. 부정적이고 철딱서니 없는 생각이라는 것을 알지만 취업 준비를 하는 지금도 이 생각이 완전히 사라져 버린 것은 아니다. 나도 20대 중반이나 먹고서는 참 철이 없다. 분명히 회사에서 정말로 자신의 꿈을 이뤄 가고 있는 사람, 회사 일에서 보람을 느끼는 사람, 자신이 원하는 일을 하면서 즐겁게 돈을 버는 사람도 많을 것이다. 나도 이렇게 생각해 보면 어떨까 싶은 게, 내가 관심이 많은 나라인 일본에서 내가 좋아하는 회사에서 내가 좋아하는 일을 하며 오히려 돈도 받을 수 있다면 얼마나 좋은 일인가. 대학도 듣기 싫은 수업을 들어야 할 때가 있고 하기 싫은 과제를 해야 할 일이 있는데 오히려 1년에 천만 원 가까이나 되는 거액을 바쳐야 한다. 하지만 회사에서 일을 하는 것을, 오히려 돈을 받는 대학에 다닌다는 셈 치자, 하고 내 스스로 긍정적으로 생각하려고 노력하기도 했다.

하지만 뭐가 어쨌든 나는 솔직히 말하면, 회사가 원하는 머슴같은 인재상은 아직 아니다. 남이 시키는 일은 하기가 싫고, 더 놀고 싶고 하고 싶은 것도 너무 많다. 나같은 자유로운 영혼이 회사원이 될 수 있을지 나도 의문이다. 이런 시점에서 취업에 대한 생각을 조금 더 유연하게 할 수 있는 기회가 되기를 바라면서 일본 취업 준비에 한 발짝 발을 내딛어 본 것이다.

나름 이런 깊은(?) 생각을 하며 학교에서 인천국제공항으로 가기 위해 서울

역으로 가는 버스에 몸을 싣고 있었다. 하지만 생각도 잠시, 나는 학교에서 공항까지 가는 데 생각보다 상당히 오랜 시간이 걸린다는 것을 뒤늦게 깨달았다. 학교가 서울 위쪽이라 공항까지 기껏해야 한 시간 정도나 걸리겠거니 하고 생각해서 여유롭게 학교에서 나왔는데, 한 시간에 더하기 40분 정도는 더 걸릴 것 같았다. 이대로라면 나는 티켓 발권 마감시간이 지나서 공항에 도착할 수도 있는 노릇이었다. 나는 버스 안에서 계속해서 지하철시간 어플을 알아보았고, 학교에서 서울역까지 가는 버스에서 내리자마자 캐리어를 미친 듯이 끌며 전속력으로 달렸다. 지하철 공항선은 공항까지 한 시간은 더 족히 걸렸고, 공항선 요금의 두 배 가량 되는 공항 직통 특급 열차(8000원)는 40분 남짓 걸렸다. 나는 망설임 없이 특급 열차에 몸을 맡겼다.

생각한 것 보다는 여유롭게, 무사히 공항에 도착했고, 마감시간을 15분 정도 남겨놓고 티켓 발권도 잘 마쳤다. 밤 11시 50분 비행기였고, 발권을 마치고 시간을 보니 10시 40분 즈음이었다. 어후, 세이프다.
2주만에 다시 가는 일본이지만, 여행이 아닌 취업관련 일정이지만, 여행을 가는 기분처럼 설렜다. 나는 역시 혼자 떠나는 여정이 좋다. 사실 학기중이라 금요일과 그 다음 주 월요일은 수업에 결석해야 했다. 하지만 미리 교수님들께 사정을 잘 설명해 놓았다. 취업과 관련된 행사 때문이라고 말씀드리니 취업에 더 집중하라고 격려의 말씀을 해 주시기도 했다.

3월 18일 금요일   첫째 날 카마타-아키하바라-산겐자야

비행기 안에서 음악을 들으며 입국신고서를 작성하다보니 두 시간이 금방 지나갔다. 그리고 비행기 안에서 17일에서 18일로 넘어갔다. 곧 도쿄의 하네다 공항에 도착했고, 공항에서 나오니 일본의 새벽 공기가 제일 먼저 나를 반겼다. 2014년 9월부터 2015년 3월까지 반년 간 교환유학을 하며 보냈었던 도쿄. 딱 1년 만에 다시 돌아왔다. 시계를 보니 새벽 2시 반. 이번 일정에서 제일 먼저 할 일은 카마타 역에 가는 것. 그곳에 넷카페가 있기 때문이다. 카마타 역에 있는 넷카페가 하네다 공항에서 가까이 위치했기 때문에 미리 그 곳 주변을 알아봐 두었다. 카마타 역은 하네다 공항에서 다섯 정거장 떨어진 곳이고, 공항에서 버스로도 갈 수 있다. 항상 느끼는 거지만 인터넷은 정말 최고다. 내가 찾는 모든 정보가 다 있다.

15분 정도 버스 정류장에서 기다리자, 카마타 역으로 가는 마지막 심야 버스가 나 한 명만을 태우기 위해 다가오고 있었다. 심야 버스는 평상시 요금의 딱 두 배를 받았다.

일본의 취업

일본의 구직 활동 제도는 한국과 비슷한 부분도 있고 다른 부분도 있다. 일본은 몇 년 전까지는 대학교 3학년 하반기부터 구직 활동을 시작했으나, 그 시기가 너무 이르다며 정부에서 시기를 시정하여 요즘은 대학교 4학년이 되자마자 시작한다. 3월에 기업들의 설명회가 열리고, 4월 쯤에 이력서를 제출한다. 일본의 이력서는 자필로 직접 작성해야 한다. 컴퓨터로 응시하는 SPI(직무적성검사 테스트) 점수를 요구하는 회사도 있고, 그렇지 않은 회사도 있다. 보통 5월부터 면접이 시작되며, 면접 단계도 많다. 6~7월에는 결과가 통지되며, 1학기 안에 만족스러운 결과가 나오지 않은 사람은 하반기에 다시 구직 활동을 하지만 그 무렵에는 인기가 없는 기업이나 블랙기업들이 남아 있는 경우가 많다.
일본의 대부분의 기업들은 부서를 골라서 지원하지 않고, 종합직으로 지원한 후 입사 후 1~2년간은 다양한 부서를 경험하고 난 후 그 중 적성에 맞거나 희망하는 부서로 배정받는 경우가 많다.
일본의 대학교 4학년은 학교 수업이 아닌, 거의 구직 활동에 심혈을 기울여야 하는 시기이므로 구직 활동이 끝나면 취직이 시작 될 다음 해 4월까지, 놀 사람은 펑펑 놀면 된다.
요즘 일본은 한국의 취업 빙하기와는 달리 대부분의 취준생들이 취직에 성공하는 추세다. 일자리에 비해 일 할 사람이 적다는 것도 있고 대기업과 중소기업을 크게 따지지 않고 '어디든 들어가면 좋다'라는 마인드를 갖고 있는 사람도 많기 때문인 듯 하다.

몇 정거장 안 가서 카마타 역에 내렸고, 나는 미리 알아둔 넷카페로 들어갔다. 두 군데가 있었는데, 한 곳은 이미 만실이었으며 나머지 한 곳은 자리는 있지만 간신히 누울 수 있을 정도의 작은 침대가 있는 방은 꽉 차서 의자가 있는 곳으로 안내받았다. 9시간 팩을 끊고, 대부분 손님은 남자밖에 없어서 눈치를 슬슬 보며 내 자리로 들어갔다. 1평 남짓 한 공간의 문을 잠그고, 편한 옷으로 갈아입고, 잠시 나가 화장실에서 세수를 하고, 양치를 하고 돌아와서 텔레비전을 틀었다. 시간은 새벽 세 시 반. 그렇다. 일본의 pc방은 칸이 방처럼 나뉘어 있고 샤워를 할 수 있는 샤워실도 있다! 샤워실을 이용하는 것은 무료지만 수건이나 세면도구가 없을 경우 카운터에서 유료로 구입할 수 있다.

천장을 올려다보니 파란 빛의 전등에, 환풍이 잘 되지 않는지 담배연기가 찌들은 냄새가 났다. 넷카페는 홈리스들도 자주 들락날락하는 곳이라 나도 뭔가 홈리스가 된 느낌이다. 생각해보면 홈리스가 틀린 말은 아니다. 지금 일본에 집이 있는 것도 아니고. 아무튼 영 찝찝한 기분이다. 하지만 이따 자고 일어나서 샤워하면 되고, 은근 재미있는 경험이라 싫진 않았다. 넷카페는 찜질방 같은 곳이 없는 일본에서 내가 선택할 수 있는 최후의 방법이다.

넷카페는 예전에도 한 번 와 본적이 있어서 이번이 두 번째였다. 2014년 초, 오사카에 잠시 살고 있던 나는 도쿄에 여행을 왔다가 첫날은 넷카페에서 보냈었다. 그때는 누울 수 있도록 180도로 펼칠 수 있는 침대 같은 소파에서 잠을 청했었다. 하지만 잠자리가 영 불편해서 푹 잠들지 못했다. 아마 이번에도 나는 깊은 잠에는 들지 못할 것이라고 확신했다.

내 칸의 의자는 푹신한 사장님 의자 같은 형태로 약 150도 정도 눕힐 수 있었다.

내 자리에서 위를 올려다봤을 때.

하지만 침대처럼 180도로 펴지진 않으니 역시나 잠은 잘 들지 못해 중간중간 깼다. 나는 오전 4시가 훌쩍 넘어서 잠들었고, 9시가 훌쩍 넘어서 완전히 일어났다. 샤워를 하고, 옷을 갈아입고, 화장을 하고, 내가 나가야 하는 시간인 11시 반에 딱 맞춰서 밖으로 나왔다.

밖으로 나오니 강한 햇살이 쏟아졌다. 세상이 새하얗게 보일 만큼 햇살이 눈부신 날씨였다. 봄이라 그런지 춥지도 않고 덥지도 않은 딱 좋은 봄날씨. 내가 있던 곳이 어두컴컴하고 폐쇄적인 공간이었기 때문인지, 무척 상쾌했다. 왠지 오랫동안 감옥에 틀어박혀 있다가 출소한 죄수의 기분도 들었다. 카마타 역 부근은 잘 들어본 적도 없었고, 내가 처음으로 와 보는 곳이었다. 어두운 새벽에 봤을 때와는 분위기가 사뭇 달랐다. 역 자체가 컸고, 주변에는 다양한 가게들이 많아 생각보다 번화한 곳이었다.
나는 곧장 아침식사를 해결할 곳을 찾았다. 내가 제일 사랑하는 밥집인 마쓰야가 이 근처에 없는지 둘러보았다. 마쓰야는 일본 어디에나 있는 일본식 음식점으로, 주로 남자 회사원들이 많이 찾는데 나는 이곳의 오리지널 카레를 굉장히 사랑해서 일본에 올 때마다 항상 찾는다. 지도 어플로 찾아보기도 전에 마쓰야는 내 눈앞에 금방 나타났고, 나는 망설일 것 없이 들어가서 오리지널 카레를 주문하고, 배불리 먹고, 밖으로 나왔다.
조금 걷다보니 정장 가게가 보였다. 나는 이번 일정에서 취업 설명회에도 가야하지만 그 전에 반드시 취업용 정장을 사야 했다. 일본은 취업용 정장과 가방, 구두가 모든 브랜드를 막론하고 교복처럼 획일화되어 있다. 심지어 여자의 경우는 스타킹 색깔과 머리스타일, 화장법까지도 암묵적으로 정해져 있으며 어느 브랜드의 속옷을 입어야 정장을 입었을 때 폼이 난다는 말까지 있을 정도다. 모두 같은 모습을 시키고, 그에 조금이라도 어긋나는 행동을 하면 우리네 회사의 열심히 굴러가는 톱니바퀴가 될 자격이 없다는 것일까. 취준생들은 어쩔 수 없이 얌전히 순응해야 한다. 정장을 획일화시키는 것은 한국도 크게 다를 바가 없지만 아무래도 일본의 경우가 더 심한 것 같다. 어쨌든 나도 그정장을 입지 않으면 안 되는 입장. 정장을 지금 당장 바로 살 생각은 아니었지만 지금 당장 그 매장 안으로 들어가기로 했다. 과하게 친절한 직원 아저씨가 친절하게 안내해 주었다. 내가 몸에 살집이 많아 사이즈를 서너 번이나 바꾼 결과, 몸에 적당히 맞고 편한 사이즈의 정장을 찾을 수 있었다. 정장을 입고 거울에 비친 내 모습은 낯설었다. 태어나서 처음 입는 정장. 어린아이가 아빠의 양복을 입은 것 같은 느낌이 드는 것 같으면서도 이제 내 나이는 절대 어린 나이가 아니며 이미 정장을 입고 회사에서 일하고 있어야 하는 나이라는, 아이러니한 생각이 스쳐갔다. 정장뿐만 아니라 구두와 가방, 스타킹까지 세트로 가격은 3만엔 정도. 외국인이라 면세 혜택을 받을 수 있었다.

과하게 친절한 직원 아저씨의 배웅 인사를 받고 매장에서 나온 나는 카마타 역으로 가서 700엔짜리 JR 1일권을 끊은 후, 정장이 든 종이가방과 캐리어를 물품보관함에 꾸역꾸역 넣었다.
이제부터 나는 내가 그토록 가고 싶어 하던 아키하바라에 갈 것이다! 카마타 역도 아키하바라 역도 모두 JR선으로 통하기 때문에 갈아타지 않고 한 번에 갈 수 있다. 그리고 30분 정도 후에 나는 아키하바라 역에 두근거리는 마음으로 발을 내딛었다. 그렇다. 나는 모두가 인정한 오타쿠다. 얼마 전 오사카에서 부모님과 내내 함께 여행한 탓에 장난감 쇼핑을 마음껏 하지 못한 게 영 아쉬웠다. 특히 인형과 장난감을 좋아하는 나에게 아키하바라는 천국과도 같은 곳이다. 피규어와 다양한 장난감을 파는 곳이 넘쳐나기 때문이다. 하지만 카지노와도 같은 곳이기도 하다. 아키하바라에서 돌아온 나의 손은 빈털터리가 되기 일쑤이기 때문이다. 그래서 마음 단단히 잡고, 절제하는 것을 잊지 말자는 굳은 결심을 가지고 들어서야 한다.
역에서 나오자마자 바로 그 근처의 '라디오회관'이라는 곳으로 들어갔다. 이곳은 아키하바라에서 내가 제일 좋아하는 곳이며 이 건물은 인형과 장난감, 피규어, 애니메이션 관련 물품으로 꽉 찬 성지 같은 곳이다. 나의 심장이 쿵쿵 뛰고, 동공이 확장되고, 심지어 전율까지 흐르기 시작했다.
한 층씩, 천천히 둘러보았다. 그리고 눈에 들어오는 장난감들을 하나씩 손

에 넣었다. 나의 엔돌핀 수치는 평소보다 두 배는 더 가까이 치솟고 있었다.

장난감 쇼핑을 마친 후 라디오회관에서 나와 사이제리야(패밀리 레스토랑)에서 끼니를 해결할 겸 잠시 쉬었다가 다시 나와서 만다라케, 가챠퐁회관, 돈키호테, 다양한 피규어 매장을 차례차례 돌아다녔다. 이번에 조금 가격이 센 장난감을 사서도 안 되며 부피가 큰 장난감을 사서도 안 된다. 돈은 충분하지 않고, 내 캐리어는 기내용 캐리어로 매우 작기 때문이다. 자, 나는 절제하는 마음, 합리적으로 생각하는 마음을 절대로 잊으면 안 돼. 결과적으로 이 날 나는 아키하바라에서 딱 만 엔만 쓰자는 스스로의 약속을 지킬 수 있었다. 지폐 몇 장과 맞바꾼, 이제는 내 소유물이 된 장난감들. 쾌락이라는 고요한 전율이 내 몸을 타고 도는 느낌이다.
사실 이 돈은… 부모님이 취업준비에 힘쓰라며 주신 돈이었다.

아키하바라를 걷다보면 메이드복과 교복을 입은 앳된 여자아이들이 전단지를 나눠주고 있는 모습이 자주 보인다. 하지만 나한텐 건네주지 않고 남자들에게만 나눠준다. 과연 저들이 홍보하는 곳은 어떤 곳일까? 역시 메이드 카페겠지? 나도 여자이긴 하지만 앵앵대는 목소리로 손님을 반기는 메이드카페에 한번쯤은 들어가 보고 싶다. 아니, 역으로 일 해 보는 것도 재밌겠다. 그런데 혹시, 저 소녀에게 같이 사진을 찍어달라고 하면 찍어줄까…? 한번쯤은 메이드와 같이 사진을 찍어보고 싶다. 하지만 같이 사진을 찍자고 말을 걸 용기가 없었다. 하긴 내가 일본에 처음 놀러온 외국인 여행객도 아니고. 나 지금 무슨 오타쿠 아저씨가 된 기분이다.

秋葉原 : 아키하바라

라디오회관 안에 위치한 피규어 렌탈 숍

거리마다 이렇게 피규어나 애니메이션
캐릭터가 그려진 간판이 보인다.

많이 탐났던 에반게리온 레이 담요

가챠퐁 회관에 있던 세일러문 봉제인형

의도를 알 수 없는 마네킹이
가운데손가락을 치켜세우고 있다.

사진 한 장이 왜 이렇게 비싼지 모르겠다...

아키하바라 돈키호테의 코스프레 의상 코너

일본은 어떻게 이런 문란한 피규어를 버젓이 판매하고 있는지 이해 할 수가 없다.
(그런데 사실 나도 이미 이 시리즈 중 두 개를 갖고 있다)

20년이 훌쩍 지나도 사그라들지 않는 세일러문의 인기

날은 어두워졌고, 나는 이제 슬슬 스즈네 집으로 가야 했다. 스즈는 내가 2014년 도쿄에서 교환유학을 했을 당시 같은 기숙사 건물을 쓰며 친하게 지냈던 일본인 친구이다. 나보다 세 살 어리긴 하지만 일본에서 지내면서 언니동생 개념은 버리고 온 지 오래다(일본은 나이를 한국만큼 따지지 않는 문화다). 스즈는 본명이 '스즈에'지만 본인이 스즈로 불러달라고 했고 부르는 입장에서도 스즈가 더 편하기에 그렇게 부르고 있다. 가끔 '숫짱'이라고 부르기도 한다. 스즈는 후쿠오카 출신이지만 내가 교환유학생이었던 도쿄의 쇼와여자대학교에 다니고 있다. 최근에 기숙사에서 나와 새로운 방을 구했다며, 도쿄에 오게 되면 묵으라고 미리 나한테 알려준 적이 있기 때문에 스즈네 집에서 이틀을 묵기로 정해놓은 상태였다. 스즈네 집은 산겐자야 역 부근에 있으며 내가 유학했던 대학교도 산겐자야 역 부근에 있다. 나는 아키하바라에서 카마타 역으로 다시 돌아가 물품보관함에서 짐을 꺼낸 후, 시부야로 향했다. 산겐자야 역으로 가려면 시부야 역에서 갈아타야 했기 때문이다. 캐리어, 장난감이 가득 든 큰 쇼핑백, 그리고 새로 산 정장 세트까지. 나 혼자 가지고 이동하기엔 너무나 버거웠지만 어쩔 수 없었다. 많은 인파 속에서 혼자 끙끙대며 내 갈 길을 갔다.

시부야

시부야 역에서 내리니 시간은 저녁 8시 정도. 번쩍거리는 거대한 전광판들, 스크램블 교차로, 수많은 인파. 이 모든 게 1년 만이다. 시부야는 유학 당시에 학교만큼이나 자주 왔던 곳이라 반가웠지만 1년 만에 다시 왔다는 기분이 안 들었다. 변한 건 대형 전광판들 뿐이었기 때문이다. 일단은 시간이 충분하지 않으니 시부야를 좀 더 돌아보는 건 나중으로 미루고, 근처 맥도날드에 들어가서 간단히 저녁을 해결하고 다시 산겐자야 역으로 향했다. 스즈와 만나기로 한 시간은 저녁 9시 30분. 약속한 시간보다 조금 빨리 도착했다.

나는 역 바로 옆에 있는 산겐자야에서 가장 높은 건물인 캐롯타워 앞에서 스즈를 기다렸고, 우리는 곧 만날 수 있었다. 스즈와는 2015년 5월에 후쿠오카에서 만난 게 마지막이었기 때문에 꽤 오랜만이었다. 반갑게 인사를 나누고 포옹을 한 다음 우리는 간단히 장을 보기 위해 역 근처 슈퍼마켓에 들렀다. 몇 가지 군것질거리를 사들고 우리는 산겐자야역으로 다시 돌아왔다. 스즈의 집은 산겐자야 역에서 전차로 두 정거장 정도 떨어진 와카바야시 역과 가깝다고 한다. 걸어가면 15분에서 20분 정도가 걸리고, 때마침 비도 오고 짐도 많았기 때문에 둘이서 전차를 타고 가기로 했다.

산겐자야

전차를 타고 가면서 스즈와 이런저런 얘기를 나누었다. 사실 스즈는 룸메이트와 함께 살고 있었다.

"스즈, 같이 사는 룸메이트는 어디 갔어?"

"아직 방학이라서 고향에서 안 돌아왔어. 마침 집에 나 혼자 있으니까 스안짱을 재워줄 수 있게 됐네."

"룸메이트는 어떤 사람인데?"

"나보다 한 살 어린 후밴데 2학년 때 학교 기숙사 룸메이트였어. 내가 3학년이 되면서 기숙사에서 나와야 해서 어쩌다보니 같이 나와서 살게 됐어."

"룸메이트랑 많이 친한가보다."

"사실 그렇게 친하지는 않고, 그냥 생활 방식이 잘 맞아."

"그렇구나. 방세는 얼마정도야?"

"음...15만엔 정도...?"

"...뭐?! 그렇게 비싸?!"

15만엔이라면 한국 돈으로 150~160만원 정도이고, 전에 살던 기숙사의 두 배나 되는 금액이었기 때문에 깜짝 놀랐다.

"그래도 둘로 나누니까 괜찮아. 내가 지내는 방이 조금 더 커서 8만 엔은 내가 내고 후배는 7만 엔 내."

역시 도쿄의 집세는 보통이 아니었다.

역에서 내리고 얼마 안 걷자 스즈네 집 건물이 보였다. 스즈가 사는 집은 맨 꼭대기층인 5층에 있다고 했다.

"스안짱, 건물에 엘리베이터가 없어서 계단으로 올라가야 하는데 괜찮아? 미안해, 내가 짐 들어줄게."

"아니야, 괜찮아! 내가 다 들 수 있어. 그리고 재워주기만 한다면 그런 건 아무 상관없어."

하지만 내 짐이 너무 많아서 미안하게도 일부를 스즈가 들고 올라가 주었다. 많은 짐을 들고 5층까지 올라가기엔 정말 힘이 들었지만 친구가 잘 곳을 마련해 주는데 얼마나 감사한 일인가.

스즈가 열쇠로 현관문을 열고 들어가자, 생각한 것보다 집이 꽤 넓었다. 거실과 방 두 개, 그리고 큰 화장실까지. 왠지 부부와 아이 한 명이 살아도 될 법한 느낌의 집이었다. 거실에는 부엌과 TV가 있었고, 한가운데엔 코타츠가 있었다. 스즈의 방도 꽤 넓었다. 세 명이서 한 집에 살았던 학교 기숙사보다 이곳의 환경이 더 넓고 쾌적해 보였다. 왜 방세가 15만 엔씩이나 하는지 알 수 있었다.

나는 짐을 풀고 한국에서 사 온 선물을 바리바리 꺼내서 스즈에게 건네주었다. 대부분 한국 과자였고, 나는 이렇게 일본 친구들이 나를 재워 줄 때마다 무조건 조금이라도 보답을 한다. 스즈는 고마워하며 받아주었다.
씻고, 편한 옷으로 갈아입고, 이불을 깔아 잠자리를 만들고 난 후 나는 그제야 아키하바라에서 산 장난감들을 꺼내서 전리품처럼 늘어놓았다. 스즈가 옆에서 언제 이렇게 많이 샀냐며 놀라워했다.
나는 장난감을 들여다보고 혼자 한껏 만족스러워 한 다음 다시 도로 집어넣었다. 그리고 정장을 옷걸이에 잘 펴서 걸어두었다. 내일 일정이 이번 여정의 가장 큰 목적인 취업설명회이기 때문이다. 우리는 내일을 위해 불을 끄고 잠자리에 누웠다.
"오야스미(잘 자), 스즈."
"오야스미, 스안쨩."
넷카페와는 전혀 다른 푹신함과 안도감에 나는 금방 곯아떨어졌다.

3월 19일 토요일   둘째 날 국제전시장-나카노

미리 맞춰두었던 알람 소리에 눈을 떴다. 시간은 오전 8시. 약간 축축한 공기가 감도는 것과 그다지 밝지 않은 창문을 보니 아무래도 오늘은 비가 오나보다, 하고 생각하며 잠자리에서 천천히 일어났다. 정말로 밖에는 비가 후두둑 떨어지고 있었다.
취업설명회는 오전 11시부터 시작이고, 이 집에서 설명회장까지는 1시간 남짓 걸리는 거리이기 때문에 9시 반에는 집에서 나와야 했다. 나는 다 못 뜬 눈으로 잠자리를 정리하고, 외출할 준비를 시작했다. 화장을 진하게 하는 편인 나는 평소보다 연하게 화장을 하고, 정장에 뭐 묻은 건 없는지 신경 써서 갖춰 입었다. 나는 우선 운동화를 신기로 했다. 구두를 잘 신지 않아서 벌써부터 신으면 이따 금방 발이 아파질 게 뻔했기 때문에 구두를 따로 챙겨가기로 했다.
잘 다녀오라는 스즈의 배웅을 받고 나는 현관문을 나섰다.

토요일인데도 전철 안에는 회사원이 많았다. 이 사람들은 뭐지, 주말에도 일하러 불려나가는 사람들인가? 하며 왠지 모르게 그 사람들의 교집합에도 내가 속한 듯한 느낌이 들었다.
'직장인이 되면 어떤 기분일까? 보람과 책임감을 느끼는 철 든 어른? 아니면 일에 얽매여 사는 기계? 아니면 회사의 노예…?'
그런 생각을 하면서 나는 철없게도, 정장을 입고 직장인 코스프레를 하는 지금 이 순간이 왠지 조금 신나게 느껴졌다.
시부야 역에서 설명회가 열리는 장소인 국제전시장 역까지는 갈아타지 않고 한 번에 갈 수 있는 노선인 린카이선이 있었다. 전철에 올라타고 나니 딱 봐도 앳된 얼굴의 정장 무리들이 많이 보였다. 역시나 여자들은 나와 정장이 교복처럼 똑같다. 아마도 나와 같은 목적지로 향하고 있는 것이겠지. 이 중에 내 또래는 거의 없을 것이고, 대부분 나보다 적게는 한 살에서 많게는 세 살은 어릴 것이다. 나와 동갑인 사람들은 이미 사회인이 된 지 조금 됐을 나이니까. 나는 재수를 했고 유학 때문에 학교도 좀 더 늦게 졸업하게 되는 상황이다. 대부분이 대학 졸업 후 본격적인 취직 준비에 돌입하는 한국 대학생들과는 다르게 일본은 대학교 3-4학년 때부터 재빨리 취직 준비에 들어간다. 나보다 어린 친구들이 이렇게 열심히 준비하는 모습을 보니 나도 정말 열심히 해야겠다는 생각이 들었다. 취직에 대한 열정이 원래부터 많지는 않았지만 뭔가, 스멀스멀 피어오르는 느낌이다.

곧 국제 전시장에 도착한다는 안내 방송이 흘러나왔고, 나를 포함한 검은 무리들이 엎지른 검은 물처럼 한꺼번에 전철에서 쏟아져 나왔다.

정말 엄청난 인파였다. 일본 수도권의 취준생들은 여기 다 모인 듯 했다. 나는 몰래 그들의 생김새나 차림새를 훑어보았다. 다들 앳된 얼굴이라 정장이 부모님의 옷을 입고 나온 듯 어색해 보였다(아마 나도 마찬가지였을 것이다). 꾸밈이라곤 1도 모르는 듯한 여학생, 그에 반해 진한 화장을 하고 온 여학생, 빡빡머리의 남학생, 머리에 무스를 가득 칠하고 온 남학생, 취준용 가방에 캐릭터 열쇠고리를 이것저것 달고 온 학생... 다들 같은 정장이었지만 자세히 살펴보니 왠지 모르게 각자의 개성이 느껴지는 듯 했다. 이 엄청난 인파는 지하철역에 내려서 회장까지의 정해진 루트를 줄지어 똑같이 이동했다. 역에서 나와도 회장까지는 조금 더 걸어야 했다. 비가 내렸지만 회장으로 가는 길에는 천막이 있는 길로 계속해서 갈 수 있었기 때문에 굳이 우산을 쓰지 않아도 되었다. 회장은 저 쪽이라며 큰 소리로 안내해 주는 사람들이 우비를 입은 채 열심히 방향을 가리켜 주고 있었다. 나는 그 길 중간에 있는 화장실로 들어가 머리를 질끈 묶고, 양치를 하고, 운동화에서 구두로 갈아 신고, 옷매무새를 다듬었다. 오늘은 평소에는 좀처럼 신지 않던 구두를 신고 있는 나. 거울로 본 이런 내 모습은 좀 어색해 보였다. 하지만 새로운 옷을 입고 새로운 장소에 와 있는 것 자체로도 두근거렸다. 그리고 내가 나에게 물었다.

'지금 너 취준하러 온 거야, 취준생 코스프레하러 온 거야? 왜 쓸데없이 신났어?'

'둘 다 하러 온 건데?'

회장은 멀리서 봐도 거대했지만 가까이서 보니 더욱 실감나게 거대했다. 삼각형 두 개가 거꾸로 달려 있는, 특이한 모양의 건물이었다. 이곳에서는 이런 취업 관련 행사뿐만 아니라 애니메이션이나 장난감 관련의 행사도 정기적으로 열리는 다목적 홀이라고 한다. 아무튼간, 회장까지 이동하는 길이 꽤 길어서 벌써부터 구두를 신은 발이 아려오기 시작했다.

이 행사는 사전 참가 신청을 하지 않아도 입장할 수 있었고 나도 그걸 알고서 미리 신청을 하지 않았기 때문에 회장 입구 앞에서 참가 신청서를 적는 부스에서 개인정보를 후다닥 작성했다. 그리고 회장으로 들어가서 신청서를 제출하니 펜이나 부스 지도, 여러 홍보물이 가득 든 비닐 가방을 받았다. 나는 부스 지도를 펼쳐서 나의 1지망인 B사의 위치부터 확인했다. B사는 일본에서 제일 큰 완구/엔터테인먼트 기업으로, 일본인도 한국인도 대부분 모두가 알고 있는 대기업이다. 내가 하고자 하는 일은 가챠퐁(뽑기 장난감)이나 마론인형 등을 디자인하고 기획하는 것이고, B사 본사에서 이 장난감들을 다루고 있다고 하여 지원하고자 한다.

아직 개장 시간이 되려면 5분 정도 남았기에 많은 인파가 서서 입장을 기다리고 있었다. 내 옆의 사람들은 무리로 왔는지, 여러 명이서 유창한 영어로 대화를 나누고 있었다. 그 무리 안에는 한 명의 서양인도 껴 있었다.
'영어 잘 하네. 어디 유학이라도 다녀왔나 보다.'
잘 알아듣지도 못하는 그들의 영어를 가만히 엿듣고 있다 보니 개장을 알리는 안내 음성이 흘러나왔고, 나는 찾을 것도 없이 저기 큼지막하게 보이는 B사의 로고가 있는 쪽으로 무작정 향했다. 인기가 많은 기업이다 보니 이미 많은 학생들이 나와 같이 B사 쪽으로 향하고 있었다. B사는 계열사나 자회사가 많은 기업이라 한 부스에 많은 부스들이 나뉘어 있었다. 본사 부스에는 이미 다른 사람들이 많이 들어차서, 나는

어쩔 수 없이 다른 계열사 부스로 들어가서 착석했다. 완구 기업이라는 것을 확실하게 보여주듯, 부스 안에는 약간의 장난감이나 피규어들이 전시되어 있었다. 곧이어 설명회가 시작되었고, 일일이 메모를 하는 학생들도 있었다. 하지만 이곳은 내가 딱히 원하는 곳은 아니었다. 그래도 B사의 계열사니까 뭐라도 알고 가자 싶어서 열심히 경청했다. 그곳은 장난감을 직접 디자인 하는 것 보다는 상품을 주로 가챠퐁 머신이나 크레인 게임 기계, 편의점 등에 유통하는 회사였다. 설명을 진행해 주는 직원은 얼굴에 땀을 송글송글 맺혀 가며 열심히 회사에 대해서 알려주었다. 약 20분 정도의 설명이 끝나고, 나는 바로 옆에 있던 본사의 설명회장으로 이동했다. 역시나 여전히 많은 학생들이 설명회를 경청하고 있었다. 앞의 설명회가 끝이 나길 기다린 후, 맨 앞자리에 들어가 착석했다. 앉아있는 동안 나눠준 회사 관련 팸플릿을 읽으며 설명회가 시작하길 기다렸다. 몇 분이 지나자, 굉장히 똑똑해 보이고 안경을 쓴 여자 직원이 설명회를 시작했다. B사가 언제 창립되었고, 어떻게 성장해 왔는지, 도쿄의 어디에 위치해 있는지, 어떻게 부서가 나뉘어 있으며 어떤 제품들을 다루고 있는지 등등 짧은 시간 안에 이 회사 안에 대한 설명을 듣다 보니 B사에 대해 굉장히 빠삭해진 느낌이었다.

하지만 발빠른 일본의 취준생들은 이 모든 것을 이미 다 알고 있을 것이다. 주위를 슬쩍 둘러보니 경청하는 학생들의 눈이 반짝반짝 빛나는 것이 보였다.

B사의 올해 채용 예정 인원은 약 50명 정도라고 하며, 구두로 하는 설명이 끝난 후에는 홍보용 동영상을 보여주었다. 대부분 직원들이 회사에 대해서 자신의 생각이나 소감, 그리고 앞으로 들어올 후배들에게 전하는 인터뷰였다. 다들 회사에 대해 굉장히 자부심을 갖고 있으며 즐기면서 일한다는 것이 느껴졌다. 꼭 이 회사에 가고 싶은 생각이 들었다. 이 회사는 정말 재미있을 것 같았다. 동영상을 보고 난 후에는 B사에 대한 기대감이 한층 더 부풀어 올랐다.

본사의 설명회가 끝나고, 나는 B사의 다른 부스들을 둘러보았다. 그리고 나는 그 중 한 군데인 M사의 부스에 착석했다. 이 부스에도 여러 장난감들이 전시되어 있었다. M사는 나도 예전부터 여러 번 들어 왔고 비교적 최근에 B사의 자회사라는 것을 알게 된 회사다. 목표로 둔 회사는 아니었지만 한 번 들어보기로 했다. 꽤 나이대가 있어 보이는 여자 직원들, 갓 새로 입사한 듯 앳돼보이는 남자 직원들이 차례차례로 설명을 이어갔다. M사는 주로 어린이를 위한 놀이용 장난감을 만드는 곳이기도 하며 피규어에도 주력하는 회사였다. 하지만 내가 만들고자 하는 가챠퐁이나 마론인형 얘기는 나오지 않았다.

설명이 끝나고, 질문 시간이 되었다. 여러 학생들이 차례차례 질문을 하기 시작했다. 다들 질문하기에 앞서 자신의 대학과 이름을 정중하게 밝힌 후 말을 이었다. 그 와중에 나도 질문하고 싶은 점이 있었다. 이 회사에서는 가챠퐁과 마론 인형을 아예 다루지 않는지 물어보고 싶었다. (지금 생각하면 그 회사에 대한 정보가 많이 부족했던 것을 모두에게 알리는 질문이었던 것 같아 부끄럽다)

"또 질문하실 분 계신가요?"

내가 용기내어 손을 들자 직원이 마이크를 건네주었다.

"처음 뵙겠습니다. 저는 해외에서 온..."

잠시 동안의 정적이 흘렀다. 나는 긴장했던 탓인지 도중에 말을 멈추고 말았다.
"죄송합니다, 해외에서 온 학생입니다."
"네, 안녕하세요."
"귀사에서 키세카에 인형(일본에서는 여자아이들이 가지고 노는 마론 인형을 키세카에 인형이라고 한다)이나 가챠퐁도 다루고 있는지 궁금합니다."
"저희 회사는 캡슐 형태의 가챠퐁은 다루지 않고 있습니다. 그리고 정확히 키세카에 인형을 제작하고 있지는 않지만 여자 아이들을 위한 인형도 제작하고 있습니다. 그리고 아직까지는 자사에서 가챠퐁이나 키세카에 인형에 대한 계획은 없는 상황입니다."
"귀중한 정보 감사합니다."
나는 정중히 인사를 하고 마이크를 돌려주었다.
여태 M사에 대해서는 관심도 정보도 그다지 많지 않았지만 설명회를 듣고 나니 이 회사에도 지원해 보자는 생각이 들었다. 내가 원하는 장난감을 다루지 않아도 오히려 더 범위가 넓고 다양한 장난감들을 다루고 있다는 걸 알게 되었기 때문이다.

서서히 허기가 지기 시작했다. 나는 B사 부스에서 떠나와 회장을 이리저리 둘러본 후 밖으로 나왔다. 시간은 벌써 세 시가 다 되어가고 있었다. 비는 계속해서 내리고 있었다. 회장으로 오는 길에는 몰랐는데, 근처에 거대한 톱 모양의 조형물이 있었다. 저 큰 걸 대체 어떻게 만들었을까. …그러고 보니 한때 나는 조각가가 되고 싶었던 적도 있었다. 고등학생 때부터 대학교 1학년 때까지 안고 있던 조각가의 꿈은 대학에 진학한 후 서

서서히 옅어져갔다. 정확히 어떤 이유인지는 모르겠지만, 대학에 진학한 이후에 예술 자체에 대한 흥미가 팍 식었기 때문이랄까. 아무튼 거대한 톱을 보고 있으니 잠깐 동안이지만 옛날의 내 모습이 그려졌다.
역으로 돌아가는 길에는 학생들에게 음료수를 나눠주고 있었다. 커피 음료였다. 힘내라는 문구가 적힌 스티커가 붙여져 있었다. 물론 신제품 홍보를 위한 전략이었겠지만 그래도 이렇게 음료수를 받으니 감사하게 느껴졌다. 그리고 나는 역 앞에서 맥도날드를 발견하고 그곳에서 끼니를 해결한 후 얼얼해진 발을 운동화로 갈아 신었다.

이 다음 일정은 다시 전철을 타고 나카노에 가는 것. 나카노에 가는 이유는 바로 나카노 브로드웨이 안에 만다라케 1호점(마니아틱 장난감, 애니 관련 상품 매입&판매 체인점)이 있기 때문이다. 나카노 브로드웨이는 내가 장난감 상가라고 부를 정도로 만다라케를 포함해서 인형이나 장난감을 파는 가게들이 모여 있는 곳이다. 그리고 워낙 특이하고 잡다한 장난감들이 많다 보니 '괴짜 상가'라는 말이 어울린다.
나카노 역에 내렸다. 1년 만에 돌아온 나카노 브로드웨이에는 여전히 많은 장난감들이 나를 기다리고 있었다. 이곳에 있는 만다라케는 상가 내 곳곳에 흩어져 있어서 이동할 때 여기저기 찾아다녀야 하는 단점이 있지만 1호점인 만큼 일본의 그 어느 만다라케보다 가장 많은 장난감이 있다. 나카노에 들어서면 나는 마치 마약을 한 듯이 심장박동수가 올라가고, 눈이 획획 돌아간다. 이 증상은 아키하바라를 방문했을 때에도 마찬가지다. 하지만 이미 첫날에 아키하바라에서 적지 않은 돈을 썼기 때문에 오늘은 선별하고 선별해서 쇼핑해야 한다. 나는 돈에 대해 큰 욕심은 없는 사람이지만 이런 곳에 왔을 때만큼은 갑부가 되었으면 좋겠다는 생각을 한다.

이 날도 나는 아키하바라에서 쓴 금액과 비슷하게 장난감을 사는 데에 돈을 지불했고, 이 날 밤도 스즈의 집으로 돌아와서 장난감을 한번 쭉 늘어놓은 후 하루를 마무리했다.

中野 : 나카노

나카노의 한 공간에서 열리고 있던
인형 작품 전시회

3월 20일 일요일   셋째 날   국제전시장-시부야-오오토리이

아침에 눈을 떠 보니 어제와는 달리 해가 쨍쨍했다. 이틀 연속으로 중요한 날에 비가 내렸다면 굉장히 짜증이 났을 텐데, 다행이었다. 그리고 오늘도 역시 같은 장소로 설명회를 들으러 가는 날. 설명회는 총 이틀에 걸쳐서 2회 행해진다. 그리고 어제는 없었던, 내 2지망 회사인 T사의 설명회가 있다. 한 번 다녀와 보니 굳이 아침 일찍 가지 않고 느긋하게 출발해도 될 것 같았다. 설명회는 계속 반복적으로 진행된다는 것을 알았기 때문이다.
아침으로 스즈가 직접 끓인 된장국을 밥 없이 먹고, 과자 몇 개와 어제 받은 커피로 해결했다. 스즈의 된장국은 맛있었지만 야채가 많았다. 나는 얌체처럼 국물과 옥수수만을 골라 먹었고, 국그릇에는 물기 젖은 야채만 남아 있었다.
"스즈, 미안해. 내가 야채를 못 먹어서 야채만 남겼어."
"맞다, 스안짱 야채 못 먹지. 그럼 야채는 내가 먹을 테니까 남겨 놔."
그렇게 스즈는 내가 남긴 야채를 다 먹어주었다.

이제처럼 정장을 챙겨 입고, 스즈와 같이 밖으로 나갈 채비를 했다. 스즈도 밖에서 볼일이 있기 때문에 시부야 역까지 같이 가기로 했다. 그리고 오늘도 구두보단 운동화부터 먼저 신기로 했다.
"우리 나가기 전에 같이 사진 찍을래?"
스즈가 나에게 제안했다.
"좋아!"
"얼마전에 머리핀 몇 개 샀는데, 이거 하고 찍자."
하지만 머리핀은 머리카락에 고정되지 못하고 계속 줄줄 흘러내렸다.
"이거 잘못 샀네."
스즈는 키가 150cm정도에 마르고 왜소하다. 나는 왜소한 것과는 거리가 멀고 키가 165cm라서 우리가 같이 있으면 덩치 차이가 확연히 느껴진다. 하지만 친구 사이에 나이나 덩치 따위는 아무런 상관이 없을 것이다.

스즈의 집 현관 앞에서 바라본 창 밖의 풍경

날씨가 좋아서 산겐자야 역까지 두 정거장 거리를 걸어가기로 했다. 시간은 오전 11시. 하지만 새카만 정장을 입고 캐리어와 장난감이 가득 든 물건을 끌고 걷다 보니 3월인데도 땀이 삐질삐질 흘러내렸다. 스즈가 짐 하나를 들어주겠다고 했지만 둘 다 워낙 무거워서 감히 도움을 요청할 수가 없었다. 좋아하는 장난감을 잔뜩 사버렸으니 나는 그 대가를 치러야 마땅하다. 우리는 시부야로 향하는 전철에 같이 올라탔다. 산겐자야에서 시부야로 향하는 덴엔토시선 전철은 내가 도쿄에서 보낸 수많은 날들 중 단 한번도 널널했던 적이 없다.

"저기, 스안짱."

스즈가 먼저 말을 꺼냈다.

"응?"

"일본 드라마 자주 봐?"

"응, 일본어 공부하려고 가끔 봐. 왜?"

"한국에서도 일본 드라마 볼 수 있어?"

"응, 여러 방법으로 찾아서 볼 수 있어. 왜?"

"사실 내가 이번에 드라마 제작에 참여하게 됐거든."

"와, 정말? 어떤 드라마야?"

"후쿠야마 마사하루가 주연으로 나오는 드라마인데 제목은 '러브송'이야."
"거기서 스즈가 어떤 일을 하는데?"
"극 중 인물이 심리적인 장애를 앓고 있는데 내가 사회복지학과다보니 그런 장애에 대해서 설명해주고, 연기 지도를 해 주는 역할을 하게 됐어."
"정말? 스즈가 벌써 그런 일을 한다고?"
"어쩌다보니 참여하게 됐어. 아직 드라마가 시작하지는 않았으니까 비밀로 해 줘야 해~"
"당연하지! 스즈 정말 대단하다!"
"열심히 참여했으니까 스안짱이 꼭 드라마를 봐 줬으면 좋겠어. 4월부터 방송 개시야."
"알았어, 드라마 꼭 볼게!"

나는 아직 대학생인 스즈가 배우의 연기 지도를 한다는 것에 놀랐다. 그리고 나보다 어린데도 벌써부터 열심히 사회생활을 하고 있다는 것도 대견하게 느껴졌다.

우리는 시부야 역에 내려서 각자 갈 길로 가기로 했다. 우리는 헤어지기 전에 또 같이 사진을 찍었다. 그리고 나는 스즈에게 직접 쓴 짤막한 편지를 건네주었다. 이번에 집에 묵게 해 줘서 정말 고마웠다고 적은 것이었다. 스즈는 편지를 받고 매우 기뻐했고, 우리는 포옹을 한 후 헤어졌다.

스즈(왼쪽)와 함께

시부야의 풍경

나는 시부야에서 물품보관함부터 찾았다. 내 수북한 짐들을 보관할 곳이 필요했기 때문이다. 하지만 일요일 낮의 물품보관함은 대부분 비어 있는 곳이 없었고, 나는 이곳저곳을 돌아다니다 간신히 하나를 발견하고 짐을 넣었다. 그리고 나서 마쓰야에서 점심으로 카레를 먹고 다시 국제전시장 역으로 향했다. 시간은 낮 12시.

한 시간 후 쯤 회장에 도착해서 어제와 같이 참가신청서를 작성한 후 입장했다. 비만 안 내리지 어제와 똑같은 풍경이었다. 그리고 나는 바로 2지망 회사였던 T사의 부스를 찾아갔다. T사는 1지망인 B사보다 규모는 약간 작지만 일본에서 1,2위를 앞다투는 완구 회사이다. 어제는 이 설명회장에 없었지만 오늘은 설명회를 개최한다는 정보를 받았었다. T사는 키세카에 인형과 가챠퐁으로 유명한 완구 제조 회사이다. T사의 부스에도 가챠퐁 기계와 다양한 장난감들이 전시되어 있었고 이미 많은 학생들로 꽉 들어차 있었다. 나는 뒤로 살짝 들어가서 학생들의 등 뒤에서 설명을 엿들었다. 갓 시작한 듯 보였다. 회사에 대한 정보와 지원 방법 등 다양한 정보를 들었지만 50명 정도를 선발하는 B사와는 달리 T사의 올해 채용 예정 인원은 약 5명 정노라고 했다. 직원 수도 B사보다 훨씬 적은 중소기업 수준의 인원이었다. 하지만 회사 규모는 B사보다 훨씬 작은 데 비해 두 회사의 비중이나 파급력, 인지도 등은 일본뿐만 아니라 전 세계에서 똑같이 막강한 위치에 있었다. 적은 인원으로 이렇게 큰 기업을 만들어 낸 T사가 대단해 보였다. 이 회사에도 꼭 가고 싶은 의욕이 마구 솟아올랐다. 하지만 채용 인원이 생각

보다 많이 적었기 때문에 엄청난 경쟁률이 예상되었다. 그리고 곧 설명회가 끝났다.

"설명회를 들으신 분들은 부스 옆에 있는 가챠퐁을 기념으로 뽑고 가세요!" T사는 학생들에게 동전 모형을 나눠주면서 기념으로 가챠퐁 장난감을 뽑게 해 주었다. 학생들은 줄지어 가챠퐁을 하나씩 뽑고 자리를 떴다. 나도 줄을 서서 기다렸다가 하나를 뽑았다. 설명회에 참가한 학생들에게 이렇게 기념품을 챙겨 주는 점이 굉장히 좋았다. 아무래도 여기에 있는 사람들의 대부분이 T사에 합격하여 입사할 수는 없으니 좋은 이미지를 남겨서 계속해서 고객으로서 남기고자 하는 것도 있겠지만, 정말 고맙게 느껴졌다. 설명회에 와서까지 가챠퐁을 할 수 있으리라곤 생각하지 못했기 때문이다.

가챠퐁을 뽑고 나서 나는 설명회를 처음부터 제대로 한 번 더 들으려고 자리에 머물러 있었는데 갑자기 뒤에서 많은 학생들이 우르르 몰려왔다. 알고 보니 줄을 서서 기다려야 했던 것이다. 그것도 모르고 나는 부스에 들어가서 가챠퐁까지 뽑았다. 혹시라도 뒤에서 날 지켜보고 있는 사람이 있었다면 굉장히 뻔뻔하게 보였을 것이다. 얼굴이 살짝 화끈거리는 것 같았지만 몰랐을 수도 있지 뭐, 하면서 그냥 뻔뻔해지기로 했다. 다음 설명회는 얼마나 기다려야 하는지 근처에 있던 직원에게 묻자 40분 정도 기다려야 한다고 했다. 나는 그냥 꿋꿋하게 혼자서 이다음 차례를 기다리기로 했다. 내 뒤로 한 명 한 명 늘어나더니, 어느새 꽤 많은 사람들이 몰렸다. 두 번째 설명회는 내가 줄의 맨 앞에 있던 탓에 설명회장에서도 제일 앞자리에 앉을수 있었고 두 번째로 들으니 확실히 내용을 제대로 숙지할 수 있었다. 설

명이 끝난 후에 또다시 학생들을 줄세워 가챠퐁을 뽑을 수 있게 해 주었고, 나는 아까 이미 뽑긴 했지만 그냥 한 번 더 뽑고 왔다. 괜히 관계자들한테 욕심 많은 애로 찍힌 건 아닌지 모르겠다.

아직은 시간이 충분했기에 나는 어제 갔던 B사의 설명회장을 다시 찾았다. 설명이 끝난 후에는 뒤에 있던 직원에게 다가가 해외에 거주하는 외국인의 경우 이력서는 국제우편으로 보내면 되는 것인지 물었다. 직원은 매우 친절하게 설명해 주었지만 반말로 알려주었다. 왜 처음 보는 사람한테도 반말을 하나 싶었지만 내가 외국인이기도 하고 후배가 될 사람이라고 생각하고 그런가보다, 하고 애써 이해하려 했다.

구두를 신은 발이 너무 아려와서 이제는 운동화로 갈아 신고 설명회장에서 나가기로 했다. 나와 같은 검은 무리들이 역을 향해 걸어가고 있었다. 역 근처의 편의점 앞에 가챠퐁 머신이 늘어서 있어서 일본은 정말 어딜 가나 가챠퐁이 있구나, 하고 쭈그려서 구경하고 있는데, 옆에서 누군가 나에게 말을 걸었다.

"가챠퐁 관심 있나봐요?"

올려다보니 한 아저씨가 서 있었다.

"어디에 지원하려고 하세요?"

"저요? 이번에 B사랑 T사 등이요."

"아, 거기 유명한 장난감 회사죠! 역시 장난감을 좋아하시나 보네요. 준비는 잘 되고 있어요?"

"음... 아무래도 해외에서 왔다갔다하면서 준비하려니까 힘들어요."

"아, 외국인이구나! 중국?"

"아니요, 한국에서 왔어요."

"한국에서 준비하는 거면 확실히 고생이 많겠네. 우리는 취업에 성공할 수 있도록 도와주는 학원이야. 여기 커리큘럼 한 번 볼래?"

"저는 어차피 한국에서 학교 다니면서 준비하는 거라 일본에서 학원 다니는 건 조금 힘들 것 같은데…."

"그래도 가끔 일본에 오는 김에 다니면 큰 도움이 되지 않을까?"

나는 갑자기 짜증이 팍 났다.
"저기 물어볼 게 있는데요, 왜 일본인들은 외국인이라고 하면 갑자기 반말을 하죠?"
내가 그렇게 묻자 그 사람은 약간 당황한 듯 보였다.
"아, 음… 친근함의 표시랄까! 이해하기 쉬우라고 그런 것도 있고…"
"일본어를 배우는 외국인들은 데스마스(~입니다 라는 뜻의 경어)부터 배우는데 왜 다짜고짜 반말을 하는지 모르겠어요."
나는 그렇게 말한 후 꾸떡 인사하고 내 갈 길을 갔다. 뒤에서 "…어라?" 하는 혼잣말이 들렸다. 나중에 생각하니 괜히 그 아저씨에게 화풀이를 했나 싶어 미안한 마음도 들었지만 이미 주변에 이런 불쾌한 경험을 겪어본 사람들이 몇 있었다. 한국이라면 외국인이라고 해서 갑자기 반말을 하는 경우는 없을 것이고 나도 벌써 일본에서 여러 번 겪어봤기 때문에 누군가에게 꼭 물어보고 싶었다. 일본어가 한국만큼 반말과 존댓말의 구분이 명확하지 않은 건 알고는 있었지만, 영어도 아니고 반말과 존댓말이 두 가지가 나뉘어 있는 건 확실했다. 내가 아직 일본 문화를 이해하지 못한 것일지도 모른다. 하지만 친근함도, 이해하기 쉬우라는 배려도, 딱히 나는 원하지 않았다.

나는 다시 전철을 타고 시부야로 돌아왔다. 아직 대낮이라 오늘은 맘껏 시부야를 둘러볼 수 있을 것 같다. 나는 오랜만에 내가 자주 다녔던 가게들을 둘러보고, 시부야의 거리를 걸으며 시부야를 온몸으로 느꼈다. 내 단골 서점, 단골 장난감 가게, 단골 옷가게, 단골 밥집… 이제야 도쿄에 돌아왔다는 느낌이 든다. 시부야는 나에게 있어서 도쿄의 심장이다. 시부야에는 없는 게 없기 때문이다. 특히 시부야에는 서점도 몇 군데 있어서 책들을 구경하는데 시간을 많이 보내기도 했다.
나에게 한국에서 시부야와 비슷한 곳을 꼽으라면 홍대 앞을 고를 것이다. 홍대 근처에서도 대학 입시를 위해 반 년 정도 산 적이 있고, 내 단골 서점과 장난감 가게와 밥집이 몰려 있는 곳이기 때문이다. 하지만 외관상으로는 시부야는 사람이 북적거리는 명동과 닮아 있다.

'빌리지뱅가드' 시부야점의 풍경

시부야에서 저녁 식사까지 해결한 후, 나는 마이짱의 집으로 향했다. 마이짱도 도쿄 유학시절에 친하게 지내던 동갑 친구다. 한 달 전 서울에 놀러온 마이짱과 만났을 때, 도쿄에서 혼자 사는 집을 구했기 때문에 묵으러 오라고 한 적이 있다. 그래서 나는 사양하지 않고 그렇게 하겠다고 했다. 도쿄의 하네다공항에서 발권 일을 하는 마이짱은 하네다공항 역에서 세 정거장 떨어진 오오토리이 역 근처에서 살고 있었다. 시부야에서 한 시간도 안 걸려 도착한 오오토리이 역은 도쿄 치고는 조금 한산한 동네였다. 마이짱이 알려준 위치가 도저히 감이 안 잡혀서 조금 헤매다가 결국 건물을 찾아냈다. 나를 기다리고 있던 마이짱과 만나서 반갑게 인사를 나누고 함께 집으로 향했다. 마이짱이 사는 곳은 항공사에서 저렴하게 빌려주는 직원 전용 맨션이라는데, 건물 안으로 들어가 보니 새 건물 냄새가 나고 호텔처럼 굉장히 깨끗했다. 그리고 마이짱의 방 안에는 내가 좋아하는 피규어들과 세일러문 그림이 그려진 액자가 걸려있었다. 참고로 마이짱은 나와 같은 세일러문 덕후다. 세일러문을 좋아한다는 공통점이 우리가 친하게 지내는 이유 중 하나이기도 하다. 집은 완전히 신식 건물이었고 바닥도 문도 모든게 반짝반짝 빛날 정도였다. 나는 짐을 내려놓고 마이짱에게 주려고 가져온 과자 선물들을 건네주었고, 마이짱은 뭐 이런걸 다 가져 왔냐고 하며 받아주었다.

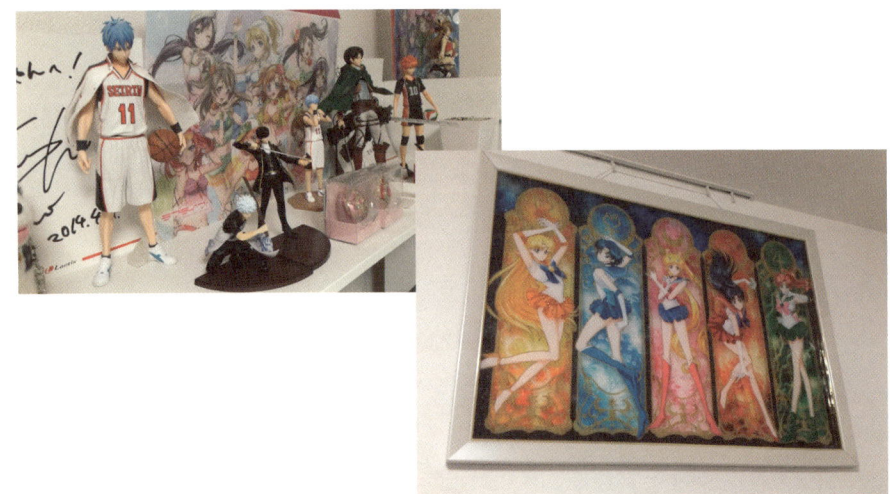

마이짱은 오전 다섯 시 쯤까지 공항에 출근해야 하기 때문에 보통 저녁 8~9시쯤에 잠든다고 했다. 하지만 내가 갔을 땐 이미 9시가 넘은 시간이었고, 내가 옷을 갈아입고 씻을 동안 마이짱은 미리 잘 준비를 하고 있었다. 괜히 잘 시간에 방해를 하고 있어서 미안한 마음이었다.
나는 욕실 안에서 얼굴과 손발을 씻다가, 실수로 욕조를 데우는 버튼을 누르고 말았다. 그러자 "지금부터 욕조를 데웁니다." 하는 기계음이 크게 들렸고 욕실에서 방으로 욕조가 다 데워졌는지 알려주는 기능이기 때문에 아마 자고 있는 마이짱 쪽에서도 들렸을 게 분명했다..! 미안해, 마이짱.

씻고 나오니 이미 마이짱은 잠들어 있었다. 나는 바닥에 깔린 이불 위에 누웠고, 아직 시간은 저녁 11시가 안 되어 있었다. 아직 잘 시간이 아니라서 한참 핸드폰을 만지작대다가 눈꺼풀이 서서히 무거워지는것을 느꼈다.

3월 21일 월요일   넷째 날 하라주쿠-시부야-하네다공항

새벽에 마이짱이 나갈 준비를 하는 소리에 살짝 잠에서 깼다. 내가 깨지 않도록 조심조심 준비하는 게 자면서도 느껴졌다. 잠시 후 마이짱이 현관문을 열고 밖으로 나가는 소리가 들렸고, 나는 다시 잠들었다.

이불에서 완전히 빠져나온 건 오전 11시가 넘어서였다. 오늘은 제대로 늦잠을 잤다. 나는 씻고 나와서 미리 사 둔 우동에 물을 붓고 TV를 켰다. 일본의 '방송대학'이라는 채널에서 스스로 움직이는 장난감을 보여주는 것을 나도 모르게 몰입해서 보고 있었다.

낮에는 또다른 친구인 사키코와 만나기로 했으며, 늦은 밤에는 한국으로 돌아가는 비행기를 타기 위해 공항으로 가야 했다. 챙겨온 평상복보다 정장이 더 편해서 정장에 운동화를 신고 현관문을 열어 밖으로 나왔다. 그리고 나는 맨션 복도 맨 끝으로 가서 하늘을 관찰했다. 하늘은 구름으로 덮여 있어 곧 비가 내릴 것 같았고, 저 멀리 스카이트리가 희미하게 보였다.
나는 맨션에서 나와 역 쪽으로 걸어갔다. 낮의 오오토리이는 어젯밤에 본 풍경과는 또다른 한적함이 느껴졌다.

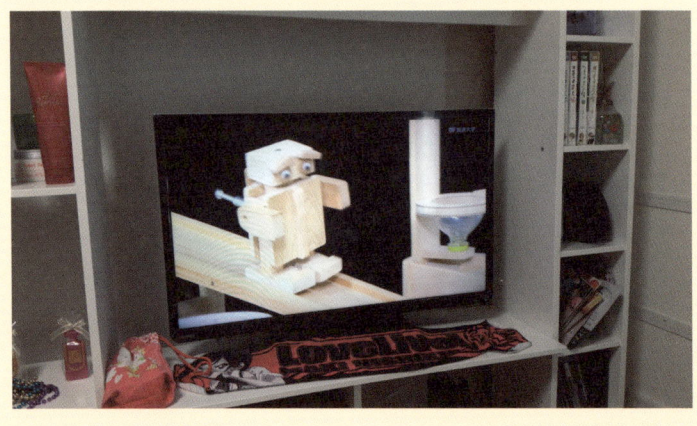

사키코와 만나기로 한 시부야로 전철을 타고 향하는 길. 환승역이던 시나가와역 한복판에 수많은 가챠퐁 머신들이 늘어서 있었다. 일본은 정말 어디에서든 가챠퐁 머신과 만날 수 있다. 주변에는 아이들과 부모들이 열심히 구경을 하고 있었다. 나도 그 사이에 들어가서 뭐 하나 뽑을 거 없나 하고 살펴봤지만 딱히 뽑고 싶은 게 없어서 구경만 하고 가던 길을 갔다. 사키코와 만나기로 약속한 시간까지 넉넉히 여유가 있기 때문에 시부야로 가기 전, 한 정거장 전 역인 하라주쿠역에 내렸다. 하늘은 아까와는 다르게 구름 몇 점 없는 화창한 날씨로 변신해 있었다. 점심시간을 조금 넘긴, 한적할 만한 평일의 낮 시간인데도 하라주쿠의 타케시타 거리는 검은 머리들로 가득 차 있었다. 나는 그 틈을 비집고 여태 내가 가 본 일본 다이소 중 가장 큰 지점인 하라주쿠의 다이소에 제일 먼저 들어갔다. 이곳은 현지인보다 외국인 관광객이 더 많은 느낌이다. 나는 크게 살 이유도 없는 물건 몇 개를 사들고 다시 거리로 나왔다. 하라주쿠의 가게들을 둘러보려고 했지만 길에도 가게에도 사람이 너무 북적여서 구경할 기분이 들지 않았다. 이렇게 붐비는 이유 중 한 사람이 나인걸 알면서도 짜증이 났다. 그리고 얼마 후 시부야로 향하는 길로 빠져나왔다.

어제도 왔던 시부야. 나는 사키코를 기다리며 어제 갔던 곳도, 어제 미처 못 간 곳도 가 보았다. 어제 시간상 가지 못했던 만다라케 시부야 점에도 들어갔다. 이곳은 지하로 3층 정도를 계단으로 내려가야 하는, 비밀리에 파헤쳐진 땅굴이나 대피소 같은 특이한 장소이며 내 단골 가게이기도 하다. 나는 이곳에서 수많은 장난감과 만화책을 구경했다. 일본의 유명 괴기 만화가 '스에히로 마루오'의 〈夢のQ-SAKU〉 (꿈의 큐사쿠)라는 만화책을 우연히 발견하게 되었는데, 굉장히 고어스럽고 괴상한 내용과 음침한 그림체가 인상적이었다. 인상적이기보다는 충격적이었다는 게 더 맞을까. 상처내고, 강간하고, 죽이고, 자살하고의 반복이었다. 보는 나마저 머리가 이상해질 것 같았다.

渋谷 : 시부야

길거리의 전광판에서 일본의 가수들의 노래가 울려 퍼지고 있다.
여기저기에 다양한 상품과 가게가 넘쳐난다.
학창시절 때 질리도록 그리던 석고상들이 아이돌 상품화되어 굿즈들이 팔리고 있는 기이한 현상까지 보인다.
광고 문구가 적힌 휴지를 나눠주지만 대부분의 사람들이 무시하고 지나간다.
푸른빛이 켜지자마자 수많은 사람들이 개미떼처럼 몰려서 횡단보도를 가로지른다.
'109' 숫자가 적힌, 거대한 은색 원기둥이 교차로의 중심부에 우뚝 박혀 있다.

혼자서 정신없이 시부야를 돌아다니다보니 이미 사키코와 약속한 시간이 되어 있었다. 나는 시부야를 대표하는 만남의 장소인 스타벅스 앞으로 헐레벌떡 달려갔다. 그 앞에는 사키코가 서 있었다. 후쿠오카에서 유학하던 때인 작년 5월에 마지막으로 후쿠오카에서 만났던 사키코. (나는 사키코를 사코라고 부른다) 사키코는 내가 스무살 때 펜팔로 알게 된 오래된 친구이고, 나이는 같은 92년생이지만 사키코는 2월생, 나는 12월생이라 동갑인지 언니인지 애매한 그런 친구다. 사키코도 스즈와 같이 후쿠오카 출신이지만 지금은 삼성 일본지사에 근무하며 도쿄에서 지내고 있다. 오랜만에 만난 우리는 반갑게 인사하고 약속했던 회전초밥집인 '우오베이'로 향했다. 주문한 음식을 기다리며 항상 그렇듯이 서로의 근황을 물었다. 하지만 사키코는 예전과는 다르게 조금 힘이 없어 보였다.
"사코, 잘 지냈어? 남자친구랑은 잘 사귀고 있고?"
사키코는 한국인 남자친구와 몇 년 째 장거리 연애를 하고 있었기에 나는 둘의 근황을 동시에 물었다.
"...남자친구랑 저번 달에 헤어졌어."
사키코는 힘없이 생글생글 웃으며 대답했다. 결국 그렇게 됐구나. 여태 알콩달콩하게 잘 사귀고 있는 것 같았지만 둘이 다투는 일이 잦았고, 내가 봤을땐 사키코가 굉장히 착하고 상대방에게 잘 맞춰주는데다 더 능력 있는 여자였기 때문에 사키코가 더 아깝다고 생각했었다. 이것도 오지랖이다.
"사코가 앞으로 더 좋은 남자를 만날 기회인 것 같은데."
"그럴까…?"
여전히 사키코의 표정은 맥이 없었다. 내 말도 큰 위로가 되지 않는다는 것은 알고 있었다. 몇 년 간 사귀던 사람을 없던 사람으로 하는 것은 절대 쉬운 일은 아닐 것이다.
회전초밥집에서 나온 우리는 함께 시부야를 돌아다니다 다시 맥도날드에 자리를 잡았다.
"사코는 요즘 새로 연락하는 사람은 없고?"
"음… 계속 연락 오는 사람은 있어."
"아 정말? 그 사람은 어떤 사람인데?"
"일본에서 근무하는 한국인인데 어쩌다 술자리를 같이 하게 됐고 그 이후로 계속 연락이 와."
사키코는 나에게 그 사람과의 메신저 대화 창을 보여주었다. 상대방은 사키코에게 호감을 가진 듯이 계속 말을 붙였고 사키코도 나름 잘 받아주고 있었다.
"사진도 보여주라. 궁금해."
그러자 사키코는 나에게 그 사람의 메신저 프로필 사진도 보여주었다.
"…사코가 너무 아깝다."
사키코는 훨씬 더 잘생기고, 능력 있고, 착한 남자를 만나야 한다. 아무 남자나 만나기에 사키코는 너무 예쁘고, 능력있고, 착하다. 이것 또한 오지랖.
나는 그 외에도 사키코에게 취업에 대해 이것저것 물어보았다. 보통 취업을 준비하는 일본 학생들이 이력서를 적게는 30개, 많게는 100개 정도를 넣을 때 사키코는 10개만 넣었지만 대부분 다 합격했다고 한다. 그리고 몇 천대 1의 경쟁률을 뚫고 삼성 일본지사에 합격. 면접 때는 면접관들 앞에서 밝은 미소를 읽지 않고 최대한 목소리를 크게 말해서 강한 인상을 남겼다고 한다. 나는 사키코의 말을 새겨들었다.

우리는 스티커 사진을 찍은 후 다시 시부야의 거리를 걸었다. 둘이 거리에서 셀카로 사진을 찍다가 이제는 누군가에게 촬영을 부탁하려고 행인 아무나 붙잡기로 했다. 그러던 찰나 길가에서 카메라를 들고 있는 청년 두 명을 발견했다. 일본인 같지는 않고 아시아계의 외국인 여행객들이었다. 내가 사진을 부탁하자 그분들은 감사하게도 흔쾌히 수락했다. 나와 사키코가 포즈를 잡는 동안 한 명이 자신들의 카메라로 우리 둘을 찍어도 되겠냐고 조심스레 묻길래 흔쾌히 오케이했다. 짧지만 훈훈한 시간이었다. 그 카메라에는 우리가 그들의 일본여행의 일부로 남아있겠지.

헤어질 시간이 되었다. 사키코도 나에게 다음에 일본에 왔을 땐 자신의 집에서 묵으라고 말해주었다.

저녁 여덟 시 반. 나는 시부야에서 다시 오오토리이로 가는 전철에 올라탔다. 내 캐리어와 짐을 공항과 가까운 마이짱의 집에 두고 놓고 왔기 때문이다. 공항으로 가기 전에 짐을 가지러 갈 겸 마이짱의 집에서 잠시 노닥대다 가기로 했다. 다행히도 마이짱은 내일 낮 출근이기 때문에 오늘은 좀 늦게 잘 거라고 했다. 마이짱의 집에 도착한 나는 짐을 쌌는데, 기내용 캐리어밖에 들고 오지 않은 주제에 정장이나 장난감 등 워낙 이것저것 많이 사서 도저히 전부 들고 갈 수 없는 노릇이었다. 나는 어쩔 수 없이 정장을 살 때 함께 샀던 구두와 가방을 마이짱의 집에 맡기고 말았다. 집에 남의 물건이 있으면 아무래도 걸리적거리고 귀찮아질 수 있어서 정말 미안했지만 마이는 나에게 전혀 신경 쓰지 말라고 말해주었다. 그리고 나와 마이는 어제 하지 못했던 수다를 떨었고, 특히 좋아하는 남자가 생겼다는 마이의 수줍은 얘기는 공개하기는 어렵지만, 굉장히 흥미로웠다.

마이의 집에서 두 시간 정도 머물다 저녁 11시 반이 조금 안 되어, 작별 인사를 하고 나왔다. 하네다 공항까지 가는 지하철 안에는 거의 사람이 없었다.
공항에 도착하니 자정에 가까운 시간이라 한산했다. 하지만 내가 탈 비행기의 줄은 사람들로 북적북적했다. 비행기 탑승 시간은 새벽 두 시. 아직 시간이 많이 남아 있었다. 약간 허기가 진 나는 편의점에서 계란덮밥 도시락 하나를 사서 의자에 앉아 꾸역꾸역 먹기 시작했다. 이게 이번 여정의 마지막 끼니. 잔돈은 10엔까지 편의점에서 처리했다. 동전지갑에는 1엔짜리 동전 몇 개만 남아 있었다.
도시락을 다 먹고 난 후 나는 발권 줄에 섰다. 줄이 좀처럼 줄지 않아 기다리기가 지루하여 도쿄에서 유학하던 시절 서로 의지하며 지냈던 지희에게 전화를 걸었다. 그녀는 곧 자야 할 시간인데도 불구하고 30분이 넘도록 내 전화를 받아주었다. 곧 내 차례가 다가와서 지희와의 통화를 마무리하고, 발권을 했다. 직원이 내 정장을 보고는, "취업활동 하시나봐요. 힘내세요!"라고 응원해주었다.

발권을 마친 나는 공항 곳곳을 둘러보았다. 일본의 동네 상점가를 재현한 식당가도 있었고, 꽃나무를 환상적으로 표현한 작품 앞에서는 너무 아름다워서 몇 분 동안 올려다보기도 했다. 늦은 시간이라 가게 문은 다 닫았고 사람도 많지 않았지만 공항 안에 아기자기하게 잘 꾸며놓은 곳들을 구경하며 돌아다녔다. 또, 하네다공항 전망대에서 비행기와 밤하늘을 구경했다. 일본 드라마에서 사랑하는 사람을 타국으로 떠나보낼 때 많은 배우들이 이곳에 있는 철망을 부여잡고 날아가는 비행기를 향해 소리를 지르는 장면을 여러 번 본 적이 있다. 그 곳이 바로 여기였군. 이미 잠자리에 들어야 할 시간이라 서서히 피곤이 몰려오기 시작했다. 어디라도 잠깐 앉을까 싶었지만 이미 전망대 주변에서는 많은 사람들이 자리를 잡고 노숙을 하고 있었다. 나는 렌즈를 빼러 잠시 화장실에 들어갔다. 장애인 전용 화장실에 들어갔는데, 시설이 너무 좋아 마치 1인실 숙박 시설에 들어온 기분까지 들었다. 매우 깨끗한데다 넓은 공간에 침대까지 있어서 잠시 누워보았다. 매우 구석진 곳에 위치한 화장실이라 이 공간 주변에는 나밖에 없었고 나는 왠지 나만의 공간을 확보한 것 같아서 신이 났다. 하지만 왠지 화장실에 들어간 후 한참이 지나도 나오지 않으면 갑자기 꼭 사용해야 할 사람이 들어오지 못하거나 관계자가 들이닥칠지도 모른다는 불안감에 금방 도로 나왔다.

정오가 한참 지나고 탑승 게이트로 온 나는 너무 피곤해서 의자에 누워버리고 잠시 눈을 감았다. 이렇게 나도 공항 난민이 되는구나. 아무튼 이번 여정은 나를 재워 주고 놀아준 일본 친구들이 정말 고마웠다. 기업 설명회에 참석하기 위한 목적이었지만 여행과 장난감 쇼핑을 한바탕 즐기고 온 것 같다. 졸음이 몰려왔지만 이대로 여기서 잠들면 비행기를 놓칠 것 같아 최대한 잠들지 않으려고 했다. 화장을 지우지 않아 영 찜찜한 기분이다. 얼마 후 탑승을 알리는 안내 음성이 울려퍼졌고, 나는 억지로 끙끙 일어나 비행기에 탑승했다. 앉아서 잠깐이라도 눈을 붙이려고 했지만 자리가 영 불편해 내내 눈만 감고 있었다. 역시 새벽 비행기는 몸이 힘들다. 그래도 나름 만족스러운 여정이었다.

하네다공항의 풍경

한국에 도착하니 화요일 오전 네시 반이었다. 출국 수속을 밟고 나와보니 첫차 탈 시간이 가까워져서 지하철 공항선을 타고 그대로 학교로 향했다. 오전 일곱 시 학교 도착, 수업은 오전 열 시 수업이었다. 이렇게 일찍 등교한 건 난생 처음이었다. 나는 대학생활 내내 나만의 아지트였던 학교 주차장 구석의 샤워실에서 샤워를 했다. 가끔 청소부 아주머니가 사용하는 것 말고는 아무도 이곳의 존재를 모른다.

화장을 하고 학생식당에서 아침식사까지 마친 나는 결국 수업 때 꾸벅꾸벅 졸고 말았다.

돌아온 후, 이력서를 준비하다

일본에서 돌아와 취업에 대한 희망과 의지를 되새긴 나는 열심히 이력서를 작성하기 시작했다. 일본의 이력서는 직접 손으로 작성해야 하고 쓰다가 실수나 오타가 생기면 다시 새로 작성해야 한다. 수정펜을 쓴 흔적이 보이면 좋지 않은 인상을 남길 수 있기 때문이란다. 그래서 샤프나 연필로 밑글을 먼저 쓰고 난 다음 그 위에 펜으로 작성했다. 처음에는 이 방법을 생각하지 못하고 무턱대고 펜으로 작성하기 시작하다가 열 글자도 안 가서 오타를 내는 일이 다반사라 같은 이력서를 다시 인쇄하고 또 인쇄하기도 했다. 결국은 일본인 친구에게서 이 방법을 들은 후에야 그렇게 쓸 수 있었다. 하지만 아무리 연필로 밑글을 적어두었다고 해도 오타가 나기도 했다. 이런 번거로운 작업 때문에 나는 제출 마감일까지 시간이 너무 부족해서 학교 수업시간에 몰래 이력서를 쓰러 자리를 뜨는 일이 잦았다. 일본은 왜 아직도 이런 아날로그적인 방식을 고수하고 있는지 도저히 이해가 되지 않았지만 글씨체로도 그 사람의 인성이나 태도를 어느 정도 파악할 수 있다는데… 아무튼, 나라는 선진국이면서 이런 점은 퇴보되어 있다는 생각이 들었다.

나는 일본 장난감 업계의 큰 손인 기업 세 개만 꼽아 지원하기로 했다. 모두 설명회를 들은 B사, T사, 그리고 처음에는 목표하지 않았지만 설명회장에서 지원을 결심하게 된 B사의 자회사인 M사 이 세 군데. 설명회장에서 보지 못한 E사에도 지원하려고 했지만 일본에서 돌아온 날의 당장 그 다음 주에 필기시험을 치러야 했고 월급이나 복지혜택이 생각보다 적어서 결국 포기하기로 했다.
이력서를 손으로 일일이 작성하는 일이 정말 고역이었지만 그래도 나름 꽤 일본어 공부도 되었고, 필기 연습도 되었고, 무엇보다 내 스스로에 대해서 더 깊이 생각하게 되는 계기가 되었다고 느낀다. 주로 내가 수집한 장난감들의 개수와 그만큼 내가 가진 정보력, 장난감에 대한 열정을 어필했다.

하지만 T사의 이력서는 샤프로 밑글을 쓴 부분에 미처 펜으로 덧쓰지 못한 부분을 그대로 남겨둔 채로 보내버리고 마는 정신나간 실수를 했고, B사의 이력서는 너무 시간이 촉박해서 오타 부분에 수정펜을 사용한 채로 보내고 말았다. M사의 이력서는 나름 열심히, 큰 실수 없이 잘 작성해서 보냈다. 그리고 나는 4월에 한 번 더 개최될 T사의 설명회에 참가하기 위해 미리 날짜를 맞추어 비행기 티켓을 끊어 놓은 상태였다. 그 설명회는 앞서 행한 설명회보다 더 자세하게 설명해 준다고 했기 때문이다.

얼마 후 T사의 설명회는 지원자가 많아 서류합격한 사람만 참가가 가능하다는 메일을 받았고, 나는 결국 예상대로 T사의 서류전형에서 탈락하고 말았다. 하긴, 이력서에서부터 실수를 했는데 통과시켜주는 게 더 이상하겠다. 결국 나는 4월에 일본에 갈 이유가 없어졌다. 하지만 비행기 티켓은 그냥 버리지 않기로 했다. 차마 부모님께 이력서에 실수를 하고 서류전형에서 탈락되었다는 절망적인 소식을 전할 수 없었다. 나는 그냥 그대로 다시 도쿄에 가기로 했다. 남은 두 군데도 이미 틀린 것 같다는 절망감을 안고….

●

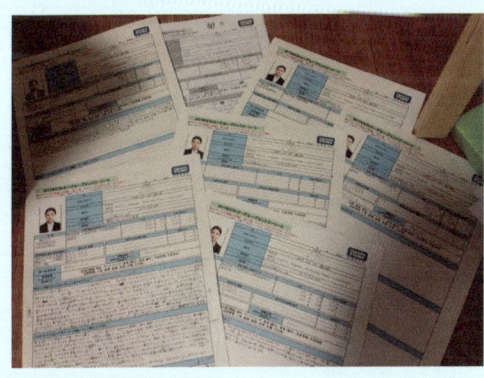

내가 지원한 3사의 이력서에는 서로 비슷한 질문들이 겹쳤다. 〈당신은 주위에서 어떤 사람이라는 얘기를 듣습니까?〉〈지금까지 좌절했던 것과 열심히 한 것이 있다면 알려주세요〉〈앞으로의 꿈을 알려주세요〉〈자신의 장점과 단점을 알려주세요〉〈자신있는 것 세 가지에 대해 알려주세요〉 등의 질문이 있었다.

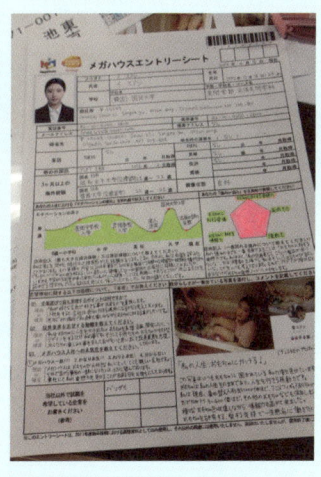

M사에 제출한 이력서

내 단골 가게

편식이 심하고 음식에 돈을 많이 쓰지 않는 내가 주로 가는 단골 가게들이다.
하지만 대부분 맛은 보장한다! 자주 가는 순서대로 나열해 보았다.

마쓰야

회사원 아저씨들이 주로 이용하는 밥집이며 메뉴가 대체적으로 꽤 저렴한 편이다. 규동 등 덮밥이 주 메뉴이지만 나는 무조건 이곳의 오리지널 카레만 먹는다. 가격은 330엔으로 저렴하며 장국과 쯔케모노 몇 점이 딸려나온다. 한국의 카레와는 다른, 살짝 매콤하고 톡 쏘는 맛이 아주 일품이며 한 번 그 맛에 중독되면 헤어나오기 힘들다. 나는 항상 김치를 추가로 주문하는데 가격은 80엔이다. 맛은 한국 김치보다 조금 더 달다.

맥도날드

가격대가 한국과 큰 차이는 없으나 장난감을 주는 해피밀 세트는 한국보다 조금 더 비싼 500엔이다 (한국은 3500원). 나눠주는 장난감의 종류는 한국과 다르며 가끔 한국과 같은 경우도 있다. 버거 중 제일 저렴한 가격의 100엔 버거도 있다.

가스토

일본의 대표적인 패밀리 레스토랑 중 하나. 일본 전국 어디에서든 볼 수 있다. 메뉴가 일식부터 양식, 한식 등 굉장히 다양하다. 패밀리 레스토랑이라고 하면 높은 가격을 생각하기 쉬운데 일본은 그렇지 않다. 파스타는 약 500엔부터, 도리아가 400엔일 정도로 메뉴가 대체적으로 저렴한 편이며 200엔을 추가하면 프리 드링크바를 이용할 수 있다. 카페의 개념도 있어 자리를 잡고 공부하는 학생들이나 앉아서 책을 보며 시간을 때우는 사람도 보인다(실제로 나도 그랬다). 흡연석도 따로 마련되어 있다.

사이제리야

가스토와 어깨를 나란히 하는 패밀리 레스토랑. 가격이 가스토보다 살짝 더 저렴하다. (개인적으로는 가스토가 사이제리야보다 조금 더 맛있다고 생각한다.

하나마루 우동

우동과 튀김, 카레 등을 판매하는 체인점으로 가격이 저렴한 편이다. 나는 주로 이곳에서 우동과 카레가 함께 나오는 세트 메뉴를 주문한다. 가격은 550엔.

긴다코

일본에서 가장 유명한 타코야끼 체인점. 그 명성대로, 정말 맛있다! 포장 전문점이기 때문에 대부분의 점포가 앉아서 먹을 수 있는 공간이 없다. 가장 노멀한 타코야끼의 가격은 550엔.

우오베이

100엔 초밥집 체인점. 모든 종류의 스시를 총망라했으며 디저트까지 있다. 가격에 비해 정말 맛있다. 일본 현지인보다 외국인 관광객에게 더 유명한 것 같기도.

쿠라즈시

우오베이와 비슷한 100엔 초밥집 체인점. 우오베이보다 점포가 더 많아 이곳을 모르는 일본인은 없다.

이번에 산 장난감들

세 번째 여정
도쿄

2016. 4. 20 ~ 24
4박 5일

T사의 서류전형에 탈락하게 되면서
4월에 도쿄에 갈 이유는 없어졌지만
그래도 떠나기로 했다. 입을 이유도 없는 정장도 또 챙겼다.
왜냐구? 정장이 의외로 무~지 편하거든.
그리고 여전히 멈추지 않는 장난감 덕질!
이번 여정에서 오싹 비주얼 인형 유리코와
우연히 만나게 되는데..!

4월 20일 수요일　　첫째 날 카마타-도쿄 역-니혼바시-니시후나바시-오치아이

한 달 만에 다시 돌아온 이곳, 도쿄. 지난달 3월 일본으로 떠나던 날 다급히 예매했던 이 일정은 사실 딱히 오지 않아도 되는 일정이었다. 이미 T사는 서류전형에서 탈락하고 말았으니까. 그것도 정말 바보 같은 실수로. "너 하는 게 항상 그 모양이지 뭐"라는 말을 죽어도 듣기 싫었던 나는 차마 이 사실을 부모님께 밝힐 수 없었고, 설명회 잘 듣고 오겠다며 뻔뻔하고 앙큼하게 캐리어를 싸들고 집을 나와 이곳으로 온 것이다. 저번 달과 마찬가지로, 학교 수업도 빼먹고 말이다. 이미 이번 학기는 포기했다.

이번 일정은 완전히 자유 여행이 되었다. 하지만 취준생 코스프레를 하기 위해 필요도 없는 정장도 챙겼다. 그리고 사실, 이번 일정은 완전히 호적메이트와 겹쳤다. 내가 도쿄에 있는 시간에 친오빠도 친구와 도쿄에 있게 된 것이다. 얼마전 회사 휴가로 잠시 도쿄에 간다고 하길래 도쿄 관광 일정을 짜 준 적이 있는데, 의도하지 않았는데도 우연히도 완전히 날짜가 겹친 것이다. 하지만 굳이 도쿄에서 만나려고 하지 않았다. 우리는 그렇게 친한 사이가 아니라서…. 그냥 각자 알아서 갈 길 가면 되는 것이다. 간간이 일본어를 몰라서 다급한 상황이 생길 때는 나에게 연락을 하라고 말해 두긴 했다.

이번에도 지난달과 같은 패턴으로, 학교 수업을 마친 후 바로 공항으로 간 다음 밤비행기를 타고 새벽에 도쿄에 도착한 후, 심야 버스를 타고, 저번에 왔던 카마타 역의 넷카페에 도달했다. 카운터에서 계산을 하려는데, "주절주절~어쩌구저쩌구~공사중인데 괜찮으세요?" 라는 직원의 물음에 무슨 말인지 워낙 말이 빨라 잘 알아듣지도 못했고 대수롭지 않게 여겨 그냥 괜찮다고 했다. 저번처럼 9시간 팩으로 끊은 영수증 카드를 받고, 1평짜리 공간에 짐을 놓고, 씻고 양치하고, 사장님 의자를 최대한 벌린 다음, 불편하게 잠을 청했다. 그 때 시간은 오전 네 시가 되기 몇 분 전. 지난달과 너무나도 똑같은 패턴.

넷카페의 삭막한 풍경

두두두두두두두두!

굉음에 눈이 팍 떠졌다. 단단한 콘크리트를 마구 부수는 소리였다. 어디에서 공사를 하는 것인지는 정확히 알 수 없었지만 소리는 내 바로 옆에서 공사를 하는 마냥 너무나도 잘 들렸다. 시계를 보니 딱 오전 8시였다. 분명 시공업체의 계획표에는 '오전 8시 작업 개시'라고 적혀 있었겠지. 아직 잠든 지 네 시간 정도밖에 되지 않아서 바로 일어나긴 싫었다. 나는 어떻게든 꿋꿋이 다시 잠들려고 노력했다. 원망스러운 소음은 계속되었지만 말이다. 소음 때문에 잠이 들었는지 말았는지 모른 상태로 나는 일어나려고 했던 시간인 오전 9시를 한참 넘긴 10시가 다 되어서야 눈을 떴고, 결국 늦잠을 자고 말았다. 소음은 여전히 계속되고 있었다.
결국 한 시간 더 추가 요금을 내고 연장했다. 그리고 오늘은 어떤 옷을 입을까 고민하다가, 정장을 선택했다. 딱히 입을 이유도 없었지만 지난달에 정장을 입고 도쿄를 돌아다닌 결과, 차라리 이게 평상복보다 훨씬 편하다는 결론이 나왔기 때문이었다. 나름 괜찮은 걸 샀나 보다. 여행 온 사람이 정장을 입고 돌아다닌다니, 누가 알기라도 하면 코웃음 칠 일이다. 하지만 편하긴 정말 편하다.

나갈 준비를 마치고 계산을 한 다음 밖으로 나왔다. 날씨는 적당히 맑았다. 오늘 일정은 카마타 역에서 조금 시간을 때운 후 도쿄 역을 거쳐, 치바 현의 니시후나바시 역으로 갈 것이다. 치바 현은 도쿄와 다른 현이긴 하지만 한국으로 치면 서울 근교의 분당 같은 곳이다. 그곳에서는 오랜만에 친구를 만날 약속을 잡아두었다. 오늘도 단골 밥집인 마쓰야에서 오리지널 카레로 첫 끼를 해결한 후 카마타 역 부근을 둘러보았다. 그곳의 중고 서점에 들어가기도 하고, 1층에 마트가 딸린 쇼핑몰에 들어가서 간단히 쇼핑을 하기도 했다. 그곳에도 가챠퐁 머신이 있어 캡슐 장난감도 열심히 뽑았다. 쇼핑몰 바로 옆에는 큰 교각이 있어서 한 번 왕복하고 다시 돌아오기도 했고, 괜히 처음 보는 골목으로 들어가 골목 구석구석을 관찰하고 다니기도 했다. 아직 오전이라 그런지 거리는 한가했다.

카마타 역에서 여유롭게 돌아다니며 시간을 때운 다음, 오후 두 시 쯤에 도쿄 역으로 가는 전철에 올라탔다. 카마타 역에서 여덟 정거장 거리인 도쿄 역은 서울역과 같은 도쿄 교통의 중심지이며 다음 일정이 있는 니시후나바시 역에 가기 위해서 다른 선으로 갈아타야 하는 역이다.

카마타 역에 올 때마다 만나는 안경소년.
안경점 앞에 있다.

카마타 역은 JR 선과 케이큐 선으로 나누어져 있다.

도쿄 역에 내리자, 역시나 엄청난 인파들이 바쁘게 제 갈 길을 가고 있었다. 그러고 보니 작년 여름에 이 도쿄 역의 물품보관함에서 토막난 여자의 시신이 발견되었다는 뉴스를 본 기억이 떠올라 살짝 오싹해졌다. 공포 영화에서나 일어날 법한 그로테스크한 사건이었다. 피해자가 누구인지, 가해자는 잡혔는지 그 뒤의 소식은 자세히 알지는 못한다. 피해자는 저승에서라도 편히 잠드시고 가해자는 천벌을 받길 바랄 뿐이다.

나는 도쿄 역에 있는 '캐릭터 스트리트'로 향하는 길을 찾아다녔다. 캐릭터 스트리트는 도쿄 역 안에 다양한 캐릭터 상품을 판매하는 여러 상점들이 길게 늘어선 곳이며 작년 초 도쿄 유학시절에 한 번 와 봤던 곳이다. 오랜만에 다시 귀엽고 예쁜 캐릭터들과 상품을 보고 싶어서 다시 찾은 것이다. 스트리트에 들어서니 역시나 가게마다 마스코트처럼 자리를 잡고 있는 커다란 캐릭터 모형들이 술집 앞 삐끼처럼 손님을 현혹시키고 있었다. 나도 그들의 귀여움에 이끌려 보이는 가게마다 들어가 기웃거렸지만 딱히 엄청 사고 싶은 건 없어 구경만 하고 나왔다. 캐릭터 스트리트의 가격은 대체적으로 저렴하진 않았다.

도쿄 역 캐릭터 스트리트의 안내판.
스누피, 무민, 미피, 리락쿠마, 레고, 포켓몬스터 등 다양한 캐릭터들이 있다.

캐릭터 스트리트

구경 후 니시후나바시 역으로 가기 위해 도쿄 역에서 걸어서 갈 수 있는 오오테마치 역으로 향했다. 오오테마치 역에서 급행을 타면 일곱 정거장만에 니시후나바시 역에 도착할 수 있다. 하지만 친구와 약속한 시간까지 서너 시간 정도나 여유가 있었기에, 오오테마치 역에서 몇 정거장은 될 수 있는 한 걸어서 가 보기로 했다. 역 주변은 도쿄의 중심지답게 높은 건물들이 쭉 늘어서 있었다.

지도를 따라 계속 걸으니, '니혼바시'라고 적힌 다리와 작은 강이 보였다. 아마 이 주변에 니혼바시 역이 있을 것이 분명하다. 니혼바시는 직역하자면 '일본 다리'라는 뜻이다. 오사카에도 같은 한자의 역과 다리가 있는데, 오사카의 역은 '닛폰바시', 도쿄는 '니혼바시'로 한자는 같지만 本본자의 발음은 약간 다르다. '닛폰' 혹은 '니뽕'은 일본을 칭하는 '니혼'의 또다른 발음인데, 자신들의 일본 자체를 응원하거나 강조하고 싶을 때 칭하는 말이라고 하며 일본 제국주의를 상징하는 말이라고도 한다(후자는 백프로 명확한 정보는 아니다). 아무튼 이 다리가 바로 니혼바시로군. 나름 유명한 다리라 그런지 주변에는 외국인 관광객도 몇 있었다. 교각에는 용 모형의 철 구조물이 그 다리를 지키고 있었다. 생김새가 기품 있고 화려해 보이는 게, 꽤나 믿음직스럽다. 조각 전공이기는 한지라 관심이 가서 그 조형물의 표면을 자세히 들여다보았더니, 제작자의 지문이 남아 있다.

日本橋 :
니혼바시

다리 밑을 지나 더 걸어가니 역시나 니혼바시 역이 나타났다. 역 주변이라 백화점이나 상점이 많았다. '서점'이라고 적힌 반가운 간판을 발견하고, 나는 잠시 쉬어갈 겸 그 안으로 들어가 책들을 구경했다. 서점 안에는 클래식 음악이 고요하게 흐르고 있었고, 책을 읽는 사람들의 침묵 소리로 가득했다. 책을 팔랑 넘기는 소리, 천천히 걷는 소리, 책을 책꽂이에 도로 꽂는 소리 등등. 가끔 직원이 계산을 돕는 소리도 나지막이 섞여 있었다.

일본 서점의 책들을 살펴보면, 책값이 저렴하지 않은 것은 한국과 별반 다를 것이 없다. 살짝 다른 점은, 잡지의 종류가 셀 수 없을 정도로 많고 만화책의 지분율이 꽤 많다는 것이다. 그리고 연예인의 이야기를 주제로 한 책들도 많다. 독특한 주제의 책도 많고, 사진집도 많다. 쓸데없어 보이는 책들도 많다. 이렇게 폭넓은 분야의 다양한 책이 많은 일본의 서점이 흥미롭고, 부럽다. 나라가 우리나라보다 땅도 인구수도 두 배나 크고 많으니 책도 그럴 수밖에.

약 30분 정도 서점을 구경한 후 도로로 나와 다시 다음 역을 향해 쭉 걸었다. 거리의 많은 건물과 행인을 지나 20분 가량 걸었을까. 다음 역인 가야바초 역이 보였다. 그 부근에 다다랐을 땐 상당히 허기가 져 있어서, 편의점에 들러 늦은 점심으로 삼각김밥과 과자를 사다 먹고 다시 또 다음 역을 향해 걷기 시작했다. 하도 많이 걸었더니 다리가 살짝 저려오기 시작했고 이젠 더 이상 걸으면 안 될 것 같았다. 저녁에 쓸 에너지도 비축해 둬야 하니까. 다음 역까지는 아직 긴 거리가 남아 있었기 때문에 나는 다시 가야바초 역으로 되돌아와서 그 역에서 니시후나바시 역으로 가는 전철을 타기로 했다.

전철에 올라탄 지 30분도 안 되어 니시후나바시 역에 도착했다. 내려서 본 역은 여러 개의 노선이 겹치는 곳이라 굉장히 컸고, 사람들도 많았다. 이곳은 도쿄 시내에서 조금 먼 곳인 나리타공항에서 일하는 친구와 도쿄 시내에 머무르는 나 사이의 중간 지점이었다. 그 친구와 만나기로 한 시간인 일곱 시 까지는 시간이 아직도 한 시간 정도 남아 있었다. 나는 역 부근을 돌아다니다말고 다시 약간의 허기를 느껴 지도 어플로 맥도날드를 찾았다. 다행히도 맥도날드는 내가 있던 곳의 바로 근처에 있었다.
들어간 맥도날드 안에는 2층까지 거의 모든 자리를 사람들이 꿰차고 있었고, 떠드는 소리로 가득했다. 해피밀 세트를 주문한 나는 간신히 비어 있던 작은 자리를 발견하고, 비집고 들어가 자리를 잡고 앉았다. 햄버거 대신 맥너겟, 감자튀김 대신 옥수수 콘, 그리고 청포도 음료와 장난감이 트레이 위에 올려져 있었다. 나는 순식간에 그것들을 클리어한 다음 시끄러운 사람들의 말소리 속에서 혼자 핸드폰을 만지작대며 시간을 때웠다.

친구와 만날 시간이 가까워지고, 맥도날드에서 나와 다시 역 쪽으로 돌아갔다. 오늘 만날 친구는 나보다 세 살 많은 유스케라는 일본 남자. 이 오빠는 내가 대학교 2학년 때였던 2013년에 대학교 동아리 오빠의 소개로 알게 된 사람이며, 소개팅 전제가 아닌 친구 소개였다. 현재 외항사의 승무원을 하고 있다고 한다. 유스케와는 친구처럼 가끔 연락을 하고 지내면서 일본에 왔을 때 몇 번 만나서 놀기도 했다. 내가 이번 달에 도쿄에 오기 2주 전 유스케에게서 잘 지내냐는 연락이 왔었고, 내가 곧 도쿄에 간다고 하자 그럼 오랜만에 얼굴을 보자고 한 것이다.

잠시 후 전철 역 에스컬레이터를 타고 올라오는 유스케의 모습이 보였다. 이 오빠의 특징은, 남자 승무원답게 키가 굉장히 크고, 외모가 훤칠하다는 것이다. 솔직히 외모는 당장 배우를 해도 될 정도라고 생각한다. 하지만 유스케 자신도 그것을 알고 있는지 살짝 나르시즘이 있는 것 같기도 하다.

"오랜만이네."

유스케도 나를 발견하고 인사를 했다. 이 사람 특유의 살짝 오만한 말투는 여전했다.

"오랜만이에요. 오늘도 비행기 탔어요?"

"아니, 오늘은 공항에서 회의가 있어서 그거 마치고 왔어. 저녁은 먹었어?"

"네, 가볍게 먹었어요. 근데 좀 더 먹을래요."

"그럼 가게부터 들어가자."

유스케는 이 부근에 자신의 단골 가게가 있다며 그쪽으로 안내했다. 나도 익히 알고 있는 일본이 유명한 체인 술집이었다. 우리는 자리에 마주 앉아 각자의 술과 안주를 주문했다.

"취업준비는 잘 되고 있어?"

유스케가 손수건으로 손을 닦으며 나에게 물었다.

"네, 뭐… 하고는 있어요."

마찬가지로 손수건으로 손을 닦던 나는 유스케에게도 굳이 내 구구절절한 상황을 밝히고 싶지는 않아 대충 둘러댔다. 차마 이미 한군데는 서류 전형에서부터 탈락했고, 이유도 없이 정장을 입고 도쿄를 여행하고 다닌다는 사실을 밝히고 싶지 않았다. 우리는 서로의 근황을 얘기하다가, 현재 나의 관심사인 취업준비로 다시 화제를 옮겨갔다.

"오빠는 어떻게 준비했어요?"

"음. 일단 항공사 관련 직업은 외국어 능력이 필요하니까 나는 영어나 중국어 자격증 미리 따 놓고, 여러 항공사에 지상직 항공직 가리지 않고 최대한 많은 곳에 이력서를 넣었어. 그리고 계속 면접 보러 왔다갔다했고, 엄청 바빴지."
"헉, 저는 이번에 세 군데밖에 안 넣었는데."
"그럼 혹시 이번에 세 군데 다 안 되면 어떻게 할 거야?"
"글쎄요. 하반기나 내년을 다시 노려 볼 수도 있고…"
"한국에서도 취업준비 하고 있어?"
"저는 한국에서는 별로 안 하고 싶어요. 한국은 지금 워낙 취업 빙하기라 쉽게 될 것 같지도 않고요."
"아, 그래? 근데 너는 왜 한국이 아닌 일본에서 취업하려는 거야? 만약 회사 면접 때 이런 질문을 받으면 뭐라고 대답할거야?"
"음……"
나는 잠시 생각해 본 다음 입을 열었다.
"일본이 한국보다 조금 더 장난감이 발달되어 있고… 음… 일본이 저랑 잘 맞고… 일본에서 살고 싶기도 하고? 지금은 그 정도밖에 생각이 안 나네요."
"그런 대답은 절대 면접관들을 설득시킬 수 없어. 좀 더 명확한 이유들이 필요할 것 같은데? 단순히 일본에 흥미가 있다는 식으로 대답해선 안 돼. 일본에 살고 싶은 이유도 있다고 했지. 회사는 너를 수단으로 써야 하는데 이건 너가 회사를 수단으로 쓰려는 거잖아. 기업에 외국인으로서 더욱 부각시킬 수 있는 너만의 장점을 어필해야지."
역시 사회인다운 조언이었다. 유스케는 계속해서 말을 이어갔다. 살짝 재수없긴 했지만 유스케의 말은 구구절절 맞는 말이었다. 다른 친구들은 나에게 '너라면 다 잘 할거야' '다 잘 될거야' '응원할게' 라고 희망을 주는 얘기만 해 준 반면, 유스케가 해 준 말은 정말 날카롭게 현실성을 느끼게 해주었달까. 일본에서의 취업준비를 보통 설렁설렁 해서는 안 되겠다는 생각이 들었다. '안 되면 하는 수 없지 뭐' '내년에 또 하던지 해야지' 하는 자세는 버려야 할 것이 분명했다. 하지만 이번에는… 이미 틀린 것 같다.

하지만 이 오빠의 결점이 있었으니, 바로 '시모네타'...! 시모네타는 어학사전에 따르면 성(性)과 배설에 관련된, 품위없는 [상스러운] 화제를 지칭하는 일본어다. 살짝 술이 들어간 유스케는 아까의 사뭇 진지한 분위기와는 다른, 조금은 19금스러운 말을 내뱉기 시작했다. 일본 사람들이 시모네타를 하는 건 익히 알고 있었다. 괜히 성진국이 아니라니까. 나의 얌전한 일본 친구들도 회사 술자리나 친구들끼리 있는 자리에서는 시모네타가 무조건 나오고, 자신도 동참한다고 말해 준 적이 있다. 그런 친구들에게서 직접 시모네타를 들은 적은 없지만 이 유스케에게선 들은 적이 있다. 이 오빠가 무슨 말을 내뱉었는지는 나도 술기운에 일일이 기억나진 않는다. 그리고 다행히도 이 발언들은 수위가 높은 말은 아니었다. 하지만 오빠는 저번 만남에도 몇 번 이런 적이 있다. 술버릇인지, 본성인지. 그럴 때마다 나는 유스케를 퍽퍽 때리며 소리쳤다,

"아오, 이 변태 오빠! 제발 그놈의 입 좀!"

이제 열시 반, 둘 다 약간 취기가 오른 상태로 각자 돌아가야 할 곳으로 가기로 했다. 유스케는 내가 탈 전철 방향으로 데려다 주는 마지막 순간까지 "잘 곳 없으면 오빠 집에서 자고 가도 된다~?"하며 나를 놀려댔다. 나는 그의 등판 한 대 찰싹 치고 눈을 흘기며 "제가 그 먼델 왜 가죠? 얼른 술이나 깨고 집이나 조심히 가시죠!" 하고 소리쳤다. 그리고 서로 어이없다는 듯 웃었다. 이 변태 오빠는 내 반응을 즐기는 게 분명하다.

전철은 바퀴와 철로가 빠르게 스치는 일관적인 소음을 내며 열심히 내가 오늘 묵을 곳으로 나를 실어 나르고 있었다. 늦은 시간이라 전철 안에는 사람이 거의 없었다. 나는 아직 취기가 가시지 않아 약간 몽롱했다. 내 맞은편

에 앉은 뿔테안경을 낀 회사원 아저씨는 오늘 야근에 지쳤는지, 인상을 쓰고 꾸벅꾸벅 졸고 있었다. 회사원이 되면 내 미래의 모습은 아닐지 확 겁이 났다.

비록 술이 들어간 이후에는 병신미를 팍팍 뿜어내긴 했지만, 유스케가 나에게 해 준 말은 아직 술이 깨지 않은 상태에서도 집에 가는 내내 많은 생각을 하게 만들었다. 안일한 마음가짐으로는 이번 취업준비에 아무런 결실도 얻지 못할 것이다. 나에겐 좀 더 열정과 노력이 필요한 것 같다. 사실 이렇게 여행 다닐 시간에 조금 더 자격증이라던가, 이런저런 스펙을 쌓거나, 일본어 실력을 더 키우고 기업 연구를 하는 게 맞을 수도 있을 것이다.

그런데, 정말 내가 취직을 하고 싶은 걸까? 나처럼 자유로운 영혼이 회사원이 될 수 있을까? 회사를 다니면서도 내가 하고 싶은 일을 할 수 있을까? 내가 위에서 내려오는 지시들을 얌전히 잘 따를 수 있을까? 갑갑한 회사 안에서 아침부터 저녁까지 하루의 대부분을 보낼 수 있을까? 외국인이라고 무시당하는 건 아닐까? 아니, 올 해 어딘가에 갈 수 있긴 할까...?

아… 모르겠다. 일단 여행자로서 여기에 와 있으니, 될 수 있는 대로 즐기다 돌아갈까.

내가 묵으러 가는 곳은 지난달에 만났던 사키코의 집이다. 다음에는 자신의 집으로 묵으러 오라던 사키코의 말대로 나는 정말로 그 집에서 묵게 해 달라고 한 것이다. 사키코의 집은 나카노 역과 가까운 '오치아이 역'이라는 곳에 있다고 했다. 하지만 이놈의 바보같은 일본 전철 환승안내 어플이 오치아이 역을 인식하지 못하고 다른 역을 찾아주어서, 어쩔 수 없이 알아서 거미줄보다 복잡한 도쿄 전철의 노선도를 대충 보고서 찾아가는 루트를 연구했다. 연구 당시 나도 살짝 취기가 있던 탓인지 머리가 나쁜 탓인지, 전철을 잘못 타거나 길을 헤매고, 왔던 길을 다시 오면서 사오십분이면 갈 수 있는 길을 한 시간 반이 걸려 오치아이 역에 도착하고 말았다. 덕분에 사키코에게 계속해서 '늦어서 정말 미안하다'는 톡을 보내며 비굴하고 아쉬운 소리를 할 수밖에 없었다. 정말 미안할 수밖에 없는 상황이었다. 회사원인 사키코는 매일 아침 6시 반에 일어나 출근해야하기 때문에 되도록 일찍 잠

들어야 했기 때문이다. 11시~11시 반 사이에 오치아이 역에 도착하겠다던 약속은 자정이 지나서야 도착하면서 지킬 수 없게 되었다. 오치아이 역에 내리고 다급하게 캐리어를 요란히 드륵드륵 대며 출구로 향하는 와중에 하늘색의 전철 노선도 표지판에 눈이 갔다. 그 노선도의 맨 끝에는 '니시후나바시'라고 적혀 있었다. 여기 오치아이 역까지 환승도 하지 않고 한 번에 올 수 있는 루트가 있었던 것이다! 젠장, 바보같은 어플 자식, 바보같은 나 자식! 나는 얼른 출구로 뛰어 올라갔다.
늦은 시간인데도 사키코는 생글생글 웃으며 역 근처에서 나를 기다리고 있었다.
"사코, 진짜 미안해! 많이 기다렸지..?"
"아니야, 젠젠(전혀)! 어서 와, 고생했어."
사키코는 역에서 걸어서 1분도 걸리지 않는 곳에 위치한 맨션에 나를 안내했다. 맨션 바로 옆에는 내사랑 마쓰야도 있었다.
"우와, 집이랑 역이랑 진~짜 가까워서 좋겠다! 게다가 마쓰야도 있네!"
"스안 짱 마쓰야 엄청 좋아하지? 가끔 나도 마쓰야에서 식사하고 그래."
좋아, 내일 아침 식사는 무조건 마쓰야다. 앞장서는 사키코를 따라 맨션 안으로 들어가니, 아담하긴 하지만 로비부터가 깨끗하고 근사한 곳이었다. 함께 엘리베이터를 타고 올라갈 때, 사키코가 말했다.

"집이 놀랄 정도로 작으니까, 놀라면 안 돼."
"얼마나 작길래?"
"스안 짱이 놀랄 정도로."
사키코가 열쇠를 꽂고 철컥 돌려 문을 열자, 정말로 아담한 크기의 방이 나타났다. 여태 묵은 친구들의 집 중 가장 아담한 곳이었다. 화장실과 현관을 제외하면 약 4평 정도 되어 보였다. 하지만 저번에 사키코에게 들은 바에 의하면 공과금이 포함되지 않은 월세가 7만 엔으로, 결코 저렴하지 않은 방이다. 좁긴 하지만 역과 가까운 것과 도쿄 시내 한복판에 있다는 것이 그 이유일 것이다. 그 작은 방에는 침대와 티비, 행거, 탁자 등 필요한 것은 모두 있었다. 몇 개의 인형이나 장난감도 방에 꾸며져 있었다.

방을 살펴보는 것도 잠시, 내일 새벽에 일어나 출근해야 하는 사키코를 위해 나도 최대한 빨리 잠자리에 들어야 했다. 우선 재워주는 답례로 한국에서 챙겨온 선물 꾸러미를 건네주자, 사키코는 힘들게 뭘 이렇게 많이 가져왔냐며 고마워했다. 나는 짐을 푼 다음 씻기 위해 화장실에 들어갔는데, 화장실도 굉장히 아담했다. 하지만 구석구석 굉장히 깨끗했다. 남의 집을 이렇게 살펴보는 것도 뭔가 실례인 것 같지만 사키코의 집은 굉장히 깨끗하고 좋은 향기가 났다. 집은 사람의 성격이나 취향을 노골적으로 보여주는 곳인데 사키코의 집은 딱 사키코 같았다.

내가 씻은 동안 사키코는 바닥에 푹신한 잠자리를 셋팅해 주었다.
"이건 집에 묵으러 오는 손님용인데, 아침에 나 일어나면 침대로 올라와서 자도 돼."
침대에서 같이 자도 된다는 사키코의 제안도 마다하고 나는 괜히 불편하게 잠들 사키코를 생각해서 어떻게든 바닥에서 자겠다고 했었다. 작은 주황빛 불 하나를 마저 끈 후, 나는 포근한 암흑 속에서 눈을 감았다.

4월 21일 목요일　둘째 날 나카노

아직 해도 다 안 뜬 새벽에 사키코가 내가 깨지 않도록 불도 안 켜고 조용 조용히 출근 준비를 하는 것이 잠결에도 다 느껴졌다. 회사원들은 정말 대단해. 과연 나도 저런 성실한 사람이 될 수 있을까. 사키코가 완전히 현관 문을 닫고 나간 후에야 나는 침대로 올라가 다시 깊은 잠에 빠졌다.
눈을 다시 떴을 땐 오전 11시가 지나 있었다. 메신저에는 오늘 비가 오니 현관에 있는 우산을 꼭 챙기라는 사키코의 연락이 와 있었다. 현관에는 사키코가 미리 우산을 꺼내 두고 간 것이 보였다.
오늘은 빡빡한 일정을 세워 두지 않았기 때문에 굳이 서둘러 준비할 것 없이, 느긋하게 씻고 화장하고 외출 준비를 마쳤다. 티비 앞에 있던 탁자에는 지난달 내가 사키코에게 주었던 엽서가 장식되어 있었다. 괜히, 회사에서 열심히 일하고 있을 사키코에게 고맙고 미안한 마음이 들었다.
오늘도 나는 외출복으로 정장을 골랐다. 하지만 역시 신발은 운동화로.
현관문을 열고 나와 보니, 역시나 하늘은 흐렸고 비가 조금씩 내리고 있었다. 집을 나선 나는 계획대로 집 바로 옆에 있던 마쓰야에서 오리지널 카레로 만족스러운 아침 겸 점심을 해결했다. 이 시간 이곳의 마쓰야에도 여자 손님은 나 하나뿐이었다.

사키코의 집 복도에서 바라본 풍경.
비가 와서 날씨가 우중충했다.

오늘은 나카노에서 대부분의 시간을 보낼 것이다. 오치아이 역과 나카노는 가까운 편이라 걸어서 갈 수 있는 거리다. 시간은 도보 20분이 조금 넘게 걸린다고 지도 어플이 알려 주었다. 우산으로 빗줄기를 막으며 나카노로 걸어가는 길은 조금은 한적했지만 사람 사는 집, 보육원, 절, 신사, 여러 상점 등이 늘어서 있었다. 확실히, 한국과는 살짝 다른, 이 미묘하게 이국적인 일본만의 풍경. 이런 미묘한 이국적인 풍경을 좋아한다.

서서히 가게들과 사람들이 많이 지나다니고 있는 길목이 보이기 시작했다. 지도를 보니 나카노 역 부근이었다. 나는 그곳에 있던 100엔샵이나 잡화점 돈키호테에 먼저 들러 건물 안에 가득 찬 물건들을 구경했다. 이번에도 굳이 꼭 사야할 건 딱히 없어서 빈손으로 나와 다시 나카노 역 쪽으로 향했다. 비가 오는 오늘도 나카노는 인파로 가득했고, 나카노 브로드웨이 상가 입구는 기다리고 있었다는 듯이 입을 쩍 벌리고 나를 반겨주었다. 나는 입을 자기 몸통만큼 벌린 고래의 몸속으로 빨려들어가는 작은 물고기였다. 그리고 그 작은 물고기는 고래의 몸속을 신이 잔뜩 난 채로 구석구석을 구경하기 시작했다.

상가 안 곳곳에 퍼져있는 만다라케 매장들과 다른 여러 가게들 어느 하나 흥미가 가지 않는 곳이 없었다. 중고 장난감 가게, 중고 서점, 빈티지 옷가게, 코스프레 의상 가게, 일본의 현대미술 작가 무라카미 다카시와 콜라보한 카페, 이상야릇하고 위험한 물건들을 파는 가게, 악기 가게, 밀리터리 용품 가게, 마사지숍 등… 심지어 어느 작은 공간 안에서는 셔터까지 반쯤 쳐 놓고 공연까지 하고 있었다. 그런데 이곳은 무엇보다 장난감이나 피규어 관련 가게가 가장 많다. 이곳에서의 시간이 흐를수록 장난감은 내 손에서 하나씩 늘어갔다.

상가 안을 이리저리 구경하며 빙글빙글 돌다, 한 앤틱 인형 가게에 발이 멈췄다. 지난 번에는 미처 발견하지 못했던 곳. 나는 조심스럽게 가게 안으로 들어가 그 안의 인형들을 하나하나 살펴보았다. 가게의 인형들은 대부분 포셀린(도자기) 인형이었고, 아이의 형상을 하고 있으나 세월의 흔적이 보여 모두 나보다 더 나이가 들어 보였다. 구경 중이던 나에게 가게 주인인 할머니가 인형에 대해서 하나하나 가리키며 설명해 주기 시작했다.
"이 아이는 200년도 더 됐지. 프랑스에서 온 아이야."
흰 드레스를 입은 맹한 얼굴의 아기 인형이었다. 200년이면 유물 급이다. 굳이 묻지 않아도 몸값은 엄청나게 높을 것이다.
"그리고 이 아이는 1960년대에 미국에서 만들어진 인형인데, 내가 특히나 아끼는 인형이야."
몸집이 신생아보다 조금 더 크고 묵직해 보이는 그 아이 인형은 우리 엄마와 또래인데도 불구하고 하얀 원피스와 빨간 구두에, 머리는 뽀글뽀글한 금발이었다. 무엇보다 눈알의 시선이 괴기스러웠는데 한쪽은 밑을 보고 있었고, 한쪽은 위를 보며 치켜뜨고 있었다. 그래도 주인 할머니는 그 인형이 사랑스럽다는 듯이 들어 올려 안았다.
"아가씨도 안아 볼래?"

주인 할머니가 건네준 인형을 나도 안아 보았다. 만약 이 아이를 바닥에 떨어뜨리기라도 한다면 나는 곧바로 일본의 새우잡이 배에 타야 할지도 모른다. 내게는 레벨이 너무 높은 인형이었다. 인형도 왠지 나를 불편해 하는 것 같았다. 나는 인형을 다시 주인 할머니에게 돌려드리며 물었다.
"여기 있는 인형들은 다 판매하는 아이들은 아닌가요?"
"대부분 판매하긴 하지만 내가 수집한 인형도 있고, 내 딸아이의 인형도 있고, 손님이 주문해 둔 인형도 있고 그래."
좀 더 얘기를 나눠 보니, 주인 할머니는 벌써 이 인형가게를 운영한 지 20년도 더 되었다고 한다. 그리고 딸과 함께 거주하는 집이 바로 이 상가 위층에 있으며, 한번은 인형들을 도둑맞은 적도 있다고 했다. 그리고 자신은 인형들이 너무너무 사랑스럽다고 말했다. 인형에 대해 얘기할 때 황홀해하시는 표정을 보니 동질감이 느껴졌다.
여기 있는 인형을 구입할 만한 돈은 없었고, 인형들을 사진으로라도 남기고 싶었지만 왠지 실례되는 행동인 것 같아 가게 밖에서 한 컷만 찍었다. 오늘 하루는 이 상가 안에서 보낼 생각인 나는 또다시 다른 가게로 발걸음을 돌려 장난감 쇼핑을 계속했다. 그리고 구석진 곳에 중고 장난감 가게에서 걸음을 멈추었다. 그 가게 입구 쪽의 유리 케이스 안에서 한 인형이 눈에 들어왔기 때문이다. 그 인형은 전형적인 일본 인형으로, 검은 생머리와 앞머리를 하고 빨간 유카타를 입은 채로 비닐봉지 안에 싸여 있었다. 나는 주인아저씨에게 유리 진열장을 열고 그 아이를 꺼내어 살펴보겠다고 했다. 묘한 분위기를 내뿜는 그 아이에게 홀리고 만 것이었다. 주인아저씨는 바로 열쇠를 꺼내 진열장을 열어 그 인형을 꺼내주었다. 나는 인형을 건네받고 유심히 살펴보았다. 밀봉된 비닐봉지 속에 든 인형은 얼굴에 때가 조금 묻어있었지만 꽤나 귀여운 얼굴을 하고 있었다.
"이 아이 얼마에요?"
"3천엔이요."
"3천엔이라구요?!"
생각보다 매우 저렴한 가격이었다. 나는 더 이상 망설일 것도 없이 지갑을 꺼내 아저씨에게 3천엔을 들이밀었다. 아저씨는 자신이 그 인형을 판매하는 입장이면서도 나를 약간 이상한 눈길로 바라보았다. 그러든 말든, 나는 인형을 안고서 설레이는 마음으로 가게를 떠나갔다. 그리고 나는 인형에게 즉석에서 '유리코'라는 이름을 지어주었다. 일본 인형이니까 일본식 이름을 지어주고 싶었고, 유리 진열장 안에서 발견했으니까, 그래서 유리코로……. 오늘의 장난감 쇼핑은 유리코가 대미를 장식했다. 장난감들을 담아 둔 봉투를 보니 생각보다 양이 많지는 않다. 하지만 유리코를 데리고 올 수 있었으니 더 이상의 큰 욕심은 들지 않았다.

꼬르륵대며 요동치는 배를 진정시키기 위해 상가 안에 있는 맥도날드로 들어가 자리를 잡았다. 벌써 저녁시간이었다. 어디에서 뭘 하고 있는지 묻는 사키코의 연락에 나카노 맥도날드에 있다고 대답했다. 사키코는 일이 마치는 대로 나카노로 오겠다고 했고, 우리는 이따 같이 집에 돌아가기로 했다. 주문한 해피밀 세트가 영 배에 차지 않아 감자튀김과 아이스크림을 추가로 주문했다. 그것까지 다 해치우고 난 다음, 봉투에서 부스럭대며 유리코를 꺼냈다. 다행히도 옆자리에 앉은 여자는 책을 읽느라 바빠 그다지 나에게 신경 쓰지 않았다. 나는 두근두근하는 마음으로 유리코를 감싼 비닐봉지를 뜯었다. 그러자, 매우 고약한 곰팡내가 내 코를 찔렀다.

"우욱!"

코를 틀어막아야 할 정도의 악취였다. 그제야 왜 이 인형이 비닐봉지에 밀봉되어 있었는지 알 수 있었다. 그 악취 때문에 방금 먹은 해피밀 세트와 추가로 먹은 것들까지 올라올 것 같았다. 그 냄새는 여태껏 맡아본 적이 없는 음침하고 퀴퀴한 냄새였고, 귀신이 출몰할 것 같은 음침한 신사 구석을 떠올리게 했다. 이 귀여운 얼굴을 하고 이런 체취를 뿜어내다니. 나는 인상을 쓴 채로 유리코의 구석구석을 살폈다. 몸 전체는 축축한 습기를 머금고 있고 옷 여기저기에 곰팡이가 피어 있었다. 양말(?) 바닥에는 때가 많이 묻어 있었다. 혹시, 여기저기 걸어다녔던 건 아니겠지? 나는 냄새가 더 퍼질까 싶어 유리코를 다시 봉투에 집어넣었다. 이 인형이 왜 저렴했는지 이제야 알 것 같았다. 아니, 인형의 상태를 봐서는 3천엔도 저렴한 가격은 아닌 것

같다. 한국에 돌아가자마자 구석구석 씻겨줘야겠다.

얼마 후 일을 마친 사키코가 맥도날드로 찾아왔다. 오늘 안에 먼 타 지역으로 출장을 다녀왔다는 사키코는 조금 지쳐보이긴 했지만 여전히 생글생글한 표정을 잃지 않고 있었다.
"스안짱, 오늘 나카노에서 장난감 많이 샀어?"
"나 오늘 얘(유리코) 샀어. 얼마에 샀는지 알아?"
"귀엽다! 얼마에 샀어? 조금 비싸 보이는데."
"3천엔!"
"우와~ 싸게 잘 샀네!"
"근데 몸에 곰팡이가 많이 피었어. 악취도 나고."
"우리 집에 가서 씻겨주면 되겠다."
"그건 절대 안 돼! 그러면 사키코네 집이 분명히 곰팡이 냄새로 가득 찰 거야. 내가 한국에 돌아가도 계속 남을 거야."
"그 정도야...?"
분명 다른 사람 눈엔 이런 인형이 오싹하고 기분 나쁠 만도 한데, 사키코는 "이게 뭐야! 뭐 이런 걸 샀어?" 하지 않고 오히려 예쁘다고, 싸게 잘 샀다고 해 주는 상냥한 친구였다.

사키코와 나는 함께 전철을 타고 오치아이 역으로 돌아왔다. 비는 계속 내리고 있었다. 사키코는 집에서 쉬고, 나는 한 시간정도 동네 부근에서 산책을 하며 돌아다닌 후 다시 집으로 들어왔다.
어제처럼 바닥에 이불을 깔고 잘 준비를 마친 나는 핸드폰을 만지작대기 시작했다. 혹시 어딘가에서 메일 온 건 없나 하고 메일함을 살폈다. 그런데, 내가 얼마 전 이력서를 넣었던 대기업 B사에서 메일이 와 있었다. 날짜를 보니 어제 도착한 것이었다. 살짝 떨리는 마음으로 'B사 서류전형 결과안내'라고 적힌 부분을 눌렀다.
...예상한 대로, 불합격이었다. 손으로 직접 쓰는 이력서에 절대로 수정한 흔적이 남지 않도록 하는 것이 일본에서는 당연한 이치인데 나는 시간이 없어 수정펜 자국을 선명히 남긴 채 그대로 보냈으니 말이다. 그것 말고도, 분명 여러 이유가 있겠지. 자격증 등의 스펙이 너무 없다거나, 일본어가 완벽하지 않은 것도 불합격의 이유가 되었을 것 같다. 지원한 세 군데 중 벌써 두 군데에서 서류전형에서 탈락했다. 남은 M사도 기대하기 힘들었다. 부모님이 가장 합격하길 바랐던 곳이 이 B사인데…. 나는 이 소식을 부모님께 최대한 늦게 전달하기로 했다. 옆에서 아직 잠들지 않고 핸드폰을 하고 있는 사키코에게도 굳이 이 사실을 알리고 싶지 않았다. 어느 정도 예상한 결과라 큰 상실감은 없었지만 가냘픈 희망의 끈 하나가 뚝 끊어진 기분이었다. 하나는 이미 끊어지고 아직 하나는 남아있지만. 그런데 나머지 그 끈 조차도 너무 얇다.
아휴, 몰라. 모르겠다. 잠이나 자자.

4월 22일 금요일　**셋째 날**　하라주쿠–시부야–산겐자야

오늘도 사키코는 내가 깰까 싶어 조심조심 출근 준비를 했다. 사키코가 구두를 다 신고 현관을 나서려고 할 때 오늘만큼은 나도 다 뜨지 못한 눈을 하고 잠자리에서 일어나 잘 다녀오라고 인사를 했다. 오늘은 내가 이 집에서 다른 곳으로 옮겨 가는 날이기 때문이다. 사키코는 나에게 생긋 웃으며 "다녀올게. 여행 잘 해!"하고 현관문을 나갔다. 정말, 역시, 직장인이란 대단해. 잠과의 힘겨운 싸움에서 매일 저렇게 이겨내니 말이다. 부디 오늘도 사키코에게 힘겨운 업무가 주어지지 않기를 바란다. 나는 사키코가 문을 잠그고 나간 후 침대 위로 엉금엉금 올라가서 다 못 잔 잠을 마저 잤다.

느적느적 일어나 커튼을 활짝 열어보았다. 다행히도 오늘은 비가 오지 않는 화창한 날씨였다. 나는 씻고 나와 이 집을 떠날 준비를 시작했다. 오늘은 사키코를 제외하고 세 명의 친구들과 만나는 아주 바쁜 날이 될 것이다. 화장을 마친 나는 오늘은 정장이 아닌 평상복으로 입었다. 그리고 화장실에 머리카락 뭉친 것을 빼서 버리고, 침대의 이불을 가지런히 폈다. 그리고 침대 위의 인형들의 자세를 다양한 방법으로 이리저리 바꿔 보았다. 결국 갈색 강아지의 다리 위를 베고 자는 흰 강아지 인형으로 배치해 두었다. 그리고 이번에도 사키코에게 편지를 적었다. 재워 주어서 정말 고마웠다고, 그리고 착실히 회사에 다니는 모습이 어른스럽고 부럽다고.

또 이 말도 썼다. '이번 취업 준비의 결과는 아무래도 기대하기 힘들 것 같아. 이 길은 내가 원하던 길이 아닌 것 같기도 하고. 나는 내가 진정 하고 싶은 게 뭔지 좀 더 생각해 봐야겠어.'

모든게 아담한 사키코의 집

캐리어와 내 쓰레기를 모은 봉투까지 챙기고 나는 우편함에 여분 열쇠를 넣은 다음 밖으로 나왔다. 오늘도 첫 끼는 마쓰야의 오리지널 카레. 만족스러운 아침식사를 마친 후 오치아이 역으로 내려가 전철에 올라탔다. 행선지는 하라주쿠 역. 잠시 후 친구를 만날 시간까지는 아직 여유가 있어 지난달에도 왔던 하라주쿠를 둘러보았다. 일본의 젊음과 패션을 상징하는 이 곳. 하라주쿠의 심볼인 다케시타도오리(거리)는 좁은 골목인데도 불구하고 항상 많은 사람들로 북적인다. 대부분이 어린 학생과 젊은이, 관광객이다. 오늘도 나는 하라주쿠에 늘어선 여러 가게로 들어가 수많은 물건들 앞에서 눈을 반짝였다. 특히 다X소의 끈적한 액체 모래시계 앞에서는 살까 말까 몇 번이고 망설였다. 단돈 300엔이라는 가격이었는데도 말이다. 잠깐 보는 건 재미있지만 분명 금방 질릴 게 뻔하고, 짐도 늘어나고 혹시나 깨질 우려도 있고. 결국 사지 않는 것으로 결정을 내렸는데 혹시나 나중에 또 이걸 발견하면 그땐 살지도 모르겠다. 쓸데없지만 너무 매력적인 물건이기 때문이다.

하라주쿠의 다케시타도오리
도쿄에서 인구 밀집도가 가장 높은 장소라고 생각한다.

꿀렁꿀렁 하며 흐르는 독특한 모래시계

약속한 시간에 가까워지고, 친구에게서 곧 도착한다는 연락이 왔다. 오늘 첫 번째로 만날 친구는 나보다 한 살 위의 세이카라는 친구이며, 중학교 동창이다. 세이카는 당시 한국으로 유학 온 유학생이었다. 나보다 한 살 더 많은 이유는 중학교에 입학하기 전 한국어를 공부하기 위해 1년을 꿇었기 때문이라고 한다. 우리는 중학교 1학년 때 같은 반이었고, 그때도 일본어를 공부하고 있던 나는 세이카와 얘기하는 일이 많았고, 자연스럽게 친구가 된 것이다. 일본인 친구 중에서는 세이카와의 인연이 가장 오래되었다. 세이카는 내가 도쿄에서 반년 간 유학했을 때에도 여러 번 만난 적이 있었다. 우리가 약속한 장소인 오모테산도는 하라주쿠의 바로 옆. 얼마 후 멀리서 걸어오는 세이카의 모습이 보였다.
"세이카짱!"
"스안짱!"
우리는 서로를 향해 달려 손을 마주잡았다. 이번 만남이 약 1년만의 만남이다. 함께 길을 걸으며 서로의 안부를 물으니 세이카는 현재 어느 수족관에서 일하고 있다고 했다. 나는 여전히 한국의 대학교에 다니며 일본으로 취직 준비를 하고 있다고 알려주었다.

첫 번째 코스로는 내 제안으로 근처에 있던 장난감과 팬시 전문점인 '키디랜드'로 함께 가기로 했다. 유명한 쇼핑 관광지이기도 한 이곳은 언제 와도 사람들로 가득하다. 나도 세이카도 수많은 장난감과 문구류 등을 구경하느라 시간 가는 줄 몰랐다. 예쁘고 독특한 물건을 발견하면 "이것 좀 봐봐! 완전 예뻐!"하고 서로를 불러 함께 구경했다.

두 번 째 코스는 세이카가 가고 싶어 하던 '코토리(작은 새) 카페'. 다양한 잉꼬들이 있는 카페라고 한다. 딱히 새에 관심이 있진 않지만 새로운 경험을 할 수 있을 것 같았다. 걸어 갈 수 있는 거리에 있었지만 둘 다 지도를 잘 보는 편이 아니라 카페를 찾는 것은 쉬운 일이 아니었다. 우리는 지도 어플을 보며 한참을 헤맨 끝에 작은 골목 안에 있던 코토리 카페를 찾아냈다. 문을 열자 여기저기서 청아한 새 소리가 들렸다. 카페 안의 이곳저곳에 있는 새장마다 새들이 자리를 잡고 있었고, 다양한 새 관련 상품을 팔기도 했다. 우리는 자리를 잡고 앉아 메뉴를 주문했다. 핫 초콜릿을 주문했더니 작은 쿠키와 함께 왔고, 세이카 역시 핫 초콜릿을 주문하고 추가로 새 모양의 마카롱을 주문했더니 마카롱이 새장 속에 담겨 왔다. 카페 주인장의 센스를 엿볼 수 있었다. 이색적인 카페답게, 가격은 결코 착하지 않았다.

자리에 앉아 수다를 떨고 나서, 세이카는 새를 직접 만져보고 먹이를 줄 수 있는 체험을 해보고 싶다고 했다. 가격은 인당 500엔이었다. 나는 마침 돈이 서서히 바닥이 보이기 시작하는 상황이었고, 굳이 새에 큰 흥미가 없었기 때문에 혼자 다녀와도 괜찮다고 했더니 세이카는 여기까지 같이 와 주었으니 자신이 돈을 내 주겠다고 했다. 그러기엔 미안해서 거절했지만 세이카는 나에게 꼭 같이 체험을 하자고 했다.

카페 안의 따로 분리된 공간에 들어가니 체험을 도와 줄 직원과 다양한 새들이 있었다. 설명을 들어 보니 그 안에 있는 새들은 각각 다른 성격을 지니고 있다고 한다. 유독 사람을 잘 따르는 새, 조금 경계심이 있는 새, 말이 많은 새 등. 첫 번째로 체험할 새는 양 볼에 주황색으로 동그랗게 홍조가 져 있었다. 사람을 잘 따르는 아이라고 한다. 손가락을 내밀자 바로 올라타는 걸 보니 프로페셔널함까지 느껴진다. 새는 손가락에서 점점 팔로 걸어 올라왔다. 세이카에게 그 아이를 넘겨주자 새는 세이카의 머리 위로 푸드득 하고 날아 올라갔다. "우와, 머리 위에 올라왔어!" 하고 감탄하고 있는데, 세이카의 머리 위에서 보란 듯이 실례를 했다. 직원과 나는 당황하며 세이카의 머리카락을 닦아주었다. 그 아이는 바로 새장으로 들여보냈고, 이번에는 조금 몸집이 큰 하얀 앵무새와 놀기로 했다. 그 아이는 우리 앞에서

小鳥カフェ:
코토리 카페

알아듣지 못하는 언어로 혼자서 수다를 떨거나 머리를 흔들며 춤을 추기도 했다. 마치 흥이 많은 어린아이를 보는 것 같았다.

체험이 끝난 후 우리는 다시 자리로 돌아와 마저 수다를 떨며 컵을 비워냈다. 매일 음료만 파는 카페만 가다가 이런 새로운 카페도 와볼 수 있어서 나름 만족스러웠다. 카페를 나오니 해가 완전히 진 저녁시간이 되어 있었고, 우리는 저녁 식사를 함께 먹기 위해 한 정거장 거리인 시부야로 걸어갔다.

"마침 아빠가 퇴근할 시간인데, 스안짱이 괜찮다면 아빠랑 만나서 셋이 저녁식사 어때?"

"세이카짱네 아버지? 완전 좋지!"

나는 세이카의 아버지를 우리 아버지처럼 따르고, 좋아한다. 굉장히 친절하고 인자하신 분이기 때문이다. 시부야 쪽의 회사에 근무하시기 때문에 세이카와 시부야에서 만날 때마다 아버지도 함께 뵙곤 했다. 유학 시절 세이카의 집에서 묵었을 때, 새벽에 일찍 출장을 가시는 세이카의 아버지가 우리 아빠처럼 안쓰럽게 느껴져, 잠옷을 입은 채로 잘 다녀오시라고 꾸벅 인사를 드렸더니 내가 정말 착하고 예쁘다며 나를 안아 주신 적이 있다. 그때 나는 우리 아빠와는 또다른 '아빠의 사랑'을 느낄 수 있었다(여담으로 우리 아빠는 내 볼에 입술로 몽둥이질하듯 격하게 뽀뽀를 하거나 꼬집고, 따가운 턱수염을 부비는 등으로 애정표현을 한다). 그래서 세이카의 아버지는 내 '일본 아빠'처럼 느껴진다.

시부야에 도착한 후 우리는 회사 근처에서 아버지를 기다렸다. 얼마 후 아버지가 회사에서 나오셨고, 나를 보고 반갑게 맞아주셨다.

"스안짱~ 오랜만이야. 저녁 먹으러 가자!"

"오또상(아버지)! 잘 지내셨어요?"

우리는 아버지가 자주 가신다는 회사 근처의 밥집으로 향했다. 나는 가츠동(돈까스 덮밥)을, 세이카와 아버지는 알덮밥을 주문했다. 어쩌다 세이카가 아빠에게 짜증을 내기에 "세이카, 아버지한테 왜 그렇게 대해~" 하고 내가 세이카를 나무라기도 했다. 장난 식이었지만.

식사를 하는 동안 나는 세이카보다 아버지와 더 많은 대화를 나눴다. 아버지는 나에게 학교는 잘 다니고 있는지, 취업준비는 잘 하고 있는지, 몸은 건강한지, 언제 일본에 왔고 언제 돌아가는지 등의 다양한 질문을 하셨다. 질문 하나하나에 관심과 친절함이 묻어나서 마냥 즐겁게 대답해 드렸다.

이후에 나는 또 다른 약속이 있어 곧 시부야를 떠나기로 했다. 그리고 세이카와 아버지와도 헤어져야 했다. 사실 밥만 얻어먹고 가버리는 것 같아 죄송한 마음이었다. 우리는 시부야 역으로 내려가는 계단 앞에서 마주보며 작별인사를 나누었다.
"스안짱, 나중에 자러 와. 그땐 더 많이 놀자."
세이카는 아쉬움 가득한 얼굴로 말했다.
"스안짱, 도쿄에서 마저 재밌게 놀다 가렴."
아버지도 나에게 인자한 얼굴로 인사해 주셨다. 나도 계단을 내려가면서 몇 번이고 뒤돌아보며 인사했다.
세이카와 아버지의 모습이 완전히 보이지 않게 된 후, 나는 다음 약속에 늦을 것 같아 급하게 전철을 타러 마구 달려갔다. 다음 약속은 중국인 슈탄 언니와 산겐자야 역에서 만나기로 했다. 슈탄 언니도 나보다 한 살 위이며, 내가 도쿄에서 유학했을 때 교환학생이 아닌 동대학교 대학원생이었다. 유학 온 시기가 비슷하고 외국인 학생들끼리 자주 교류할 기회가 있어서 알게 되었다. 성격이 잘 맞아 친하게 지냈으며 몇 달 전 한국에서 만나기도 했다. 약속한 시간을 살짝 넘기고 역 앞의 도넛 가게 앞에서 언니와 만났다.
"오네짱(언니)~ 늦어서 미안해!"
"오랜만! 나도 방금 왔어."
우리는 둘이서 근처 패밀리 레스토랑으로 들어갔다. 언니는 식사를 주문하고 나는 배가 부른 상태여서 디저트 한 개만 택했다. 언니와 오랜만에 얘기를 나눠 보니, 언니도 나와 마찬가지로 지난달의 국제전시장에서 열린 취업 박람회에 갔었다고 했다. 그때 만났으면 좋았을 텐데. 현재 언니도 일본에서 취업준비를 열심히 하고 있다고 했다. 그런데 사실 언니에게는 미안한 부분이 있다. 몇 달 전 언니가 여행으로 한국에 왔을 때 나는 학교 일정 때문에 굉장히 바빠서 잘 해 주지 못한 기억이 있다. 언니는 나를 보러, 나만 믿고 한국에 왔는데 기대한 것보다 내가 가이드를 잘 해주지 못해서 실망했을 것이다. 실제로 우리는 그때 한 번 다툴 뻔한 적도 있었다. 하지만 나도 바쁜 와중에 최선을 다 하려고 노력하긴 했다. 언니가 머무른 4일 동안 우리는 3일을 만났고 만나지 못하는 날에는 중국어를 잘 하는 친구를 소개시켜주기도 했고, 언니가 공항으로 돌아가는 마지막 순간까지 배웅해주기도 했다. 아무튼 조금씩 서로 서운했던 부분이 있어서 그랬는지 그 이후 한동안 서로 연락하지 않고 있다가 이번 달에 일본에 오기 전에 내가 먼저 언니에게 연락한 것이다. 아직까지 뭔가 언니에게는 미안한 마음이 많이 남아 있다. 그래서 나는 언니에게 억지로라도 친근하고 착한 모습을 보여주려고 애쓴다. 그래도 언니라는 사람이 좋기 때문이다.

"나 요즘 강아지 키운다."

슈탄 언니가 말했다.

"어! 진짜? 언제 데려왔어?"

"올해 초에 데려왔어. 혼자 지내는 게 영 심심해서."

"몇 살이야? 종은? 이름은?"

"애기야. 아직 몇 개월 안 됐어. 믹스견이고 이름은 쿠키."

"우와, 진짜 귀엽겠다. 완전 궁금해."

"시간 되면 잠깐 보러 갈래?"

나는 그 길로 예정에 없던 언니 집으로 향했다. 언니가 사는 집은 산겐자야에 있으며 역에서 10~15분 정도 떨어진 곳에 있다. 도쿄에서의 유학을 마치고 후쿠오카로 넘어가기 전, 도쿄에서의 마지막 밤을 언니 집에서 보낸 적이 있다.

현관 앞에 도착하자 문을 박박 긁으며 낑낑대는 소리가 들렸다. 문을 활짝 열자 쿠키는 미친 듯이 우리 주변을 빙글빙글 돌았다. 그리고 새로운 인물인 나에게 엄청난 관심을 보였다. 쿠키를 안자 내 얼굴을 마구 핥고, 계속 나에게 안기려고 했다. 매우 활발하고 붙임성이 좋은 강아지였다.

"걔는 여자를 정말 좋아해."

언니가 옆에서 우습다는 듯이 말했다. 쿠키는 역시 수컷이었다.

내가 쿠키와 놀아주는 동안 언니는 나에게 중국 차와 과자를 대접해 주었다. 최근에 폴라로이드 카메라를 샀다며 둘이 같이 즉석에서 사진을 찍어서 나에게 주었고, 이전에 한국에서 만났을 때의 사진을 그 카메라로 인화해서 주기도 했다. 세 장이나 받았다.

벌써 10시. 언니와 만난 지 두 시간 정도밖에 지나지 않았지만 이제 다른 친구 집으로 묵으러 갈 시간이 되었다. 다음 약속도 한 시간 정도 늦춰야 할 것 같았다. 오늘은 정말이지 줄줄이 민폐. 오늘 재워주기로 한 친구는 지난달에도 재워주었던 스즈. 스즈에게 약속 시간보다 조금 늦게 도착해도 괜찮겠냐는 연락을 하니 '늦는 건 괜찮지만 밤에 어두운데 괜히 걱정된다'며 언니같은 말을 한다. 결국 늦지 말란 소리다.

스즈의 집에 가기 위해서는 산겐자야 역에서 전차를 타고 두 정거장 정도를 가야 하는데 언니가 쿠키를 산책시키는 겸 산겐자야 역까지 바래다 주겠다고 했다. 밖으로 나가기 위해 쿠키에게 옷을 입히고 목줄을 매니 쿠키는 신이 난 듯 흥분하며 방방 뛰었다. 나는 언니 대신 쿠키의 목줄을 잡고 셋이서 역으로 걸어갔다. 짧은 시간이었지만 언니에게 후한 대접을 받았다. 언니는 아까 패밀리 레스토랑에서 내 몫까지 계산해주기도 했다.

역 앞에서 작별 인사를 하며 언니가 말했다.
"다음에 묵을 곳이 없으면 우리 집에 와도 돼."
"우와! 정말? 그럼 또 오게 되면 연락할게!"
나는 쿠키를 한번 꼭 안아준 후 내려놓고 손을 흔들었다. 나는 언니에게 아직도 미안한 게 있는데, 오늘 많은 고마움을 느낀다.

스즈의 집이 있는 건물 앞에 도착하고 인터폰으로 호출하니 문을 자동으로 철컥 열어주었다. 낑낑대며 5층 계단을 올라 현관 초인종을 누르니 잠옷을 입고 잘 준비를 마친 스즈가 문을 열고 반겨주었다.
"스안짱, 어서 와."
"스즈, 늦어서 미안! 우리 얼른 코 자자~"
괜히 미안한 마음에 스즈에게 애교를 부리며 인사했다. 마침 다행히도 같이 사는 후배가 학교 워크샵을 떠나 집에는 스즈 혼자 뿐이었다. 스즈에게 한국에서 가져 온 과자들을 내밀었더니 지난달에 받았던 과자들도 아직 다 못 먹었는데 또 주는 거냐며 고마워했다. 그리고 나는 초스피드로 옷을 갈아입고, 씻고, 잘 준비를 마쳤다. 스즈의 집에 온 지 삼십 분도 지나지 않아, 펼쳐진 이불 위에 누울 수 있었다. 잠이라는 놈들이 나를 포위하러 쏜살같이 달려오는 걸 보니 오늘 많이 지쳤나 보다. 하지만 오늘 하루는 좋아하는 사람들도 많이 만났고, 알차고 행복한 하루였다.

4월 23일 토요일   넷째 날 산겐자야-스카이트리-아사쿠사-하네다공항

살짝 구름이 끼어 있긴 하지만 비가 내리진 않아 다행인 오늘의 날씨. 내 옆의 이브자리는 말끔히 정리되어 있었고 집에는 아무도 없었다. 문득 잠결에 스즈가 우체국에 잠시 다녀오겠다고 한 것이 기억이 났다. 나는 내가 잤던 이브자리를 정리하고 씻으러 들어갔다. 하지만 샤워기를 틀고 언제 따뜻한 물이 나오나 기다려보아도 나오지 않았다. 약 5분 후, 따뜻한 물이 나오긴 했지만 너무 과하게 따뜻해서 화상을 입을 정도였다. 이상하게도 조절이 잘 안 됐다. 전에는 안 이랬는데, 오늘 아침의 샤워는 데일까 싶어 조마조마하며 그럭저럭 마쳤다.

씻고 나와 보니 스즈가 집에 돌아와 있었다. 아침밥 먹겠냐고 묻는 스즈의 말에, 솔직히 배가 고프긴 했지만 이미 스즈는 내가 자는 동안 아침을 먹은 듯 했고 괜히 나 때문에 다시 차려 주기에는 너무 미안하니 괜찮다고 했다. 대신 캐리어 속에 있던 컵우동과 스즈가 주는 과자로 아침을 해결했다.

준비를 다 마치고 현관문에서 스즈와 작별인사를 했다.

"스즈, 이번에도 정말 고마웠어."

"스안짱, 한국 잘 돌아가기. 그리고 또 연락 줘."

정말 잠만 자고 나온 스즈의 집. 딱 열 두 시간을 머물렀다. 지난달에도, 이번 달에도 연속으로 신세를 져서 고맙고 미안한 마음으로 가득하다.

오늘 나는 늦은 밤에 공항에 가야하고, 그 전까지는 만나기로 한 사람 없이 오로지 혼자만의 시간을 보내기로 했다.

우선 내가 살았던 동네인 산겐자야를 오랜만에 구석구석 둘러보기로 했다. 교환학생 시절, 다니던 학교와 기숙사가 이곳에 있었다. 지난달에도 스즈의 집에 머무르느라 오긴 했었지만 이곳에서 여유롭게 보낼 시간은 없었다. 산겐자야는 한국에서는 이곳을 아는 사람은 별로 없지만 도쿄 안에서는 나름 알려진 명소다. 산겐자야(三軒茶屋)라는 한자 안에 마시는 '차茶'가 들어가는데, 오후에 한가롭게 차를 마실 수 있는 곳이라서 붙여졌다고 한다. 그

스즈의 집

리고 땅값이 비싼 부촌이라 이곳에는 경제적으로 여유로운 사람들이 많이 산다는 얘기를 들은 적이 있다. 이곳은 시부야에서 덴엔토시선으로 두 정거장 밖에 떨어져 있지 않고 나름 번화가라 큰 마트나 노래방, 맛집 등 없는 것이 없는 곳이다. 또, 동네가 적당히 번화하고 적당히 한적하다. 특히 아이를 키우는 엄마들이 선호하는 살기 좋은 동네라는 말답게 산겐자야는 직접 살아 보니 정말 살기 좋은 곳이었다.

나는 산겐자야 역 바로 옆에 우뚝 서 있는 캐롯타워에 들어가 보기로 했다. 일본식 발음으로 읽으면 캬롯또타워. 건물의 색이 주황빛을 띠는 갈색이라 그렇게 칭한 것 같다. 캐롯타워는 산겐자야에서 가장 높은 건물이며 안에 마트나 책과 음반을 판매하는 츠타야, 병원, 문화 센터, 역, 전망대 등이 있는 곳이다. 유학시절 나는 주로 책을 구경하기 위해 자주 이곳을 방문했었다. 오랜만에 츠타야의 서점에 들어가 보았다.

일본은 시부야 한가운데도 그렇고 어딜 가나 큰 서점과 작은 서점, 그리고 중고 서점이 자리잡고 있다. 요즘 한국은 안타깝게도 출판업계의 불황으로 크고작은 서점들이 줄줄이 문을 닫는 상황이라 번화가에 가야만 대형서점을 볼 수 있다. 일본도 요즘 책을 읽는 사람들이 줄었다고는 하지만 그래도 여전히 책은 일본인들의 일상의 일부분이 되어 있는 것 같다. 역마다 꼭 서점이 있는걸 보면 말이다.

츠타야에서 일본의 최신 잡지들을 하나씩 펼쳐보았다. 몇 년 전에는 한국 연예인의 사진이나 기사나 광고가 많이 보였는데, 요즘에는 찾아보기 힘들다. 최근에 일본에서 한류가 많이 죽긴 했나보다. 그래도 한국의 연예인 소식이나 드라마를 다룬 잡지들은 여전히 있었다. 또 느끼는 거지만, 잡지의 종류가 참 많다. 장난감에 관련된 잡지도 많지는 않지만 몇 개 있다. 하지만 한국에는 장난감과 관련된 잡지가 없다. 국내에서 2000년대 초반에 인형 관련 잡지는 있었지만 몇 호 못 가 폐간되었다. 내가 다시 만들어볼까도 싶다.

그 외에도 다양한 종류의 책을 구경하며 한 시간 가까이의 시간을 보냈다. 서서히 캐롯타워의 다른 곳도 가볼까 싶어 서점에서 나왔다. 화장실에 들른

후 에스컬레이터를 타고 위층으로 올라가보니 작은 갤러리에 미니어처 설치물들이 전시되어 있다. 자세히 보니 환경 관련 설치물 공모전의 출품작인 것 같다. 미니어처에도 흥미가 있어 사진을 찍으려고 가방에서 핸드폰을 꺼내려는데, 가방 안이 영 허전하다. 주머니에는 있겠지 싶어 손을 넣고 뒤적거렸다. 양쪽 주머니에도 없다! 이럴 수가! 나는 아까 갔던 화장실로 황급히 돌아갔다. 내가 들어갔던 칸에도 없었다. 아까 화장실에 들어갔을 때 누가 가져가겠어, 하고 캐리어와 가방을 칸 밖에 두긴 했었다. 화장실에 들어가니 아까 내가 거울을 보고 옷매무새를 가다듬을 때 옆에서 열심히 화장을 하던 여자가 여전히 계속 화장을 하고 있었다.
"저기 혹시 죄송한데 핸드폰 못 보셨어요? 감자튀김 모양의 폰 케이스인데… 아니면 핸드폰을 꺼내서 가져가는 사람 못 보셨어요?"
"제가 화장하느라 딱히 주변을 주의 깊게 못 봤네요. 미안해요."
"아, 알겠습니다. 죄송해요."
다급해 보이는 나를 보고 여자는 안됐다는 표정을 지었다. 나는 다시 서점으로 다급하게 뛰어갔다. 카운터로 가서 직원에게 핸드폰 분실물 들어온 것 없냐고 묻자, 나에게 생김새를 물었다. 그리고 주변의 직원들에게 묻고 어딘가에 전화를 걸어 보더니 딱히 들어온 건 없다고 한다. 바로 직원들 서너 명이 각자의 일을 하다 말고 나와 같이 매장 곳곳을 뒤지며 핸드폰을 찾아주었다. 아무리 뒤져도 보이지 않아서 포기하려던 찰나, 만화책이 있는 곳의 구석 바닥에 떨어진 샛노란 감자튀김이 눈에 확 들어왔다. 드디어 찾았다!

나는 애써준 직원들에게 이제 핸드폰을 찾았다며, 정말 실례했다고 사죄를 했다. 핸드폰이나 흘리고 다니고, 바보같은 나. 정말 심장 떨어지는 줄 알았다. 핸드폰 속에 교통카드가 있었기 때문에 정말로 잃어버렸다면 큰일 날 뻔 했다. 현재 내 지갑에는 현금이 거의 떨어지고 교통카드 속에 충전해둔 돈으로 마지막 순간까지 버텨야 하기 때문이다. 제발, 다시는 이러지 말자. 왜 스스로 명을 줄이는 실수를 반복하는지. 스스로를 꾸짖어 본다.

캐롯타워에서 나온 나는 두 번의 횡단보도를 건너 내가 살았던 기숙사 쪽으로 들어가는 거리로 향했다. 유학 때, 다른 곳에서 여행을 한 후 기숙사로 돌아올 때 항상 이 거리를 걸었었다. 이 골목은 다양한 가게들이 쭉 늘어서 있고 항상 활기가 넘치는 번화한 곳이다. 한국 음식점도 있고, 파친코도 있고, 미용실, 부동산, 옷가게, 작은 마트, 몇 개의 작은 서점 등등… 내가 이 골목에서 가장 많이 간 가게는 '빌리지뱅가드'라는 곳. '재미있는 서점'이 이 가게의 모토이며 일본 곳곳에 체인점이 있다. 서점이라고는 하지만 책보다는 잡화가 많다. 책이 3분의 1, 잡화가 3분의 2로 군것질거리나 장난감, 생활용품 등 없는 것이 없고 특이한 아이디어 상품도 많기 때문에 구경하는 재미가 쏠쏠한 곳이다. 한국에도 이런 서점이 있으면 좋겠다고 항상 생각한다. 이곳에서는 츠타야나 일반적인 서점에서 보지 못한 독특한 주제의 사진집을 발견할 수 있다. 일부러 이런 책들을 주로 갖다놓는 것 같기도 하다. 뭐 이런 사진집이 다 있어, 싶은 것도 있다. 특히 청소년 여자아이의 신체를 주제로 한 사진집은 호기심이 들면서도 기분이 영 불편하다. 한국에서 이런 책이 나왔다면 한바탕 난리가 났겠지. 이런 건 제발 한국에 넘어오지 말아라.

재미있는 서점&잡화점
빌리지뱅가드

일본의 독특하고 (이상하고) 다양한 책들

'미라이짱'이라는 이름의 아이를 주제로 한 사진집. 일본 사진집 중의 베스트셀러.

일본의 거대 불상 사진집

일본 유명 개그맨의 책. "안심하십시오. 입고 있어요" 라고 쓰여 있다.

미니어처와 커다란 세상을 소재로 한 사진집

일본의 가이드북은 이런 식으로 글씨를 아주 큼지막하게 쓴다. 한국과 서울 가이드북.

페이지를 움직이면 입체 그림이 동영상처럼 움직이는 신기한 동물 도감. 가격도 꽤 나간다.

다양한 로리타 사진집들
개인적으로 꽤 위험한 주제라고 생각한다.

세계의 아름다운 폐허 사진집
사진들을 보니 공포스러울 정도로 아름다웠다.

아름다운 대 공장 사진집

나약한 소녀들이 문고리를
핥고 있는 요상한 사진집

이삐의 딸을 함께 찍은 사진집
아빠는 점프를 하고 있다.

일본 유명 택배사의 배달원
들을 주제로 한 책

아사쿠사의 인력거꾼들을
주제로 한 책

인형잡지 돌리돌리

인형사진 잘 찍는 법을 알려주는
책도 있다.

여자의 가슴을 소재로 한 책.
이런 책이 버젓이 팔리고 있는 게 충격적이다.

빌리지뱅가드에서 나와 조금만 더 가서 꺾으면 학교와 기숙사가 있기에 오랜만에 두 군데 다 방문하기로 했다. 우선 기숙사로 먼저 향했다. 건물이 보이면서 옛날 생각이 새록새록 떠오른다. 내가 살았던 곳은 말이 기숙사지 5층짜리의 복층형 고급 맨션이었다. 신식 건물이라 모든 게 최신식이었고, 배정받은 방이 내가 처음으로 쓰는 것이어서 먼지 한 톨 없이 굉장히 깨끗했다. 그 방의 독특하고 향기로운 새 집 냄새를 잊지 못한다. 당시 일본인 학생 두 명과 외국인 유학생인 나까지 세 명이서 한 호실을 함께 썼고, 키친과 화장실은 공동이었지만 방은 개인실이었다. 그 방은 도쿄에서의 삶의 터전이자 나를 보호해주는 곳이었다. 한국을 떠난 지 한달 쯤 되었을 무렵 향수병이 도져 그곳 베란다에서 멍하니 밤하늘을 보다 눈물을 줄줄 흘렸던 기억이 난다. 하지만 곧 적응하고 유학 끝무렵에는 오히려 이곳을 떠나기 싫어서 운 기억도 난다. 멀리 도쿄타워가 보였기 때문에 오늘의 도쿄타워는 무슨 색으로 빛나는지 매일 밤 관찰했던 기억도 난다. 욕실도 굉장히 잘 되어 있어서 욕조 자체도 넓고 컸으며 한번 쓴 물을 다시 데우는 기능도 있었다. 매일 자기 전 욕조 물에 입욕제를 풀어 몸을 담그고 형형색색의 목욕을 즐긴 추억도 있다. 기숙사는 밤 11시까지가 통금이었지만 잠기는 문을 따는 방법을 알아내서 통금 따위 신경 쓰지 않고 새벽에 친구와 마음껏 돌아다닌 기억도 있다. 그 문을 따는 방법은 나말고 한 명 더 있던 한국인 유학생 지희가 개발해 낸 방법이었다. 그래서 우리 둘만 그 방법을 알고 있었다. 나중에 들린 소식으로는 이제 그 방법을 쓰지 못하도록 보안을 강화했다고 한다. 아마 우리 둘이 문을 몰래 여는 모습을 감시 카메라로 보았을 게 뻔하다. 아무튼 정말 정말 좋은 기숙사였다. 그 좋은 곳을 학교 협정상 공과금까지 무료로 쓸 수 있었으니, 말 다했다.

기숙사 입구를 서성거리다, 아무래도 들어가 봐야겠다는 생각이 들었다. 규정상 로비까지만 갈 수 있을 테지만. 나는 문을 열고 관리인에게 조심스럽게 말을 걸었다. 관리인은 다른 사람으로 바뀌어 있었다.

"저, 작년에 여기 살았던 외국인 유학생인데 옛날 생각이 나서… 혹시 로비까지만 들어가 봐도 되나요?"

"그래요? 네, 괜찮아요. 로비까진 들어가 보세요."
관리인은 2년 전 친구와 내가 새벽까지 실컷 놀고 돌아와 가소롭게 웃으며 손쉽게 열었던 바로 그 문을 열어주었다. 로비에 들어서자, 그 때 그 냄새가 났다. 이 기숙사만의 냄새. 유학 때 매일 맡았던 이 냄새. 옛날 생각에 그때로 돌아간 기분까지 들며 뭉클해졌다. 심지어 눈물까지 날 것 같았다. 정말로 울면 너무 감성적이거나 이상한 사람 취급을 받을까 봐 목에 힘을 주고 꾹꾹 참았다. 옆에서 관리인이 계속 서 있었으니까. 그 정도로 이곳에서의 추억은 너무나도 행복했고, 잊을 수 없다. 나는 내가 잠시라도 살았던 곳을 잊지 못하는 사람이다. 유딩 때부터 초딩 때까지 살았던 아파트, 대학교 입시 때 반년 간 자취했던 홍대의 원룸, 오사카에서 5주 동안 친구와 함께 살았던 원룸… 나의 추억이 있는 그 장소들이 그리워 가끔 방문하곤 한다. 지금 이곳도 그렇다. 기념으로 사진 몇 컷을 찍은 후, 나는 다시 기숙사를 나와 바로 그 부근에 있는 학교로 향했다.

당시 학교 안에서 한참 공사를 하던 곳은 새로 지은 티가 팍팍 나는 보육원으로 바뀌어 있었다. 기숙사와 학교 후문은 걸어서 2분, 뛰어서 1분 거리인데 후문은 학생증을 경비원에게 보여주어야만 들어갈 수 있다. 학생증이 없거나 외부인인 경우는 정문을 통해 들어갈 수 있는데 한 바퀴 빙 돌아서 가야 하기 때문에 번거로웠지만 어쩔 수 없이 돌아서 가야 했다. 유학이 끝날 때 학생증을 학교에 반납해야 했는데, 그 학생증을 영원히 간직하고 싶어서 잃어버렸다고 거짓말하고 돌려주지 않고 보관할까 하는 생각도 한 적이 있었다. 하지만 정직하게 돌려주었다.

정문으로 향하는 길에 단독주택들이 다닥다닥 붙어 있다. 참 깨끗하고 정겨운 거리다. 건물들은 조금 세월이 지나 보이지만 아마 집세는 굉장히 비쌀 것이다. 그 거리를 지나 정문에 다다랐다. 토요일이라서 그런지 한산했다. 학교 안으로 들어가려는 순간, 경비원이 나를 막았다.
"무슨 목적으로 오셨죠?"
역시나 엄격하다.
"예전에 이 학교 교환학생이었어요. 오랜만에 구경하러 왔는데 들여보내주시면 안돼요?"
"어차피 주말이라 사람도 없을 건데."
"그래도요. 오랜만에 왔단 말이에요."
"그럼 저기 이름 적어요."
"감사합니다!"
여자대학교라 경비가 굉장히 엄격했다. 원래 정문에서는 이렇게 막지 않는데 주말이라 그런가 싶다. 이름을 적고 있는데 건물 안으로는 들어가지 말라는 주의를 준다.
역시나 학교 안에 사람은 거의 보이지 않았다. 나는 조용히 캠퍼스를 거닐었다. 땅값이 비싼 낫인시 캠퍼스는 굉장히 작다. 그러나 이 작은 캠퍼스 안에 보육원부터 대학원까지 있다. 나는 당시 캠퍼스 안은 별로 관심이 없었기 때문에 수업 마치면 바로 기숙사나 다른 곳으로 가곤 했었다. 오늘은 새삼스럽게 한 번도 들어가 본 적 없던 학교 안 정원에 들어가기로 했다. 여자 정원사 몇 명이 앉아서 쉬고 있는 모습이 보였다. 정원은 생각보다 예쁘게 잘 꾸며져 있었다. 학교 안에 이렇게 예쁜 곳이 있는 줄 몰랐다. 좀 더 일찍 알았다면 여기서 혼자 책도 읽고 했을 텐데. 뭐, 여기서 읽을 바에 도서관이 낫겠지만. 조용한 캠퍼스를 혼자 돌아보며 이전엔 몰랐던 곳들을 더 발견하기도 하며 얼마 없던 캠퍼스 안에서의 추억도 새록새록 되살아났다.

캠퍼스에서 나온 후, 나는 역 부근에 있는 마쓰야를 찾아 늦은 점심을 먹었다. 이제 지갑에는 동전 몇 개가 전부. 식사를 마치고 역으로 내려가 전철에 올라탔다. 전철은 오시아게 행. 오시아게 역은 일본의 새로운 랜드마크인 '스카이트리'가 있는 곳이다. 산겐자야 역에서 갈아탈 일 없이 일직선으로 쭉 올라가면 된다. 하지만 이 전철은 도중에 다른 선으로 바뀌면서 추가 요금이 확 붙는다. 5호선에 타고 있다가 갑자기 왕십리 역을 지나는 순간 10호선으로 바뀌며 요금이 두 배가 되는 격. 한국에서는 있을 수 없는 일이다. 혼자서 돈을 쓰지 않고 어디에서 눈요기를 하며 마지막 시간을 즐겁게 보낼 수 있을까 생각한 곳이 스카이트리 부근이었기 때문에 택했다. 스카이트리에 바로 붙어 있는 소라마치에는 다양한 가게들과 영화관, 전시회관 등이 있는 복합 쇼핑몰이며 그 부근은 일본의 유명한 관광지가 있는 아사쿠사. 얼마 전 불합격 통보를 받은 B사의 본사가 있는 곳이기도 하다.

30분 정도가 지나 도착한 오시아게 역은 주말이기도 해서 사람도 많고 관광객들도 많이 보였다. 나는 캐리어를 넣어 둘 물품보관함을 찾았지만 순간 지갑이 텅텅 비어 있다는 것을 깨닫고 그냥 끌고 다니기로 했다. 사실 캐리어를 하도 여기저기 끌고 다닌 탓에 바퀴에서 이상한 소리도 나고 똑바로 서지 못하는 상태가 되어 있었지만 어쩔 수 없었다.
소라마치로 향하니, '식품 샘플 컨테스트 수상작 전시회'가 열리고 있었다. 식품 샘플은 음식 모형을 말하는데, 특히 일본이 이 식품 샘플의 나라가 아니던가. 다양하고 독특한 수상작들과 작가의 얼굴과 이름도 함께 전시되어 있었다. 작품 하나하나가 굉장히 사실적이고, 섬세하고, 독창적이다. 그저 식당 앞에서 메뉴를 소개하는 기능만이 아닌, 이미 예술의 경지에 오른 것 같다. 적어도 일본에서는. 나는 식품 샘플이 음식의 피규어라고 생각하기 때문에 이쪽에도 역시 관심이 많다. 실제로 스시를 만들어 본 적도 있고, 몇 개 수집하기도 했다. 내가 타코야끼의 광팬이니 언젠가 타코야끼의 식품 샘플을 손에 넣고 싶다. 하지만 식품 샘플의 가격은 실제 음식보다 10~20배는 더 비싸다. 아마 타코야끼는 5천엔~만엔쯤 할 것이라 예상된다.

식품 샘플
컨테스트 수상작

소라마치에도 식품 샘플 가게가 있다. 다음으로 향한 곳이 그곳이었다. 이 가게에서는 식품 샘플로 만든 열쇠고리나 DIY 키트, 실제 작품을 판매하고 있다. 가게가 독특하고 볼거리가 많은 만큼 그 작은 공간에 많은 사람들이 꽉꽉 차 있었다. 특히 식품 샘플에 관한 정보가 담긴 책이 너무나도 탐이 났지만 나는 지금 심각한 빈털터리. 다음에 다시 이곳에 오면 그땐 꼭 손에 넣고 말겠다는 불쌍한 다짐을 해 본다. 그 외에도 다양한 가게를 구경하며 돌아다녔다. 눈길을 사로잡을만한 다양한 상품과 기념품이 즐비해서 보는 것만으로도 즐거웠다. 그런데, 캐리어의 상태가 영 심상치 않았다. 아까까지만 해도 캐리어에서 나던 끼익끼익 하던 소리는, '이제 나 좀 그만 끌고 다녀라! 제발 부탁이다!!' 하는 절규와 가까운 소리로 바뀌어 있었다. '끼익끼익'에서 '끄악끄아악'으로. 잠시 자리에 앉아 캐리어를 들여다보니 바퀴 하나가 빠져 있다. 지퍼의 고무 부분에는 구멍도 뻥뻥 나 있었다. 내가 그렇게 험하게 끌고 다녔었나? 생각해보니 짐을 금방이라도 터질 만큼 잔뜩 넣어 놓은 상태로 꽤 많은 길을 끌고 다녔다. 그리고 비단 이 캐리어뿐만 아니라 내 손에 들어오는 모든 물건은 얼마 못 가 처참한 몰골로 수명을 다하고 만다. 캐리어를 오래 쓰려면 계속 들고 다니지 않고 중간중간 물품 보관함에서 잠시 쉬게 해 줘야겠다는 생각이 든다. 바퀴가 어디 떨어져 있지 않을까 싶어 뒤늦게 주변을 살펴봤지만 이미 늦은 듯 했다. 누구 제 바퀴 보신 분...? 들고 다닌 횟수도 몇 번 안 됐는데, 아무래도 한국에 돌아가면 A/S나 맡겨야겠다.

 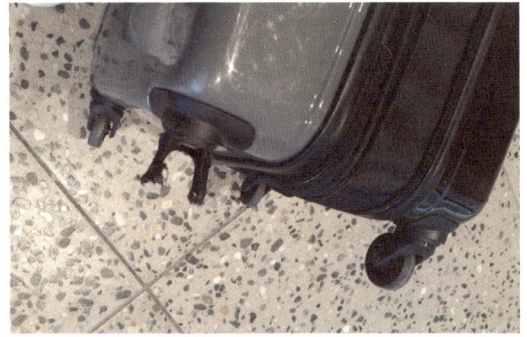

다른 층에서는 애니메이션 코난의 전시회가 열리고 있었다. 코난에 큰 관심은 없지만 그래도 기획전을 하고 있으니 들어가 보았다. 원화나 관련 상품, 애니메이션 영상 등이 전시되어 있었는데 내가 사진을 찍을만한 건 어느 쪽에서 보면 코난으로 보이고, 또 어느 쪽에서 보면 미란이로 보이는 철사 조형물이었다. 그리고 그 옆의 기념촬영 부스를 발견하고 사진을 찍고 갈까 말까 하고 잠시 고민했다. 혼자서 여행을 하다 보면 누군가 내 사진을 찍어 주는 일은 거의 없으니 이 기회에 한번 부탁해보자 싶어 그 앞에 있던 직원에게 사진을 부탁했다. …역시나, 남이 찍어 준 내 사진을 보는 일은 괴롭다. 눈을 크게 뜨고 얼굴이 작아보이도록 위에서 찍은 내 사진이 평소의 내 모습이라고 착각하고 있다가, 이렇게 현실을 마주하게 된다. 그래서 남에게 내 사진을 부탁하는 일이 내키지 않는다. 살 언제 빼지….

다른 곳들을 더 돌아보는데, 왠지 나만 혼자인 것 같았다. 다들 친구와 연인과 가족들과, 꽤 신나 보인다. 하지만 괜찮다! 나도 신난다! 여긴 볼거리가 정말 많으니까! 스카이트리 주변을 이렇게 잘 꾸며 놓으니, 도쿄타워는 이제 한물 갔겠구나 싶다.

해가 떨어지고 하늘이 하늘색에서 남색으로 물들어갈 때 쯤 밖으로 나왔다. 어두워지기 시작하니 스카이트리도 예쁜 분홍색을 내뿜기 시작했다.

다음은 아사쿠사로 향했다. 아사쿠사에 있는 도쿄에서 제일 크고 유명한 사찰인 센소지가 내가 정해 둔 다음 행선지이기 때문이다. 사실 그곳은 이미 몇 번이고 가 봤다. 하지만 교통비를 더 쓰지 않고 걸어서 갈 수 있는 관광지는 그곳 뿐이었다. 가는 도중에 마쓰야가 보여, 마침 배도 고프고 쉴 겸 해서 들어갔다. 점심때도 이곳에서 먹었지만 아무리 먹어도 질리지 않는 마성의 맛에 이미 나는 헤어나오지 못하고 있다. 그리고 마쓰야의 장점은 교통카드로도 결제할 수 있다는 것. 자리에 앉은 지 3분도 지나지 않아 이번 일정의 마지막 오리지널 카레가 내 앞에 놓여졌다. 정말 너는 불과 몇 시간 전에 같은 걸 먹었지만 새로운 것을 먹듯 맛있다. 내가 너를 다음 달에도 먹을 수 있을지 모르겠다. 이 메뉴를 너무 좋아하다보니 이젠 '너'라고 부르며 인격화하고 있는 나를 발견한다.

센소지에 가려면 스미다 강을 가로질러 가야 했다. 나는 옆에서 어둡고 잔잔하게 흐르는 검은 강물을 힐끗힐끗 바라보며 다리를 건넜다. 신나게 사진을 찍고 있는 외국인 관광객들과 무심하게 자전거를 타고 지나가는 일본인 아저씨의 모습이 상반된다. 나는 아마 저 둘의 가운데쯤 될 것이다.

강을 다 건너니 스카이트리는 이제 강 건너편이 되었다. 그리고 황금 똥 모양을 빌딩 옆에 떡하니 둔 아사히맥주 본사가 보인다. 어쩜 저렇게 똥 같을까. 아사히맥주 본사도 한 똘끼 하는데, 빌딩 자체가 맥주잔 모양이다. '우리네 맥주 먹고 건강한 똥 싸세요, 혹은 황금 똥 낳으세요' 인가. 대체 무슨 의도로 저렇게 만든 것인지 도저히 추측해내기가 힘들다. 아무튼 이 거대한 황금 똥은 도쿄의 명물(?) 중 하나이다. 제작 당시에도 지금도 여전히 웃음을 사고 있으며 많은 사람들의 카메라나 기억 속에서 강한 존재감을 뿜어내고 있을 것이다. 이정도면 노이즈마케팅인가도 싶다.

공항에 가기 전까지 아직 많이 여유로웠다. 익일 새벽 두시 반 비행기니 말이다. 강변의 작은 공원에 앉아 캐리어를 옆에 두고 앉기 좋은 돌 위에 앉았다. 다리 하나가 나간 캐리어는 내 옆에서 비스듬하게 서 있었다. 저 멀리 예쁘게 발광하는 스카이트리와 마찬가지로 강력한 존재감을 어필하며 발광하는 황금 똥을 멍하니 바라보았다. 그런데 좀 더 옆에 B사의 본사가 보였다. 내가 입사하기를 부모님이 원하시던 저 회사. 정작 나는 붙으면 좋지만 떨어져도 그러려니 하는 심정이었다. 역시나 간절하지 못한 것이 가장 큰 탈락 원인일까. 저 곳의 서류심사에 통과하고 열심히 다음 단계를 준비하고 있을 애들은 이력서를 어떻게 썼을까. 어떤 애들일까. 어떤 대학을 나왔을까. 저 근처에 본사가 있는 M사도 아마 나를 선택하지 않았을 것 같다. 이번 취업준비는 여기까지인지도 모르겠다. 장난감을 수집한 개수와 정보력은 중요한 것이 아니었나보다. 생각에 생각을 겹치니, 괜시리 조금 우울해져왔다.

나는 자리에서 일어나 센소지로 다시 이동했다. 센소지의 입구인 카미나리몬에 도착하니 시간은 저녁 일곱 시 반쯤. 카미나리몬은 중앙에 커다랗고 붉은 쵸친(보통 일본의 식당 앞에 달린 붉은 원통)에 '천둥 문'이라고 쓰여있으며 그 양옆에는 수호신들이 지키고 있다. 왼쪽은 바람의 신상, 오른쪽은 천둥의 신상이라고 한다. 역시나 조형물은 가까이 다가가 자세히 들여다보게 된다. 직업병은 아닌, 전공병인가.

늦은 시간이다 보니 나카미세(신사 안에 쭉 늘어진 상점)들은 이미 문을 닫았지만 관광객들은 여전히 꽤 있었다. 이미 여러 본 와 본 이곳은 단지 시간을 때우기 위한 곳. 나는 산책하듯 주변을 빙 둘러본 후 다시 그곳을 나왔다. 센소지는 628년 스미다 강에서 어부 형제가 던져놓은 그물에 걸린 관음상을 모시기 위해 사당을 지었고, 이후 승려 쇼카이가 645년에 절을 세운 것이 이곳의 유래로 알려져 있으며 에도 시대 후반에는 사원 내의 상점가와 연극 무대가 설치되어 있기도 했고 관동 대지진과 2차 세계 대전 당시 대부분의 건물이 소실되고 현재의 건물들은 1960년 이후에 재건한 것…이라고 하는 것은, 별로 내 관심사가 아니었다. (출처 위키페디아)

아사쿠사 역 주변은 관광지이기 때문에 꽤 번화하다. 거리가 약간 옛 느낌이 나는 것이 지난달에 갔던 교토가 떠오르기도 했고, 서울의 인사동도 떠올랐다. 아직도 시간은 여유로웠다. 나는 길을 배회하다가 주변의 쇼핑몰로 들어가 그 안의 잡화점이나 서점을 구경하며 시간을 보냈다.

이젠 서서히 공항에 가야겠다 싶어, 10시를 조금 넘겨 전철로 향했다. 전철 어플로 알아본 바, 내가 있는 아사쿠사 역에서 하네다공항 역까지는 환승할 것 없이 한 번에 가서, 40분 내외로 도착한다. 플랫폼에 앉아 귀에 이어폰을 꼽고 전철을 기다렸다. 잠시 후 이어폰에서 흘러나오는 노랫소리를 완전히 없애는 굉음이 들리고, 곧 전철이 여러 개의 입을 동시에 활짝 벌렸다. 이어폰에서 흘러나오는 신나는 노래와 반대로 돌아가는 길의 기분은 처져 있었다. 대부분의 여행의 끝자락은 항상 이렇지. 돌아가기 싫어도, 이 꿈에서 깨기 싫어도 어쩔 수 없는 노릇. 다음 달에는 다시 이곳에 못 올 것 같다고 생각하니 더더욱 아쉬웠다.

밤 열한 시쯤 하네다공항에 도착했다. 그래도 여전히 시간은 많다. 공항 안의 편의점에서 교통카드의 잔액과 동전들을 처리하려 했으나 막 문을 잠그고 직원들이 열심히 정산하고 있는 중이었다. 편의점의 유리벽에는 11시까지 영업한다고 적힌 종이가 붙어 있었다. 편의점이 밤에 문을 닫는 게 어딨어! 더욱이 공항이면 24시간 영업해야 맞는 것 아닌가? 괜히 아쉬움에 속으로 편의점을 비난했다. 안내데스크에 물어보니 공항 안에 다른 편의점은 또 없으며 모든 가게들이 문을 닫았다고 알려주었다. 조금 더 일찍 올걸 그랬다. 이제 발권하러 항공사 부스로 향하는 길에 일본 인형들이 장식되어 있는 것이 보였다. 5월의 남자 아이들의 어린이날을 맞이하기 위한 무사 인형들이었다. 아쉬웠던 마음은 인형들을 보며 잊혀졌다.

五月人形 : 5월 인형

남자 아이들의 건강과 안녕을 기원하기 위해
어린 남자아이의 형상을 한 인형이나 갑옷,투구 등을
5월에 일본의 각 가정에서 전시하거나 선물한다.
'무사 인형'이라고도 한다.

발권을 마치고 난 후 출국심사대까지 통과한 다음, 이번에는 지난달에 가보지 않았던 하네다공항 안의 다른 구역에 가 보았다. 이미 문을 닫은 면세점들이 늘어서 있는 곳이었다. 그 부근에 24시간 영업하고 있는 바(bar)가 있었다. 나는 그곳에서 판매하던 감자칩과 음료수를 발견하고 남은 동전들을 처리했다. 오늘은 이곳저곳 많이도 돌아다녔지만 교통비를 제외하고 지출한 돈은 천엔 남짓일 것이다. 정말 빈곤한 하루였다. 그렇다고 돈이 없어서 딱히 서럽진 않았다. 오히려 돈이 없는 극한의 상황을 즐겼다. 이 얼마 안 남은 돈을 어떻게 하면 효율적으로 쓸 수 있으며 많은 이득을 볼 수 있을까 고민하는 것이 오히려 조금은 즐거웠다고나 할까(엄마는 나의 이런 짠순이같은 면모를 보고 '나는 널 그렇게 빈곤하게 키우지 않았는데 넌 대체 왜 그러니, 장난감을 끊어' 하며 매우 탐탁치 않아 하신다).

음… 사실 솔직히 말하자면, 사고 싶은 책을 돈이 없어서 사지 못했을 때는 조금 서럽긴 했다. 내 일본 여정은 항상 처음에 장난감이나 책에 많은 지출을 하면서 끝자락에 빈곤한 여행을 하게 된다.

4월 24일 일요일   마지막 날 하네다공항-한국

정오가 지나면서 토요일에서 일요일로 넘어갔다. 나는 그 순간에 혼자 바 옆의 소파에 멍하니 앉아 감자칩을 와작와작대고 있었다. 내 옆자리의 셀러리맨 셋은 이 시간에 어디로 출장을 가는지, 돌아 가는지, 정장을 입은 채로 떠들고 있었다. 물론 나도 정장이었다. 목적 없이 단지 편하다는 이유로 입고 있는 이 직장인 코스프레를 끝낼 시간이 다가왔다. 서서히 렌즈를 낀 눈이 뻑뻑해지고 아직 지우지 않은 화장이 근질거리기 시작했다. 나는 화장실로 가서 렌즈를 빼고 화장을 싹 지운 다음 자연의 모습으로 돌아왔다. 어차피 볼 사람도 없다. 그리고 서서히 면세점 구역을 벗어나 탑승 게이트 쪽으로 향했다. 바닥이 카페트라 그런지 캐리어는 괴성을 지르지 않고 얌전했다.

다행히도 게이트 근처에 작은 서점이 있었다. 잡지 코너에서 쟈니즈 그룹 아라시가 표지들을 장식하고 있는 것을 발견했다. 일본을 돌아다니면서 항상 느끼는 것은 그 어디에서도 아라시를 볼 수 있다는 것이다. 잡지에서도, 지하철 광고에서도, 건물에 붙어 있는 대형 광고판에서도. 나는 아라시 광팬인 한국의 절친을 위해 사진을 슬쩍 찍어두었다.

책을 보고 있는데, 비행기가 한 시간 연착된다는 안내 방송이 울렸다. 아아, 얼마나 더 기다리라는 건가. 사실 내가 탈 항공사가 연착으로 악명 높은 곳이다. 여태 당한 적이 없었는데 오늘 제대로 당했다. 한 시간이라니. 일본에 있을 수 있는 시간이 더 길어지니 좋게 생각해보자 싶었지만 피곤에 쩔어 있는 상태였기 때문에 이럴 땐 그냥 빨리 한국에 돌아가고 싶었다. 한국에 도착하면 첫 차를 탈 생각이었는데, 아마 비행기에서 내리는 시간이 첫 차 시간일 것이다.

그래도 시간은 흘러, 비행기에 올라탔다. LCC다보니 자리가 좁아 의자를 뒤로 젖히기엔 눈치가 많이 보였다. 그대로 허리를 꼿꼿이 편 채로 쪽잠을 잤다. 불편함에 자다가 몇 번 눈을 떴다 감았을 뿐인데 어느새 인천에 도착한다는 안내 방송이 흘러나왔다. 이미 하늘은 밝은 아침이었다.

우리 집이 있는 역에 내리니 시간은 오전 여덟시 쯤. 전철 안에서 내내 고개를 푹 꺼트리고 있다가 역 밖으로 나와 익숙한 풍경을 보니 이제야 한국에 도착한 게 실감이 났다. 이번 일정도 도쿄에 있는 친구들의 많은 도움을 받았다. 다음 달에 다시 갈 수 있을까? 아, 아까만 해도 일본이었는데. 집에 도착한 나는 안방의 커다란 침대에서 죽은 듯이 잤다.

이번에 산 장난감들과 유리코.

유리코, 그 뒷이야기

잠에서 깨어 시계를 보니 저녁 8시가 지나 있었다. 나는 이불을 들추고 나오자마자 얼른 유리코에게 다가가서 비닐 포장을 다시 뜯었다. 역한 곰팡이 냄새는 여전했다. 여태 유리코를 넣어 두었던 캐리어에도 냄새가 살짝 배어 있었다. 유리코의 머리칼과 유카타는 습기가 전혀 가시지 않고 기분 나쁘게 축축했다. 나는 유리코를 씻기기 위해 우선 유카타를 벗겼다. 어찌나 꼼꼼하고 열심히 입혀 놓았는지, 벗기는 데에도 시간이 꽤 걸렸다. 삭은 천이 쉽게 찢어지기도 했다. 그 천은 딱히 필요가 없어 보여 바로 버렸다. 유카타 사이사이에도 곰팡이가 피어 있었다.

유카타를 벗기자 하얀 속옷이 드러났다. 마치 수의를 연상케 해서 살짝 기분이 오싹했다. 그 속옷마저도 꼼꼼히 입혀 놓은 탓에 쉽게 벗기기 힘들었다. 속옷을 벗기자 더욱 오싹한 광경이 드러났다. 헝겊으로 되어 있는 유리코의 몸통이 매우 기분 나쁜 울긋불긋한 색으로 되어 있던 것이다. 과장해서 말하자면, 어린아이의 시체를 더듬는 느낌이었달까. 아무튼 나는 유리코를 정성스럽게 씻겨주며 음산한 기운을 정화시켰다.

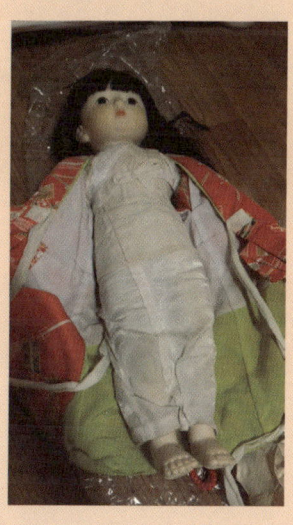 

여태 많은 인형을 수집하고, 데리고 있지만 이렇게 나를 오싹하게 만든 인형은 처음이었다. 한동안 눌리지 않던 가위를 눌리기도 했다.
귀신들린 일본인형을 주인공으로 한 공포영화 〈하나코〉에 나오는 인형마저도 마냥 귀엽게 보여 집에 데려오고 싶을 정도로 인형에게 공포감을 느끼지 않는 나였지만 유리코는 처음으로 내게 공포감을 느끼게 한 인형이었다. 하루는 아무도 없는 캄캄한 집에 거실 한가운데에 유리코가 떡하니 놓인 것이 제일 먼저 보여서 심장이 쿵하고 내려앉을 뻔한 적도 있었다.
유리코를 발견하고, 한국으로 데려오고, 정성스레 씻기는 과정을 인터넷에 공개하자 사람들은 내가 저주의 인형을 정화시켰다며 담력이 세다, 진정한 인형 애호가다, 대단하다 등의 칭찬의 발언을 해 주었다.

자세한 이야기는 2017년 여름에 출간될 '유리코(양장본, 토이필북스 저)' 에서 확인해 주시길 부탁드린다.

현재 유리코는 내가 매우 아끼는 인형이 되어 있다. 나는 각별히 여기는 인형들에게는 이름을 붙여 주는데, 유리코가 그 중 하나이다. 그리고 나는 다음 일본의 일정에서 유리코와 똑 닮은 아이를 우연히 만나게 되는데…. ●

네 번째 여정
도쿄

2016.5.14 ~ 18
4박 5일

전혀 기대하지 않았던 M사의 서류합격 통보!
그래서 M사의 그룹면접에 참가하기 위해 3주만에 다시 도쿄를 찾았다.
친구들의 자취방을 전전하며 장난감과 책을 사고 돌아다니는 일은 여전하다.
그리고 결전의 날, 떨리는지 안 떨리는지 모를 기분으로 본사에 입성.
난생 처음 해 보는 기업 면접인 이번 그룹면접은
생각보다 전혀 떨리지 않았고, 오히려 이번 일정에서
가장 재미있는 경험이 되는데...!
과연 M사의 결과는...?!

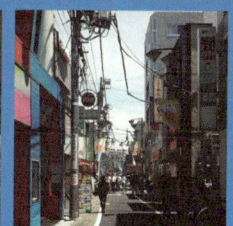

5월 초 쯤 메일로 통지한다는 M사의 서류전형 결과는 언제 나올까 문득 문득 궁금하긴 했지만, 어차피 가능성이 없다고 확신하고 있었기 때문에 신경을 끄고 살려고 노력했다. 그리고 이번 취업준비는 이미 끝났다고 생각하고 학교나 열심히 다녔다. 평소에 학교와 집이 같은 서울인데도 엄청 멀다 보니 집에 가는 것이 귀찮아 늦은 시간까지 학교에 남아 있다가 어쩔 수 없이 늦은 열차를 타고 집에 돌아가곤 했다.

5월 초의 어느 날, 저녁 시간이 한참 지난 후에도 회화과 친구의 작업실에서 친구는 그림을 그리고 나는 노트북을 두드리며 둘이서 떠들고 있었다. 그리고 며칠간 들어가 보지 않았던 메일함에 M사의 결과나 열어볼만한 메일이 없나 싶어 뒤적였다. 한 페이지 뒤로 넘겨보니, 마침 M사에서 보내온 메일이 있었다. 어제 온 것이었다! 올 것이 왔구나. 나는 'M사 서류전형 결과 통지'를 떨리는 마음으로 클릭했다. 새 창이 열리고 몇 줄 적힌 일본어 문장 안에는, '귀하는 M사의 서류전형에 합격하셨습니다.'라는 문장이 있었다. 서류전형 합격...? 내가 합격이라구...? 도저히 믿기지 않아서 문장을 그대로 복사해서 한국어로 번역해 보아도 서류전형 합격이 맞았다. 완전한 합격이 아닌, 오히려 이제부터 시작인 것을 의미하지만 그 글자를 보니 순간 눈물이 폭포수처럼 쏟아졌다. 옆에서 친구가 무슨 일이냐며 붓을 내팽개치고 나에게 달려왔다. 한동안 눈물이 멈추질 않았다. 거의 포기하고 있었는데, 나는 첫 스타트부터 실패한 사람이라고 생각했는데, M사는 조금이라도 나를 관심 있게 봐 주고 인정해 준 것 같아 기뻤다. 친구도 옆에서 덩달아 축하해 주었다.

막 적어서 보낸 T사, 수정한 흔적을 그대로 남기고 보낸 B사, 실수한 부분 없이 열심히 작성해서 보낸 M사 이 세 군데의 결과는 정확했다. 나는 바로 엄마에게 전화하여 이 사실을 알렸다. 엄마는 지금 바로 도쿄행 비행기 티켓을 예매하라며 카드 번호를 읊어 주었다. 도쿄에서 막 돌아온 지 1주일 후였고, 다시 도쿄로 떠나기 2주 전이었다.

5월 14일 토요일   첫째 날 나리타공항-카마타-오오토리이

석가탄신일이자 도쿄로 3주 만에 다시 떠나는 날. 이번 여정의 제일 큰 목적은 '그루쁘 멘세쯔'! 즉 그룹 면접. 면접은 이 다음 주 수요일이지만 3월에도 4월에도 그랬듯이 미리 일본에 가 있기로. 떠나기 전 면접 대비를 위해 일본의 그룹 면접에서는 어떤 자세로 임하면 되는지 인터넷에서 검색해 보니 밝고 긍정적인 태도를 보이도록 하며 자신의 주장만을 너무 많이 내세우거나 상대방을 비난하는 태도는 하지 않도록 하는 것이 중요하다고 한다. 당연한 말이다.

태어나서 처음으로 기업 면접을 겪어 볼 생각을 하니 살짝 떨리기도 하고 설레기도 했다. 일본에서 목적없이 뻔질나게 입고 다녔던 정장은 이번 면접을 위해 며칠 전부터 미리 세탁소에 맡겨 두었고, 돌려받은 정장은 비닐도 벗기지 않은 채 조심스럽게 캐리어 안에 넣어두었다. 오늘 비행기는 오후 비행기라 적당히 늦잠도 자고 여유롭게 준비했다. 짐을 다 싸고 나가려는데, 오빠가 나에게 말을 걸었다.

"너 공항에 뭐 타고 가."

"지하철."

"리무진 타고 가."

오빠는 만 원짜리 두 장을 건네주었다. 그래도 동생이 면접을 보러 간다니 나름 이렇게라도 응원을 해 주고 싶었나 보다. 딱히 고맙다는 말은 하지 않고 한쪽 입꼬리를 씩 올려보이며 돈을 받아갔.

만약 집에서 지하철을 타고 공항에 간다면 교통비는 리무진보다 훨씬 저렴하지만 시간이 더 오래 걸리고, 아무래도 캐리어를 든 채로는 영 불편하다. 오늘은 덕분에 편하게 리무진 버스를 타고 공항에 도착했다.

이번 비행기는 3월과 4월에 탔던 비행기와는 항공사도 다르고 시간대도 달라서 새벽에 혼자 도쿄에 툭 하고 떨어지지 않아도 됐다.

오후 4시 반 출발 비행기를 타고 나리타공항에 도착하니 저녁 여섯 반. 이

미 해가 지고 어둑어둑한 때였다. 넷카페에 갈 건 아니었지만 이번에도 카마타 역으로 향했다. 오늘 밤 묵을 곳은 지난 3월에 묵었던 마이짱의 집이며 카마타 역과 가깝다. 그곳에 가기 전에 카마타 역에서 시간을 보낼 계획이다.

사실 3월에 마이짱의 집에 정장과 세트인 취업준비용 가방과 구두를 놓고 여태 가지고 오지 않았다. 당시 캐리어가 너무 작아서 도저히 물건이 더 들어가지 않았다는 이유로…. 장난감이나 마구 사 대더니, 결국 남에게 민폐를 끼치고 말았다. 이미 나는 민폐의 아이콘이다. 아무튼 이번 기회에 마이짱의 집에서 묵는 겸 두고 온 물건도 받기로 했다.

공항에서 한 시간이 조금 넘게 걸려 도착한 카마타 역에서 나는 제일 먼저 저번에도 갔던 마트로 들어가 그 곳 3층에 있는 가챠퐁 머신에서 참았던 한을 풀 듯 마구 돌려댔다.

서서히 위가 에너지를 보충해 달라며 아우성을 쳤다. 길가다 타코야끼 가게를 발견하긴 했지만 포장 전문점이라 앉아서 먹을 곳이 없어 포기했고, 이번에도 근처에 위치한 마쓰야에 들어가 오리지널 카레를 주문했다. 한국에 있던 그 짧은 3주 동안에도 이게 그리웠다. 어디선가 주워들은 바로는 마쓰야가 한국에서 체인점을 열었던 적이 있다고 한다. 하지만 얼마 못 가 폐점했다고 하는데, 아마 내가 그 사실을 미리 알았다면 뻔질나게 들락날락댔을 게 분명하니 폐점할 일은 없었을 거라고 생각한다. 주워들은 것이라 확실한 정보는 아니다.

잠시 후 만날 마이짱에게 언제 가면 좋을지 연락을 보내 두었으나 몇 시간째 답장이 오지 않고 있었다. 오늘 친구들과 만나서 논다고 미리 듣긴 했으니 아마 지금 즐거운 시간을 보내고 있겠지 싶었다. 혼자 카마타 역 부근을 빙빙 돌다, 서서히 마이짱과 약속한 열시 반이 되어 버스를 타고 마이짱의 집이 있는 오오토리이 역으로 향했다. 버스로 몇 정거장 안 가 도착한 마이짱의 집 앞. 여전히 연락은 오지 않고 있었다. 읽었다는 표시도 안 떠 있어서 서서히 불안감이 엄습해 왔다. 괜히 모처럼 친구들과의 즐거운 시간을 오늘 방해하게 된 것 같아서 미안해지기도 하고, 역시 나는 민폐녀야 하는 자괴감이 몰려왔다. 집에 물건도 두고 오고 잠도 재워 달라고 하는데 얼마나 귀찮을까. 혹시 이번 기회로 멀어지게 된 건 아닐까 하며 덜컥 겁이 났다. 유학시절 우리는 꽤 친했는데… 요코하마에 있는 마이짱의 본가에 가서 묵기도 하고 마이짱이 내 기숙사 방에 묵기도 하고 둘이서 세일러문 카페에 가기도 하고 도쿄에서도 서울에서도 적지 않은 시간을 함께 보냈는데….
나는 바로 옆의 편의점에서 아이스크림과 군것질거리를 사 와서 마이짱의 집 건물 뒤편에서 캐리어를 의자 삼아 앉아 혼자 우물우물 먹으며 하염없이 연락을 기다렸다. 주변의 건물들을 멍하니 바라보고 있으니 갑자기 낯설고 이국적인 느낌이 확 들면서 쓸쓸함과 미안함에 서러워졌다.
하지만 열시 반이 조금 지난 후 다행히도 마이짱에게서 전화가 걸려왔다.
"스안짱! 진짜 미안해! 많이 기다렸지? 내가 정신이 없어서 이제 연락하네. 나 집 앞에 다 왔어. 어디야?"
미안함으로 가득한, 다급한 목소리였다.
"마이짱! 나도 지금 막 왔어! 그리고 지금 마이짱네 건물 뒤에 있어! 앞으로 갈게!"
나도 덩달아 다급히 먹던 걸 집어넣고 건물 앞으로 달려가자 친구들과 함께 돌아오고 있는 마이짱의 모습이 보였다. 모두 아직 흥이 다 가시지 않은 듯 보여 더욱 미안한 마음이 몰려왔다. 다들 마이짱과 같은 회사와 같은 맨션에 사는 동료들인지, 우리는 다함께 건물로 들어가 엘리베이터를 타고 올라갔다. 괜히 이방인인 내가 있어서 그런지 다들 숨을 죽이고 있었다. 나

또한 눈치를 보며 숨을 죽이고 있었다.
마이쨩의 친구들이 먼저 내리고 서로 어색한 목인사를 한 후 우리는 마이쨩의 집 현관 앞에 도착했다.
"그런데 스안쨩, 시간이 늦었는데 오늘은 어디서 잘 거야?"
"…?!"
"…에?!"
순간, 나도 마이쨩도 서로 당황했다. 나는 그제야 마이쨩에게 오늘 물건을 받으러 가겠다고만 하고 재워달란 얘기는 하지 않았던 것이 생각났다. 사실 이번에 일본에 오기 전, 마이쨩에게 또다시 하루 묵게 해 달라고 할까 말까 하다가 아무래도 미안하니 이따 조심스럽게 물어봐야지 하고 미뤄두고 있던 것이었다. 마이쨩은 오늘 내가 물건만 받아가는 걸로 알고 있었고, 나는 이미 말을 한 줄로 착각하고 있었다니. 이런 민폐덩어리가 또 있을까! 나도 마이쨩도 서로 너무 미안하다고 거의 비명을 지르듯 사과하느라 바빴다.
"오늘 스안쨩이 묵어도 괜찮긴 한데, 집이 너무너무 더러우니까 후딱 치우고 올 테니 밖에서 잠깐만 기다려 줘!"
기다리는 동안 마이쨩이 방 안을 두다다 뛰어다니는 소리가 밖에서도 들렸다. 마이쨩도 지금 얼마나 당황스러울까. 혹시 이번 일로 마이쨩과 다시 만나지 못하는 건 아닐까 싶을 정도로 너무 미안했다.
"스안쨩, 들어와!"
잠시 후, 밖에서 계속 나를 기다리게 하기 미안했는지 마이쨩은 문을 열어주고 나서도 여전히 마저 집을 치우고 있었다. 나는 집으로 들어가서 신발도 벗지 않은 채로 현관 앞에 서서 마이쨩에게 울상을 지으며 사과했다.
"마이쨩… 오늘은 여러 가지로 너무 미안해…."
"괜찮아, 괜찮아! 빨리 들어와!"

방 한구석에 내 구두가 든 상자와 가방은 그대로 있었다. 꽤 늦은 시간이었기에 우리는 잡담할 새도 없이 바로 씻고 잘 준비를 마치고 잠자리에 누웠다. 마이쨩, 부디 나를 용서해 줘.

5월 15일 일요일   둘째 날 나카노-오치아이

오늘은 주말이라 마이짱이 회사를 쉬는 날이다. 모처럼의 주말 오전을 내가 방해하고 있다는 생각에 얼른 이 집에서 나가주는 게 맞다는 생각이 들었다. 하지만 그렇다고 내가 엄청 일찍 일어난 것도 아니었다. 열 시 가까이가 돼서야 눈을 떴으니까….
두고 갔던 내 물건들을 캐리어에 넣고, 나갈 준비를 했다. 화장을 하는 동안 옆에 있던 마이짱에게 그룹 면접 준비를 어떻게 했는지 묻자, 내가 인터넷에서 찾아 본 것과 비슷한 내용을 말해주었다.
"팀원의 말을 잘 들어 주고, 너무 튀어보이려고 억지로 노력하지 않아도 돼."

집 앞까지 배웅해 주겠다는 마이짱을 극구 말리며 집 밖으로 나왔다. 그래도 첫날밤을 마이짱 덕분에 무사히 보낼 수 있었다. 그런데 이제 왠지 마이짱에게 다시는 재워달란 소리를 못 할 것 같다….
구름 몇 점만이 하늘에 박혀 있는, 굉장히 맑은 날씨. 아직 아침을 먹지 않은 나는 마이짱의 집 근처에 있던 가스토(내 단골 패밀리 레스토랑 체인점)에서 파스타로 아침을 여유롭게 해결한 후 그 주변을 가볍게 빙 둘러보았다. 딱히 관광지인 것도 아닌 그저 사람 사는 집이 모인 동네라 비슷한 풍경이 계속되었고, 한적한 분위기였다.
그 후 오오토리이 역으로 전철을 타러 내려간 나의 목적지는, 이번에도 나카노. 다시 도쿄에 왔는데 나카노에 안 갈 수가 없다. 독실한 종교인들이 매주 교회나 절을 찾듯 이미 나에게는 도쿄에 올 때마다 방문하지 않으면 안 되는 성지 같은 곳이다. 그리고 오늘부터 이틀간 다시 나카노 근처에 있는 사키코의 집에 묵기로 해 두었다. 물론 사키코에게는 확실히 말해 둔 상태였다. 지난달, 나는 일본에서 한국으로 돌아온 직후 사키코에게 연락을 했었다.

나 – 사코, 나 한국 잘 돌아왔어. 그리고 이번에 재워 줘서 정말 고마웠어. 아마 내가 조만간 도쿄에 다시 가게 될 일이 있을진 모르겠지만, 거의 포기 상태야. 좋은 결과든 좋지 않은 결과든 사코와는 공유할게.

사키코 – 스안짱이 준 엽서 정말 감동이었어. 그런데 섀도우 놓고 갔더라. 면접 보러 도쿄에 다시 오게 되면 또 우리 집에 묵어도 돼.

5월 초, 서류합격 통보 직후.

나 – 사코!!! 나 M사 서류전형 합격해서 이번 달에 또 도쿄에 가게 됐어!
사코 – 오! 축하해! 잘됐네!
나 – 그래서 말인데... 내가 섀도우 가지러 가는 겸... 사코한테 또 민폐를 끼쳐도 될까...? 이틀 정도.
사코 – 물론이지! 기다리고 있을게.

그렇게 이번에도 사키코에게 신세를 지게 된 것이다. 하지만 얼마 전 사키코에게서 '최근에 업무량이 갑자기 확 늘고 마침 스안짱이 왔을 때가 회식이 있는 날이라 아마 잘 신경 써 주지는 못하겠지만 신경 쓰지 말고 편하게 와서 지내' 하고 연락이 왔었다. 하지만 왠지 이번에도 역시 사키코에게도 큰 민폐가 될 것 같은 예감이 들었다.

나카노로 향하는 전철 안, 간절히 기다리던 영화를 보러 가는 그런 들뜬 기분이었다. 그 영화는 너무 재밌어서 이미 여러 번 돌려봤지만 봐도 봐도 질리지 않고 다시 볼 때마다 미처 몰랐던 새로운 장면을 발견하기도 하는, 나카노는 그런 기분이 들게 하는 곳이랄까.

3월, 4월, 그리고 이번 5월도 연속해서 나카노를 찾았다. 많은 사람들, 왁자지껄한 소리, 괴짜 분위기. 나카노는 매번 비슷한 광경이었다. 새로운 장난감이 진열되어 있기도 하고, 진열되어 있는 장난감들의 위치가 조금씩 바뀌어 있기도 하고, 그 당시에 무지 탐이 났지만 금전적으로 여유가 없어 포기한 것이 아직 남아 있기도 하고, 다음에도 이 장난감이 남아 있으면 그땐 사자 싶은 것도 남아 있기도 하고, 이미 팔려 없기도 하고… 나는 부모님이 이번에 주신 돈에 내 용돈까지 더해서 지난 3,4월보다는 조금 더 넉넉하게 가져왔기 때문에 이번 일정에서 사고 싶었던 장난감들은 웬만해선 후회 없이 사기로 마음먹었다. 새삼 나란 년은 참 뻔뻔한 불효녀라는 생각이 든다. 지난달에도, 지지난달에도 부모님이 일본 가서 쓰라고 주신 돈의 대부분을 장난감 쇼핑에 지출했다. 이 행위는 내가 매달 일정 생활비를 송금받으며 일본에서 교환유학을 했을 당시에도 마찬가지였다. 그리고 이번 달에도 마찬가지일 것이다. 부모님, 정말 죄송해요. 취직해서 돈 벌면 바로 효도할게요. 그런데 이번에도 장난감이 너무 사고 싶어요… 컵라면으로 끼니를 때울지언정, 저는 장난감을 살 거여요….

퍼뜩 정신을 차리고 시집을 열어 보니 벌써 꽤나 홀쭉해져 있다. 그리고 내가 들고 있는 커다란 쇼핑백에는 장난감들이 한가득이다. 이곳에 왔을 때가 오후 두 시 정도였는데, 벌써 일곱 시가 지나 있었다. 이곳 나카노나 아키하바라에 있으면 나는 경제관념은 물론이요 시간 감각도 이성도 잃게 된다. 오늘의 장난감 쇼핑은 여기까지만 하고 다른 장난감에 더 현혹되지 않도록, 아주 조금만 더 보고 나가기로 했다. 여러 개로 흩어진 나카노 만다라케의 매장들 중 가장 메인이 되는 매장에 들어가 보았다. 입구부터 여러 개의 도리이가 늘어서 있고 그 가운데와 바닥에는 '헨야(이상한 가게)'라고 적혀 있는 이곳. 안으로 들어가 보니 장난감 진열장부터가 독특하다. 캡슐 모양의 진열장이 바닥에 있지 않고 천장에 달려 있으며 매장 안에는 음악도 아닌 것이, 독특한 소리의 산소호흡기 소리(?)나 물방울이 떨어지는 효과음이 들린다. 마치 우주선 안으로 들어온 기분이 드는 곳이다. 이 매장에는

나카노의 장난감들

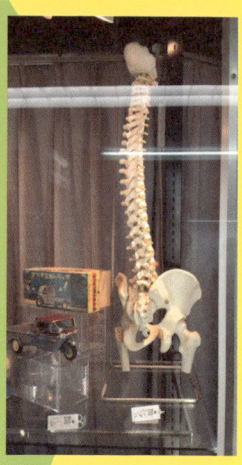

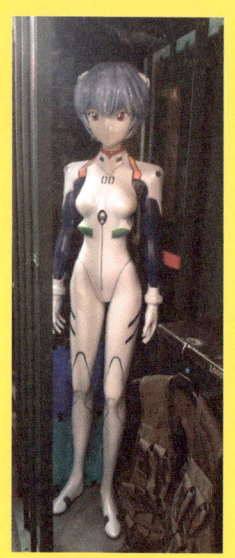

는 주로 가격이 높고 희귀한 장난감들이 모여 있다. 매장이 아닌, 장난감 박물관에 온 듯한 느낌마저 든다. 하나하나 살펴보고 있는데, 순간 매우 익숙한 얼굴이 시선을 사로잡았다. 유리코였다! 하지만 지금 한국에 있는 유리코보다 훨씬 깨끗하고, 다른 색의 옷을 입고 있었다. 내 유리코의 얼굴은 누렇게 떠 있는데, 이 아이는 뽀얗기만 했다. 인형 옆의 상자에는 '스즈노야 의상 인형 - 세이코'라고 적혀 있었다. 이 인형의 원래 이름은 세이코라는 것을 이제서야 알게 되었다. 나는 근처에 있던 직원에게 이 인형에 대해서 설명을 좀 해 달라고 부탁했다. 직원의 말에 의하면 인형 본체는 일본의 완구 제조 회사인 '세키구치'에서 제작했으며 의상은 '스즈노야'라는 기모노 제작사에서 만든, 두 회사의 합작품이라고 설명해 주었다. 꽤 오래된 인형이라 요즘은 희귀해졌다고 한다. 가격도 물어보니, 3천엔을 주고 샀던 유리코의 몸값의 열 배가 더 넘었다. 역시 유리코를 굉장히 저렴한 가격에 데려온 것에 뿌듯함을 느꼈다. 비록 우리 유리코는 아직도 퀴퀴한 냄새가 가시지 않았고 몸의 얼룩덜룩한 얼룩도 지워지지 않았지만.

유리코의 진짜 이름은 세이코였다.

맥도날드 나카노점 2층 매장에서 내려다본 나카노 브로드웨이의 풍경

그 후 상가에서 나온 나는 당연하다는 듯이 맥도날드로 들어가 해피밀을 주문했다. 이번 해피밀은 장난감이 아닌, 아이들이 가지고 노는 카드 한 장 뿐이다. 크게 관심은 없지만 수집하는 것 중에 카드도 있긴 해서, 한국으로 돌아가면 여러 카드들을 모아 둔 상자에 넣어야겠다.
사키코의 집으로 가기로 약속한 열 시까지는 아직 여유가 많아, 천천히 음식을 먹고 자리에서 여태 산 장난감들을 하나하나 꺼내보며 구경했다. 내 옆자리에 앉은 두 남녀가 내 쪽을 힐끗힐끗 쳐다보는 것이 느껴졌다.

슬슬 나카노에서 벗어나 사키코의 집 쪽으로 천천히 걸어가기로 했다. 그때, 사키코에게서 지금 집에 회사 동료와 함께 업무를 하고 있으니 조금 더 늦게 와 줄 수 있냐는 연락이 왔다. 나는 알겠다고 대답하고 최대한 천천히 길을 걸었다. 도중에 서점이 보여서 들어갔다가 괜히 다시 읽지도 않을 것 같은 책을 몇 권 구입하고 나와버렸다. 안그래도 캐리어에, 장난감이 한가득 든 커다란 봉투를 들고 걸어오느라 낑낑댔는데, 그새 잊고 여기서 무거운 책까지 사버리다니. 나도 나를 이해하기 힘들 때가 있다.
이대로 계속 걸어가기에는 힘이 부쳐, 길 도중에 있던 작은 놀이터로 잠시 들어가 짐을 정리했다. 큰일났다. 캐리어에 짐들이 다 들어가질 않았다. 당연한 결과다. 이대로라면 이번엔 또 사키코의 집에 짐을 맡겨야 하는 상황이 오고 말 것이다. 있는 대로 구겨 넣자니, 혹시라도 장난감들이 망가질까 싶어 함부로 할 수도 없는 노릇이었다. 정말 미련한 나라는 존재여. 나는 한숨을 푹 쉬고 나밖에 없는 어두운 놀이터에서 한동안 멍을 때리고 있었다. 얼얼했던 손과 팔이 조금 안정된 것 같아 다시 걸어가기 시작했다. 그 때 또다시 사키코에게서, 정말 미안하지만 30분만 더 늦게 와줄 수 없겠냐는 연락이 왔다. 아무래도 날을 잘못 잡은 것 같았다. 괜히 사키코도 나에게 미안할 일이 생기고, 나도 바쁜 친구한테 큰 민폐가 된 것 같아 너무 미안한 마음 뿐이었다. 사실 이번에 오기 전에 엄마에게서 '이제 친구들한테는 민폐 그만 끼치고 호텔을 잡아라.'라는 말씀을 들었다. 나는 '친구들이 재워 주는데 뭐하러 호텔을 잡아~'하고 가볍게 넘어갔었다. 그런데 정말 엄마 말을 들을 걸 그랬다. 사회인인 마이짱에게도, 사키코에게도, 너무 미안한 일이다. 오늘 사키코에게도 내가 부담스러운 존재가 된 것 같다. 나는 길목에 있던 버스 정류장 의자에 털썩 주저앉았다. 한숨이 다시 절로 나왔다. 나는 버스가 서너 대 지나가는 시간 동안 그곳에 멍하니 앉아있었다. 짐들을 들고 짧지 않은 거리를 걸어왔더니 배가 고파왔다. 나는 사키코의 집을 조금 더 지난 곳에 있는 맥도날드에서 딸기 선데 하나를 시키고 사키코가 다시 연락을 줄 때까지 기다렸다.

잠시 후, 열한 시를 조금 지나 사키코에게서 이제 집에 와도 괜찮다는 연락을 받고 다시 사키코의 집으로 향했다. 3주 만에 다시 만난 사키코의 얼굴은 나를 환영해 줄 여유는 전혀 없어 보였다. 요즘 업무가 많다던 사키코는 확실히 지쳐 보였다. 나는 사키코에게 이번에도 민폐를 끼치게 되어서 정말 미안하다고 사과했고 사키코 역시 나에게 계속 시간을 늦춰서 너무 미안했다고 사과했다. 사키코에게 여분 키를 받은 후, 잠들 준비를 마친 우리는 오늘 둘 다 꽤나 피로가 쌓인 탓에 수다를 떨 여력도 없었다. 어제와 너무나도 비슷한, 미안해서 미칠 것 같은 이 심정. 사키코와는 나름 오래된 친한 친구인데도 불구하고 괜히 나는 사키코의 눈치를 보게 됐다. 그래도 사키코가 펴 준 잠자리는 포근해서 금방 잠이 솔솔 왔다.

5월 16일 월요일   셋째 날 긴자-아키하바라-오치아이

지난달 이곳에서의 아침을 그대로 복사한 듯이, 새벽에 사키코가 조용조용히 출근할 준비를 하는 소리가 잠결에 들렸다. 사키코가 완전히 현관문을 닫고 밖으로 나가고 나서야 다시 깊은 잠에 빠질 수 있었다.
사코, 나만 이렇게 자고 있어서 미안해.

잠자리에서 일어난 후 모든 외출 준비를 마치고 나니 점심시간이 훌쩍 지나 있었다. 오늘의 하늘은 아무래도 비가 내릴 듯 탁한 색이었지만 일기예보를 보니 딱히 비 소식은 없었다. 대신 그룹면접 당일인 내일 비가 내린다고 한다. 그리고 오늘 하루도 나 혼자서 자유로운 시간을 보내기로 했다.

집 옆 마쓰야에서 첫 끼를 먹고 첫 번째로 향한 곳은 긴자. 유학시절에도 가끔 오던 곳이다. 이곳은 고급스러운 가게들이 늘어서 있으며 도쿄에서 가장 땅값이 비싼 거리라고 한다. 긴자 역에서 나오니 반듯하고 정갈한 건물들이 쭉 펼쳐져 있고 고급 레스토랑과 명품 매장이 즐비했다.
하지만 이런 곳에도 분명 장난감은 있다. 그래서 오늘 오랜만에 긴자를 찾은 것이다. 이 거리의 끝자락에는 '하쿠힌칸'이라고 하는, 꽤 큰 장난감 매장이 있다. 이곳의 알록달록한 간판부터가 나를 자극한다. 입구에 들어서자마자 보이는 큰 어항에 물고기가 열심히 헤엄치고 있었다. 자세히 들여다보니, 진짜 물고기가 아닌 로봇 물고기였다. 팔딱팔딱 헤엄치는 모습이 꽤 사실적이어서, 한참을 들여다봤다. 그 외에도 최신 애완 로봇, 인형, 피규어, 과학 완구, 식품 완구, 일본 기념품, 문구류, 심지어 애완동물을 위한

하쿠힌칸 토이파크

작은 텐트도 판매하고 있었다. 그리고 그 지하에는 일본의 국민 마론인형인 리카짱을 위주로 여러 인형들을 전시, 판매하고 있다. 입구에 있는 등신대 리카짱은 작년에 이곳에 왔을 땐 산타 복장을 입고 있었는데, 이번에는 계절에 맞게 원피스를 입고 있었다.

긴자에는 이 하쿠힌칸 말고도, '긴자 인형관'이라고 하는 인형 가게가 있다. 내가 지난달에 갔던 나카노의 앤틱 인형 가게와 비슷한 곳이다. 이제 이곳에 가기 위해 대충 발의 기억으로만 더듬어서 찾으려다보니 정확한 위치를 몰라 한참을 거리에서 빙빙 돌았다. 1층에 있지 않고 커다란 간판이 달린 것도 아니기 때문에 자칫하면 놓치기 쉬운 곳이다. 다행히도 거리의 입간판을 간신히 발견하고 가게를 찾아내어 2층에 있는 매장으로 올라갔다. 문을 열자, 남자 직원이 깍듯이 인사를 해 주었다. 크지 않은 가게에 인형들이 안을 빼곡하게 채우고 있어 내 눈과 마음을 황홀하게 한다. 이곳에서는 정기적으로 매번 새로운 인형 전시를 조그맣게 여는데, 내가 갔을 땐 포세린(도기) 재질의 아기 인형들이 전시되어 있었다. 직원과 인형에 관한 얘기를 나누다, 이곳에서 정기적으로 '인형 만들기 교실'이 있다는 것을 알았다. 2주에 한 번씩 몇 달 간 인형사 선생님과 몇 명의 수강생들이 이 가게에 소수정예로 모여, 이미 제작되어 있는 기본적인 머리나 몸통, 팔과 다리를 직접 조립하고 그 위에 가발을 골라 씌워준다거나 의상과 신발을 만들어 입혀주고 얼굴에 메이크업을 해 주는 등의 커리큘럼이었다. 그 수업의 수강료가 한화로 6~70만원 정도였는데, 예상한 것보다 그렇게 비싼 가격은 아니어서 일본에 또 장기적으로 살 일이 생긴다면 그땐 들어보자 싶었다.

이곳의 하쿠힌칸과 긴자 인형관은 내가 긴자를 찾는 이유이다. 이 두 가게를 모두 구경한 후, 달달한 것이 땡겨 한 편의점에 들어가서 딸기 초콜릿 아이스크림을 입에 물고 다음 행선지로 데려다 줄 전철역으로 걸어갔다. 일행도 없이 혼자서 길거리 취식을 하니 몇몇 사람들의 시선이 느껴진다.

긴자에서 얼마 안 가 도착한 아키하바라. 지난 3월에는 이곳에 왔었지만 4월에는 건너뛰었기 때문에 이번에는 꼭 방문하리라 다짐했던 곳이다. 그리고 이곳에 일본어와 피규어, 애니메이션이 그려진 간판들이 꽉꽉 채워진 건물은 그 어디서도 보기 힘든, 오직 아키하바라에서만 볼 수 있는 풍경이다. 이 건물 전체가 일본의 유명 피규어 제조사인 보크스 사의 매장이며 건물 외관조차 저렇게 눈길이 가는데, 들어가지 않을 수가 없었다. 매장 안에는 수많은 애니메이션 관련 굿즈나 피규어들이 빈틈없이 채워져 있고, 아이처럼 온갖 애교를 부린 노랫소리의 일본 애니메이션의 주제가 계속해서 흐른다. 이곳 말고도 내가 아키하바라에서 가장 좋아하는 건물인 모든 오타쿠들의 성지인 라디오회관, 수많은 가챠퐁 머신이 있는 가챠퐁회관, 다양한 잡화를 판매하는 돈키호테, 중고 장난감 매장 만다라케, 중고 서점 북오프 등이 있어 차례로 둘러보았나. 심지어 헝상 니의 끼니를 책임져 주는 마쓰야까지 있다. 아키하바라에 있는 내 마음은 어제의 나카노에서 느끼는 기분(흥분, 신남, 시간개념 상실 등)과 같다. 하지만 나의 지갑은 이미 홀쭉해져 있다는 것...! 아직 일본에서의 시간을 반절도 다 못 보냈는데, 여기서 더 장난감이나 책에 돈을 지출하면 남은 시간동안 식비와 교통비가 부족해진다. 그래서 아까 긴자에서도 최대한 지출을 삼갔었다. 나는 이성의 끈을 붙잡고 오늘 아키하바라에서 약 4천엔 가량만 썼다. 그리고 오늘 저녁은 당연히 마쓰야의 오리지널 카레.

다음으로 아키하바라 역에서 샛노란 전철을 타고, 지난달에도 지지난달에도 왔었던 하라주쿠 역으로 향했다. 아직 시간이 남아 하라주쿠와 시부야 부근을 조금 둘러보고 사키코의 집으로 돌아갈 생각이었다. 그런데 전철 환승 통로를 지나는 도중, 갑자기 모든 사람들의 핸드폰에서 같은 알람 소리가 요란하게 울렸다. 일본에서 난생 처음 들어보는 소리였는데, 그 소리가 워낙 커서 화들짝 놀랄 정도였다. 다른 사람들도 가던 길을 멈추고 핸드폰을 들여다보았다. 하지만 3G 로밍만 되어 있는 나의 핸드폰만 잠잠했다. 방금 울린 것은 분명 유레쿠루(지진 알람)일 것이다. 하지만 흔들림이나 진동은 전혀 느껴지지 않아서 오작동인가 싶었다.

나는 일본 유학 때도 제대로 지진을 겪어 본 적이 없다보니 안전불감증인지도 모르겠다. 한국에서 지진을 느낀 적은 아예 없고, 일본에서는 아주 미세하게 책상이 흔들리는 정도를 두어 번 정도 겪은 게 전부였다.

전철을 갈아타고 난 후 사키코와 부모님, 그리고 한국의 친구들 몇 명에게서 연락이 왔다. 모두 방금 도쿄에 지진이 났는데 괜찮냐는 것이었다. 진짜 지진이 나긴 했던 걸까. 나는 전혀 느끼지 못했기 때문에 오히려 그들에게 정말 지진이 났었는지 되묻자, 안도해 주었다. 그게 참 고맙게 느껴졌다.

하라주쿠와 시부야를 잠시 돌아본 후 다시 사키코의 집으로 향했다. 집 근처 마트에서 레토르트 타코야끼와 소스를 사고 저녁 10시 쯤 도착했을 땐 집에 사키코가 없었고, 오늘 회식을 하니 새벽 늦게 들어올 거라던 사키코의 말이 생각났다. 나는 TV를 틀어놓고 타코야끼를 혼자 쓸쓸히 먹었다.

새벽에 자는 도중, 사키코가 현관문을 열고 들어오는 소리가 어렴풋이 들렸다.

5월 17일 화요일   넷째 날 아사쿠사-시부야-오치아이-산겐자야

그룹면접 당일 아침부터 비가 제법 많이 왔다. 사키코는 이미 출근하고 집에 없었다.

오늘은 출장 다녀올게. 비 많이 오니까 우산 챙기고, 면접 잘 보고 와!

핸드폰을 보니 사키코에게서 메시지가 와 있다. 오늘의 그룹 면접 시간은 오후 세 시. 시간이 여유로워 평소보다 조금 더 화장에 신경쓰고, 저번 같았으면 막 입고 다녔을 정장을 이제야 비닐 커버에서 꺼냈다. 거울 앞에서 각을 잡고 말하는 연습도 해 보았다. 딱히 떨리지는 않았다.

전철을 타고 M사가 있는 아사쿠사 역으로 왔다. 비는 아까보다 물줄기가 훨씬 굵어져 우산을 마구 내리쳤다. 문득, 지난달 이곳의 강가 앞에 혼자 앉아 B사의 건물을 바라보며 씁쓸해하던 기억이 난다. 그땐 이곳에 이렇게 다시 오게 될 줄 몰랐었다.
면접 시간보다 약 한 시간 정도 빨리 도착해서, 역 근처에 있던 가스토에 디저트를 시키고 앉아 3월 취업박람회 때 받았던 M사의 팜플릿을 열심히 읽었다. 혼자 중얼중얼 대사 연습을 하기도 했다. 식당 안에 있던 화장실 거울 앞에서 화장을 고치고, 머리를 묶어 보고, 표정 연습도 해 보았다. 씩 웃으며 꾸며진 미소를 만들어 본 후 화장실에서 나왔다.

M사는 B사의 자회사이지만 B사의 본사 건물 안에 있는 것은 아니고 바로 맞은편의 건물에 있다고 한다. M사로 향하는 길에 비가 너무 세차게 내려 구두 안에 물이 들어가서 발이 축축해졌다. 오늘 유독 열심히 화장한 얼굴에도 빗줄기가 튀었다. 나는 더 이상 비를 맞지 않기 위해 서둘러 M사의 건물 앞으로 달려갔다. 그곳은 장난감 제조 회사답게 건물 외관에서도 다양한 종류의 장난감들이 보였다. 건물 안으로 들어가니 로비에 정장을 입은

밖에서 본 M사 본사의 1층 풍경

몇몇의 여학생, 남학생들이 눈에 들어왔다. 분위기가 워낙 엄숙하고 고요하여 로비 안의 장난감들을 살펴 볼 엄두도 나지 않았다. 로비의 카운터로 갔더니 자리에 앉아서 잠시만 기다려달라고 했다.

로비의 테이블에 홀로 앉아 있던 남학생과 "하지메마시떼(처음 뵙겠습니다)" 하고 서로 어색하게 인사를 나눈 후 자리에 앉아 시간이 흐르기를 기다렸다. 계속해서 학생들이 하나 둘 들어오는 소리가 들렸고, 계속 비어 있던 내 앞자리에 한 여학생이 앉았다. 앞머리가 있는 단발머리에, 굉장히 예쁘고 아담한 체구였다. 그 아이(?)도 같은 테이블에 앉은 나를 포함한 다른 학생들과 인사를 나누었다. 그리고 그 아이는 나에게 "비가 많이 오네요." 하고 말을 건넸다. 나도 "그렇네요…" 하고 어색하게 받아쳐주었다. 붙임성까지 있는 이 아이는 왠지 외모로도 면접 프리패스가 될 것 같았다.

로비 안에 2~30명 정도의 학생들이 모이게 되었다. 아마 이번 그룹 면접을 보는 사람들은 우리뿐만이 아닌 듯 하고 시간대를 보니 아마 우리가 오늘 제일 마지막 순서로 볼 그룹인 것 같다. 다들 아무 말 없이, 여전히 엄숙한 분위기. 핸드폰 시계를 보니 이미 세 시가 지났는데도 움직이라는 얘기를 하지 않았다. 엄숙하고 어색한 기다림의 시간. 이왕 할 거면 빨리 해버리지 싶었다.

얼마 후 직원으로 보이는 여자 분이 로비로 내려와 건물에서 다 같이 나와 맞은편 건물로 이동하라고 안내를 해 주었다. 그 말에 일제히, 나를 포함한 학생들은 자신의 짐을 챙기고 로비를 우르르 빠져나가 패키지 여행자 그룹처럼 그 직원을 따라갔다.

건물에 들어와 인원을 나눠 엘리베이터에 올라타고, 그룹 면접이 행해질 5층에 도착했다. 건물 안은 굉장히 깔끔했다. 작은 세미나실로 보이는 곳에 인도를 받고, 입구에 붙은 조원 명단표를 보고 자신의 그룹 자리에 들어가 착석하라고 한다. 표를 보니 카타카나로 이름이 적힌 외국인은 나 혼자뿐이었다. 내 그룹은 A팀. 테이블 위에는 커다란 종이와 마카 등이 놓여 있었다. 자리에 앉으니 아까 내 앞자리의 예쁜 아이를 제외하고 같은 4인 테이블에 앉았던 세 명이 같은 팀이었다. 한 테이블 당 네 명. 우리는 어색하게 웃어 보이며 서로와 인사를 나누었다. 내 앞에는 남학생이, 그 옆에도 남학생이, 내 옆에는 여학생이 앉게 되었다. 시키지도 않았지만 각자 자리 앞에 놓인 이름표에 이름을 쓰고 가슴에 매단 후 돌아가면서 자기소개를 시작했다. 내 맞은편에 앉은 남학생부터 시작하여 돌아가기로 했다.
"저는 도쿄에서 온 K라고 합니다. 피규어나 로봇에 관심이 많아서 이 회사에 지원하게 되었습니다. 잘 부탁드립니다."
"저는 노쿄에서 온 T라고 합니다. 게임과 카드 제품에 흥미가 많아서 이곳에 지원하게 되었습니다. 잘 부탁드립니다."
"저는 이바라키 현에서 온 F라고 합니다. 저는 특히 식완 샘플을 좋아해서 수집하고 있어요. 잘 부탁드립니다."
내 앞에 앉은 남학생부터 시작하고 내가 마지막으로 말하게 되었는데, 모두 공통적으로 장난감에 관심이 많았다.
"저는 한국에서 온 이스안이라고 합니다. 저는 모든 종류의 장난감을 다 모으고 있고 그 중에서도 리카짱 인형이나 바비 인형같은 키세카에 인형(옷을 갈아 입히는 마론인형류)을 가장 좋아해서 1000체 이상 수집했어요. 잘 부탁드립니다. 오늘 이 팀 안에서 다같이 열심히, 즐겁게 하고 돌아갑시다."
나는 수줍지만 당당하게 하고 싶은 말을 다 했다.
"한국이요?!"

"1000체?!"
"설마 한국 분이 여기에 계실 줄은 몰랐네요."
조원들은 내가 외국인인 것과 수집한 장난감의 갯수를 듣고 놀라워했다. 잠시 후 회사 관계자들이 앞쪽에 나란히 앉았고, 뒤쪽에도 직원으로 보이는 사람들이 대여섯 명 정도 앉았다. 아까 우리를 인솔했던 직원이 사회를 보았고 그 뒤에 보이는 프로젝트 빔 화면에는 〈제 2017년도 M사 채용 그룹 면접〉이라고 적혀 있었다.
"다들 자리에 착석하셨습니까? 모두 이곳까지 오느라 고생 많았습니다. 지금부터 그룹 면접을 시작하도록 하겠습니다."
진행자의 말에 따라 일제히 시선을 정면으로 향한 후 모두 앉은 채로 허리를 숙여 꾸벅 인사했다.
"저희 M사에 대해서 잘 아시는 분도, 잘 모르시는 분도 계시겠지만 대부분 어느 정도 알고 계실 거라 생각합니다. 저희는 아시다시피 B사의 자회사이긴 하지만 다른 회사입니다. 그리고 저기 뒤에 놓인 장난감들이 저희의 대표적인 제품입니다."
뒤쪽으로 시선을 돌리니 M사의 장난감들이 진열되어 있었다.
"저희는 보드게임, 피규어, 교육 교구 등 아이들과 어른들 모두가 함께 즐길 수 있는 다양한 장난감을 연구하고, 제작하고 있습니다. 그리고 오늘 그룹 면접은 4명이 한 팀으로 진행하며, 소요 시간은 약 한 시간에서 두 시간 사이 정도가 되겠습니다. 그럼 지금 바로 미션 내용을 알려 드리도록 하겠습니다. 화면을 봐 주세요."
곧 화면에 '새로운 장난감 기획하기' 라는 문구가 나타났다.
"오늘의 미션은 한 팀이 의견을 합하여 새로운 제품을 기획하는 것입니다. 각 조마다 나눠드린 여분 종이에 회의 내용이나 제품 스케치를 하고, 커다란 흰 종이에 제품 설명을 작성하거나 이미지를 그려서 최종적으로 심사위원들 앞에서 발표를 하게 됩니다. 회의 제한 시간은 30분입니다. 어떤 양식으로 작성하든 자유롭게 진행해 주시면 되겠습니다. 그럼 지금부터 팀원끼리 회의를 시작하도록 하겠습니다."

우리 팀은 그 말이 떨어지자마자 약속이라도 한 듯이 서로에게 자세를 가까이 하고 얼굴을 마주보며 회의를 시작했다.
"지금부터 각자 돌아가면서 자신이 생각해 둔 아이디어가 있다면 얘기를 나눠봅시다."
내 앞자리의 K군이 말했다.
"이것도 아까 자기소개 한 순서대로 가는 게 좋을 것 같아요."
내가 제안한 후, 돌아가면서 각자의 아이템을 말했다. 모두 각자 생각해 둔 아이템을 열심히 설명했고, 상대방의 이야기를 열심히 경청했다. 그리고 내 차례가 되어 평소에 생각해 두었던 장난감 아이디어 중 하나를 말했다.
"제가 생각한 것은 일명 '미래의 배우자 오미쿠지(신사나 절에서 자신의 운세를 점치는 종이를 뽑는 것) 피규어'로, 자신의 미래 배우자가 궁금한 사람이 신사나 절에서 오미쿠지를 뽑듯이 이 피규어를 뽑는 것입니다. 남자는 여자 피규어를, 여자는 남자 피규어를 선택해서요. 동성이 동성을 선택하는 경우도 있을 수 있겠네요. 그리고 상자 안에 미래의 배우자에 대한 설명, 예를 들면 나이나 직업, 취미, 습관 등이 적힌 종이와 그 인물을 형상화한 작은 피규어가 들어 있는 거예요. 그리고 케이스에는 안에 내용물이 정확히 어떤 것이 들었는지 알 수 없도록 합니다. 현재 M사에서 가챠폰 형태의 캡슐은 다루지 않기 때문에 케이스는 작은 상자 형태로 하는 것이 좋을 것 같다고 생각합니다."
나는 조원들에게 열심히 내 아이디어를 설명했다. 다행히도 일본어가 막히지 않고 술술 나왔다. 조원들도 집중하며 경청해 주었다. 나를 마지막으로 각자의 아이템 설명이 끝난 후 가장 괜찮다고 생각하는 아이디어를 채택하여 진행하기로 했다.
"저는 오미쿠지 피규어가 신선하고 재미있다고 생각했어요."
"저도 오미쿠지 피규어가 재미있을 것 같네요."
"여태 본 적 없는 신선한 발상이라고 생각해요. 저도 오미쿠지 피규어를 선택하겠습니다."
고맙게도, 나를 제외한 세 명 모두가 내 아이디어를 선택해 주었다.

"부족한 아이디어를 선택해 주셔서 감사합니다."
나는 쑥스럽게 웃으며 조원들에게 머리를 숙여 감사함을 표했다. 이제 본격적으로 이 아이디어를 발전시키는 단계가 되었다. 그리고 각 조원들이 말했던 내용을 내 아이디어에 결합시키기로 했다.
"종이에 텍스트 설명과 함께 QR코드를 추가해서 그걸 핸드폰으로 인식시키면 그 배우자의 목소리나 영상도 볼 수 있게 하는 건 어때요?"
"오, 그거 좋네요!"
"그럼 이 피규어는 일본의 신사나 절에서만 판매하는 걸로 할까요?"
"우선적으로 그렇게 하는 게 좋지 않을까요? 그런데 신사나 절에 일본인들이 많이 가나요? 오히려 관광객들이 더 많이 가지 않나요?"
"일본인들도 소원을 빌러 많이 가지 않아요? 저는 평소에 잘 안 가긴 하지만, 일본에서 타 지역의 신사나 절에 관광으로 오는 사람도 많을 거라고 생각해요."
"어쩌면 관광 상품의 역할도 할 수 있겠네요."
"그렇죠."
"우선 출시 직후에만 신사에서 판매하고, 그 이후에 서서히 여러 잡화점 등에 납품처를 확대시키는 것도 좋겠어요."
"좋은 생각이네요. 그럼 종류는 몇 종으로 할까요?"
"8종 정도가 어때요? 보통 한 시리즈의 식완 샘플의 종류가 그 정도니까요."
"배우자를 8종 정도로 한정하는 건 좀 적은 것 같으니까, 10종은 넘기는 건 어떠세요?"
"그러면 그 안에 시크릿으로 외국인을 추가하는 건 어때요?"
"그거 재밌겠는데요!"
팀 분위기는 화기애애하고 진지했으며 열정으로 가득했다. 내가 이 자리에 있는 이 순간이 즐겁고 감사하게 느껴질 정도였다. 우리는 서로의 의견을 조합하여 종이에 〈미래의 배우자 오미쿠지 피규어 시리즈〉에 대한 기획안을 채워나갔다. 유일한 미술 전공은 나 혼자 뿐이어서 내가 자세한 그림을 그리는 것을 맡았고, 나머지 조원들도 열심히 설명을 적어 주었다. 열심히 회의하며 여기저기 움직이기도 하고, 자리를 바꿔가면서 칸을 채워나갔다. 하지만 시간이 촉박해서 마지막에는 급하게 칸을 채우느라 정신이 없었다. 주어진 30분은 눈 깜짝할 새에 흘러갔고, 이제 발표의 시간이 다가왔다. 우리 조의 순서는 6개의 조 중 네 번째였다. 앞서 발표하는 조의 설명을 듣고 싶었지만 거리가 너무 멀어 잘 들리지 않았다. 드디어 우리 조의 발표 순서가 왔고, 우리는 커다란 종이를 화이트보드에 붙인 다음 발언 순서대로 나란히 섰다. 발표의 시작은 내가 맡았다. 내 앞에는 여러 명의 심사위원이 앉아 있었고 이 공간 안의 모두의 시선이 우리에게 집중되었지만 이상하게도, 전혀 떨리지 않았다.

"안녕하세요, 지금부터 저희 조의 발표를 시작하겠습니다. 저희 조의 아이템은, 난또(이름하여)! '미래의 배우자 오미쿠지 피규어 시리즈'입니다."
아아, 나도 모르게 '난또'라는 추임새를 넣어버렸다. 손을 살짝 펼쳐 보이는 제스쳐까지 취했다. 아무튼 나는 이어서 심사위원들에게 아이템에 대해서 간략하게 또박또박 설명했다. 의도한 건 아닌데, 나는 말하는 내내 활짝 웃고 있었다. 내 스스로 신이 났던 것 같다. 그리고 내 뒤로 조원들이 순서대로 설명을 이어갔다. K군이 부가설명을 이었고, 그 다음으로 T군이 설명할 차례가 되었다.
"아... 이... 이 제품은…."
하지만 T군은 많이 긴장한 듯 말을 제대로 이어나가지 못했다. 그런 T군에게 K군이 옆에서 "다이죠부, 다이죠부(괜찮아, 괜찮아)"하고 속삭였다. T군은 처음에 잠깐 말을 더듬더니 다행히도 무사히 설명을 잘 마쳤다. 마지막으로 F양까지 발표를 잘 마치면서 각자 조원들마다 비슷한 분량으로 발표를 할 수 있었다. 그 후에는 심사위원들의 질문이 들어왔고, 모두 어느 정도 예상했던 질문들이라 나와 K군이 잘 답변했다. 하지만 다른 팀보다 질문 횟수가 적은 것이 살짝 마음에 걸렸다. 하지만 조원들이 내 아이디어를 채택해 주고 열심히 잘 해 주어서 그저 고마운 마음이었고, 뿌듯하기도 했다.

여섯 개 조의 발표가 모두 끝난 후, 우리는 다시 자리에 돌아가 착석했다. 이번에는 사회자가 학생들에게 종이를 나눠 주었다.
"여러분, 수고 많으셨습니다. 지금 나눠드린 종이는 설문지인데요, 이것을 다 작성해 주시는 대로 귀가하시면 됩니다. 이번 그룹 면접의 결과는 이번 달 24일에 메일로 통지하도록 하겠습니다."
종이를 살펴보니 몇 개의 질문이 있었다. 뿌듯함과 고마움, 이제 오늘의 면접이 거의 끝났다는 안도감은 당혹감으로 뒤바뀌었다. 나는 일본어를 말하는 건 나름 자신이 있지만 한자가 아직 부족하기 때문에 문장을 쓰는 건 젬병이기 때문이다...!
설문지에는 이력서에 적혀 있던 질문인 '이 회사를 지원하게 된 계기', '회사에서 하고 싶은 일' 등이 있었고, '조원들 중 회사에서 함께 일하고 싶은 사람 한 명의 이름을 쓰시오' 라는 질문도 있었다. 함께 일하고 싶은 사람은 그나마 제일 리더십이 있다고 느낀, 내 맞은편에 앉았던 K군의 이름을 적었다. 그리고 나는 한자를 모르는 단어는 그냥 히라가나로 썼다. 수정펜이 없었기 때문에 쓰다가 틀린 부분은 펜으로 긋고 말았다. 이 때 나는, '아, 여기서 나는 안 되겠구나' 싶었다.
결국 내가 제일 마지막으로 설문지를 제출하고 회장을 빠져나왔다. 남아 있던 직원들에게 최대한 공손하게 인사를 한 후 세미나실에서 나왔다. 그리고 우산을 깜빡한 걸 알아채고 다시 안으로 들어가 한 번 더 인사를 한 후 완전히 건물 밖으로 나왔다.
빗줄기는 아까보다는 더 얇아져 있었고 하늘은 더 어둑어둑해져 있었다. 시간은 5시를 훨씬 넘기고 있었다. 이번 달, 내가 도쿄에 온 목적인 오늘의 그룹 면접은 이번 일정 중 가장 재미있는 경험이었다. 아니, 올해 2,3,4,5월의 일본 일정 중 가장 즐거운 순간이었다. 면접을 봤다는 기분보다는 활동적인 대학교 수업을 하나 듣고 나온 기분. 흠뻑 즐기고 나왔다. 결과는 나중에 생각하기로 하고, 오늘 내 자신에게 수고했다는 말을 해 주고 싶다.

아사쿠사에서 시부야로 왔다. 친구 리사를 만나기 위해서다. 리사는 도쿄 유학 시절, 내 호스트 씨스터(유학생 한 명 당 일본인 학생 한 명을 붙여 유학 생활에 도움을 주는 학생)였기에 유학을 시작함과 동시에 제일 먼저 친해진 동갑 친구이다. 유학을 마친 후에는 서로 시간이 안 되어 여태 만날 시간이 없었기에 이번이 거의 1년 만의 만남이다. 나의 제안으로 우리는 만나자마자 가스토로 향했다. 리사는 현재 은행에서 근무하고 있으며 이미 사회생활 2년차인 어엿한 사회인이 되어있었다. 그러고 보니 내 일본인 친구들은 대부분 사회인이다. 현재 취업 빙하기인 한국과는 상반되게, 내 일본인 친구들은 대부분 꽤 괜찮은 회사에 취직하거나 일부는 대학원에 진학하여 꿈을 위해 공부를 계속하고 있다.

나는 리사에게 오늘 있었던 면접에 대한 소감을 줄줄 읊었다. 마지막 설문지를 엉망으로 썼다는 말에는 리사도 조금 불안한 눈치였다. 하지만 외국인이니까 어느 정도 이해해 줄 지도 모르고, 면접을 재밌게 보고 왔다면 분명 좋은 결과가 있을 것이라고 격려해 주었다. 오늘 내 일정이 빡빡한 탓에 리사와는 두 시간 정도만에 헤어져야 했는데, 식사 값이 내가 아무리 말려도 리사가 계산해 주었다.

"다음에 스안짱이 사회인이 되면, 그때 쏴."

리사와 헤어지고 난 후 급히 전철을 타러 가는 길에 한 회사원이 나에게 말을 걸어왔다.

"저기, 실례지만 바쁘지 않으시다면 커피 한 잔 어때요?"

그는 나보다 족히 10살은 더 많을 것 같았다. 이런 일은 유학 때도 시부야에서 지겹도록 당했다. 내가 그만큼 매력적인 여자라기보다는, 시부야 자체에 이런 난파(헌팅)가 많다.

"죄송합니다. 제가 외국인이라서…"

"아, 외국인이에요? 중국? 한국? 대만?"

"한국이요."

"오, 일본에서 취업 준비 하시는 건가요?"

"저기, 죄송해요. 제가 정말 지금 급해서…"

서서히 나에게 대화를 붙일 낌새였기에 나는 황급히 가던 길을 갔다. 저 아저씨는 외로운 것일까, 아니면 이상한 길로 끌어들이려는 업자인 것일까.

전철을 타고 오치아이 역에 도착하여 사키코의 집에 놓고 온 캐리어와 짐을 가지러 갔다. 현관 앞에 도착하여, 초인종을 눌러보았다. 여분 키는 갖고 있었지만 혹시 사키코가 퇴근하고 돌아와 있을 지도 몰랐기 때문이었다. 하지만 아무런 인기척이 없어 열쇠로 문을 열고 안으로 들어갔다. 그러자 옷도 갈아입지 않고 침대 위에 뻗어 있는 사키코의 모습이 보였다. 사키코는 내가 방으로 들어와도 알아채지 못했다.
"사코, 다녀왔어. 나 짐만 갖고 바로 나갈게."
나지막이 말했더니 사키코는 그제야 눈을 떴다.
"어… 스안짱, 왔어?"
오늘 출장을 다녀왔다더니 무지 피곤해 보였다. 아마 새벽에 회식을 마치고 돌아와 잠도 몇 시간 못 자고 출근한 탓일 것이다. 사키코에게 면접이 즐거웠다느니 어쨌다느니 말을 걸 새도 없이, 나는 급히 캐리어와 짐을 정리했다. 피곤해하는 사키코를 위해 최대한 이 집에서 빨리 나가 주고 싶었다. 하지만 장난감을 과하게 많이 산 탓에 짐은 너무 많이 불어나 있었다. 나는 이것들을 어떻게 하나 하고 잠시 고민을 한 후 조심스럽게 사키코에게 물었다.
"저… 사코. 정말 미안한데 혹시 다음에 올 때까지 구두랑 가방 맡아줄 수 있을까…? 자리 차지하지 않도록 침대 밑에 넣어 둘게. 정말 미안해…"
"아, 괜찮아! 신경 쓰지 말고 다음에 가지러 와."
정장용 구두와 가방은 한국에서는 사용할 일이 없었고, 조만간 다시 도쿄에 올 수도 있다는 생각에 사키코의 침대 밑에 놓아두기로 했다. 미친 듯이 장난감을 사댔더니, 결국 저번에 마이짱에게 한 짓을 또 사키코에게 저지르고 말았다. 집 밖까지 배웅해 주려는 사키코를 말리고 작별인사를 한 다음, 혼자 집에서 나왔다. 항상 생글생글 웃던 사키코가 저토록 피곤해하는 것은 처음 보았다. 괜히 나 때문에 더 그런 것 같아 미안한 마음에 전철에 올라탄 후 사키코에게 메시지를 보냈다.

사코, 이번에도 재워 줘서 정말 고마웠고 매번 이렇게 민폐를 끼치네. 오늘 그룹 면접은 재밌게 보긴 했는데, 결과는 기대 안하려고. 짐은 다음 달에 다시 도쿄에 오게 될 진 모르겠지만, 못 오게 되더라도 곧 다시 가지러 올게. 많이 피곤해 보여서 너무 미안하더라.
푹 쉬고, 일 쉬엄쉬엄 해! 다시 연락할게.

다음으로 향한 곳은 산겐자야에 있는 슈탄 언니의 집. 지난달에도 잠깐 왔지만 이번에는 하루 묵기로 했다. 언니는 쿠키를 데리고 역 앞에서 마중 나와 있었다. 쿠키는 저번처럼 나를 격하게 반겨 주었다.
언니는 이번에도 나에게 매우 잘 해 주었다. 집으로 가는 길에 들른 마트에서 고른 맥주와 과자를 전부 계산해 주었고, 나를 맞이하기 위해 오랜만에 집 청소도 했다고 했다.
집에 도착한 우리는 함께 맥주를 마시며 취업준비에 대한 주제로 신나게 수다를 떨었다. 특히 오늘 그룹 면접은 정말 재밌고 신나는 경험이었다고 말했더니, 언니는 이미 몇 차례 그룹 면접을 봤지만 딱히 재밌다고 느낀 적은 없다고 했다. 그리고 언니도 내게, 즐기고 왔다면 분명 좋은 결과가 있을 거라고 말해주었다.
결과는 아직 알 수 없고 이 면접이 내 인생의 처음이자 마지막 면접이 될 수도 있지만, 나에게 있어서 오늘의 그룹 면접은 정말 소중하고 값진 경험이 된 것이 분명했다.
바닥이 딱딱하니 침대에서 같이 자자는 언니의 배려를 극구 마다하고 나는 바닥에서 자겠다고 했다. 이불보가 조금 얇아 정말 바닥이 딱딱하긴 했지만 언니의 극진한 대접 때문인지 별로 불편하게 느껴지진 않았다. 자기 전 핸드폰을 보니 사키코에게서 답장이 와 있었다.

이번에도 사코네 게스트하우스를 이용해 주셔서 감사합니다^_^
스안짱, 너무 미안해하지 마. 오히려 내가 바빠서 잘 챙겨주지 못해서 미안해. 취업활동 열심히 하고, 꼭 좋은 결과 있을 거야! 다음에도 사코네 게스트를 이용해주세요!

슈탄 언니의 집

5월 18일 수요일   마지막 날   산겐자야-도쿄 역-나리타공항

한국으로 돌아가는 날. 저녁 비행기라 낮까진 여유롭다. 아침에 일어나니 언니가 샌드위치를 만들어 주었다. 나갈 준비를 한 후 대학원 수업을 듣기 위해 학교에 가는 언니를 따라 나섰다. 언니가 수업을 듣는 동안 나는 내가 이 학교에서 유학할 당시 보호자와 다름없이 챙겨주었던 국제교류센터로 가 보기로 했다. 이곳은 2015년 3월에 도쿄에서 유학을 마치고 학생증을 반납하며 그동안 챙겨주셔서 감사하다는 편지를 건네드릴 때 마지막으로 왔던 곳이라 1년이 더 지나서 찾아온 것이다. 당시 센터장이었던 U선생님은 제일 많이 얼굴을 본 분이었는데, 지금은 다른 곳인 교무팀에 부임하고 계셨고, 대신 K선생님이 나를 반겨 주었다. K선생님과도 당시 수업에 관련해서 많이 뵈었던 분이라 센터 안의 테이블에 둘이 앉아 오랜만에 근황을 얘기했다. 이분은 젊은 남자분이고 내가 유학 당시 같은 교환학생이었던 대만인 친구와 사귀고 있었다고 하는데(그 사실을 알고 너무나도 충격을 먹은 기억이 난다), 지금은 어떠한지 차마 그 얘기는 꺼낼 수가 없었다. K선생님에게 현재 일본으로 취업준비를 하고 있다고 하자 이런저런 조언을 해 주셨고 내가 한국에 돌아간 직후에는 메일로 완구 관련 기업에 대한 정보를 모아서 보내 주셨다. 얼마나 감사했는지!
그리고 K선생님을 안내를 받고 이번에는 U선생님을 뵈러 교무팀으로 향했다. 오랜만에 뵌 U선생님도 나를 반갑게 맞아주셨다.
"스안상, 웬일이에요! 정말 오랜만이네요!"
U선생님은 하던 일을 멈추고 자리에서 나오셨다.
"선생님, 오랜만에 놀러왔는데 빈손으로 와서 죄송해요. 그리고 유학 때 행사에 참가한다고 신청해놓고 거의 매번 늦잠 자느라 빠져서 죄송해요."
"아니에요! 다시 찾아와 준 것만으로도 정말 고마워요."
"이 학교는 도쿄에서 많은 추억을 만들어 준 곳이기 때문에 계속 찾아오게 돼요. 덕분에 도쿄에서 정말 행복한 유학시절을 보냈어요."
그 말을 하는데 눈물까지 찔끔 날 뻔했다. U선생님과 마주보며 얘기를 하다 보니 즐거웠던 유학 시절이 새록새록 떠올랐다. 나는 신나서 U선생님에게 유학 시절의 얘기나 취업 준비에 대한 얘기를 마구 풀었다.
"선생님, 그럼 다음에 또 놀러올게요!"
"나는 이렇게 다시 찾아와주는 학생들이 너무 고마워요. 스안상, 꼭 또 놀러오세요."
선생님들의 얼굴을 뵌 후 학교 안에서 슈탄 언니와 다시 만나 학생식당에서 점심을 먹었다. 유학 때 항상 먹던 간토풍 우동! 오랜만에 다시 먹으니 옛날로 돌아간 느낌이었다.
다음 수업이 있는 슈탄 언니와도 헤어진 후, 나는 학교에서 나왔다. 아직 공항에 가기까지는 시간이 좀 있어 지난달에도 갔던 빌리지뱅가드에 들어가 구경하고 동네도 여기저기 둘러보며 시간을 보냈다.
이제 캐리어와 짐을 가지러 언니 집으로 다시 가야 했다. 하지만 언니 집이 있는 동네는 민가가 미로처럼 얽히고설킨 곳. 이미 여러 번 갔던 곳이니 지도를 보지 않고도 대충 찾아갈 수 있겠다 싶었지만 완벽한 나의 착오였다. 전에도 길을 잃은 적이 있었지만 어쩌다 간신히 찾아냈었다. 하지만 오늘은 쉽게 찾지 못했다. 동네는 상상 이상으로 복잡한 곳이라 나는 한 시간 가까이 같은 곳에서 빙빙 돌았다. 비행기는 6시 50분 비행기였는데, 시간은 이미 네 시가 다 되어 가고 있었다. 나는 언니에게 다급히 연락해서 집 주소를 물었고, 그제야 지도 어플로 언니의 집을 간신히 찾아냈다. 갖고 있던 여분 키로 현관문을 확 열고 내 짐들을 낚아채듯 가지고 나왔다. 케이지 안에 있는 쿠키와 인사 할 시간도 없었다. 당장이라도 빨리 역으로 가야 했다. 공항까지 택시로 간다면 어떻게든 시간에 맞출 수 있을 것 같았지만 아마 한화로 5~60만원 정도의 요금이 예상되었기 때문에 엄두가 나지 않았다. 나는 이미 공항에 도착해야 하는 시간에 전철에 올라탔고, 자리에 앉고도 땀이 계속해서 흘러내렸다. 마치 한여름의 태양 밑에 있는 듯이 몸에서는 열이 올랐고 거친 한숨을 내쉬었다. 나리타공항에 가기 위해서는 도쿄 역에 있는 버스 터미널에서 공항 직통 버스를 타야 했다. 산겐자야 역에서 도쿄 역까지는 시부야 역에서 한 번 환승을 해야 했고, 40분가량의 시간이

산겐자야의 골목

걸렸다. 그 40분 내내 심장을 졸였고, 교통편 어플로 공항으로 가는 버스의 시간을 계속 확인했다. 도쿄 역에 내린 후, 앞으로 5분 후에 출발하는 나리타공항 행 버스를 찾아야 했다. 도쿄 역은 워낙 커서 버스 터미널을 찾기까지는 많은 시간이 걸렸다. 역 직원들에게 묻고 물어 간신히 버스 터미널을 찾아내고, 버스에 올라탔다. 그 때 시간은 약 네 시 반 쯤. 소요시간은 앞으로 70분이 걸린다고 한다. 하지만 6시50분 비행기라 늦어도 공항에 5시 반에는 도착해야 했다. 이대로 간다면 발권 게이트를 마감하고 나서 공항에 도착할 게 뻔했다. 설상가상으로 꽉 막힌 도로와 느릿느릿 움직이는 버스가 답답해서 미칠 지경이었다. 거의 자포자기한 심정이었지만 지푸라기라도 잡는 심정으로 항공사에 전화를 걸어 발권 마감시간을 조금만 늦춰줄 수 없는지 물었다. 그 당시의 내 목소리는 거의 흐느끼고 있었다. 하지만 돌아오는 대답은 그쪽에 메모는 남기겠지만 장담할 수는 없다는 것이었다. 나는 처절하게 애원하는 목소리로 제발 좀 부탁드린다고 애걸복걸했다. 그리고 버스 안에서의 70분 내내 나는 여전히 심장을 졸이고 있었다. 아마 이번 일로 수명이 5년은 줄었을 게 분명하다. 서서히 공항이 보이기 시작했고, 버스에서 내린 시간은 5시 45분, 발권 부스 마감 시간은 5시 50분. 나는 내리자마자 미친 듯이 발권 부스로 달려갔다. 다행히도 세이프! 내가 제일 마지막이어서인지, 캐리어 무게가 훨씬 초과되었는데도 그냥 넘어가 주었다. 정말이지 5년이 아니라 십년감수했다. 살면서 이만큼 심장을 졸여 본 적은 없을 것이다. 다시는 겪기 싫은 경험이다.

인천공항에 도착하니 저녁 9시, 리무진 버스를 타고 집에 도착하니 밤 11시. 비행기를 놓칠까 심하게 안절부절못했던 탓인지 집에 도착하자마자 거의 정신을 잃었고, 다음 날 제때 일어나지 못해 자체휴강이 되었다. 집에서 한가롭게 휴식을 취하던 중, 핸드폰에 모르는 번호로 전화가 걸려왔다. 받아 보니 인천공항이었고, 내 여권을 주웠단다. 그제야 나는 여권이 나에게 없다는 걸 알아차렸다. 여권은 착불로 받기로 했다.
정말 매번 정신을 어디다 두고 다니는 건지.

나리타공항에서 나의 마지막길을 배웅해 준 등신대 인형

이번에 산 장난감과 책들

일본 어딜 가도 보이는 아라시

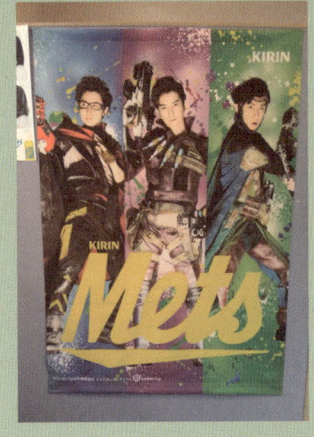

그 후

M사의 결과 통보 예정일은 아침부터 초조했다. 하루 종일 계속해서 메일함을 들락날락댔지만 결국 당일에도, 그 다음날도 결과 통보 메일은 오지 않았다. 분명 사회자가 면접이 끝날 때 쯤 발표일은 '고가쯔 니쥬욕까(5월 24일)'라고 말해주었는데 혹시 내가 잘못 들은 건가, 하지만 당일에 연락이 오지 않았다는 건 결국 불합격이라는 얘긴가, 아니면 회사 사정상 결과가 늦어지는 것인가 하고 이런저런 생각을 하며 불안에 떨고 있었다.

그리고 이틀 후, M사에서 메일이 도착했다.
...메일을 열어 본 순간 납득하기 힘들었지만 바로 납득이 갔다. 아무리 면접을 자신 있게 보았다고 해도 나는 마지막 설문지를 엉망으로 쓰고 왔으니까.
그런데, 왠지 한편으론 불합격에 대한 '안도감'도 들었다. 나는 내가 흥미를 느끼는 나라인 일본에서 살고 싶었던 것뿐이지 회사원이 되고 싶었던 건 아니었기 때문이다. "너는 취업준비를 일본 여행 하려고 하는 것 같다"고 말하던 친구들의 말이 떠올랐다. 그리고 아직 내가 진심으로 하고 싶은 일을 정확히 정의내리지 못했고, 더 경험해 보고 싶은 것이 많았다.
부모님도 결과를 듣고 크게 실망하시지는 않았다. 오히려 이렇게 말씀하셨다. "사실 나는 너한테 취업도 한번 도전해 보라고 제안했던 것뿐이지 너가 그냥 회사원이 되는 건 내 기대감에 한참 못 미쳐."
자기합리화일지도 모르지만, 만약 내가 M사에 합격이 되어 바로 다음 해에 일본에 터를 잡고 회사원 생활을 시작했다면 1년도 안 되어 회사에서 뛰쳐나올 게 불 보듯 뻔하다. 나는 이것저것 하고 싶은 일이 너무 많고, 공상을 많이 하고, 남이 시키는 일을 하는 것을 좋아하지 않는 성격이니까. 합격하길 바랐던 것은 합격이라는 기쁨과 승리감, 인정을 받았다는 뿌듯한 기분만을 느끼고 싶었던 건 아닌지.

취업준비를 제대로 해 봤다고 하기도 힘들지만, 내 스스로 취업준비는 이걸로 끝이라고 결론지었다. 잠깐 발만 담그고 경험해 본 것으로 충분하다는 생각이 들었기 때문이다. 그리고 이번의 실패는 오히려 새로운 생각과 새로운 출발을 하게 해 주는 계기가 되었다.

2016년, 취업준비와 5학년(초과학기) 1학기가 끝난 뒤 나는 5학년의 여름방학 내내 퇴고와 책 편집 작업에 몰두했다. 책의 내용은 오사카에서 5주 동안의 자유여행, 반년간의 도쿄 교환학생, 5개월간의 후쿠오카 교환학생 총 1년간의 일본 생활기였다. 유학 당시 거의 매일 일기를 쓰고 사진을 찍어 두었기 때문에 그 자료들을 바탕으로 다시 글과 사진을 다듬었다.
취업활동을 시작하기 전의 얘기로 돌아가자면, 2015년 4학년 2학기를 마친 직후 겨울방학 내내 일본에서 쓴 일기장의 글을 다듬는 작업에 몰두했고, 2~30군데의 출판사에 원고를 투고했지만 그 어느 곳도 내 글을 받아주는 곳이 없었다. 가끔 감사하게도 원고에 대한 피드백을 주는 출판사가 몇 군데 있었는데, 글의 내용이 너무 개인적이라는 의견이 대부분이었다. 유학 에세이가 그럼 개인적이지 대중적이겠나 싶었지만, 내 글은 내 스스로만 이해할 수 있는 내용이 많았고 많은 교정교열이 필요한 게 분명했다(아마 이 글도 마찬가지일지도 모른다). 하지만 만사 제치고 열심히 준비한 원고가 그 어느 곳에서도 인정받지 못한 것에 대한 좌절감은 너무나도 컸다. 나는 한동안 아무도 만나지 않고, 감당할 수 없는 우울감에 방 안에서 히키코모리처럼 처박혀있기도 했다. 그리고 그 원고는 한동안 노트북 깊숙한 곳에 방치해두었다. 그리고 새 학기가 시작됨과 동시에 일본으로의 취업준비 활동도 시작되어 한국에서의 학교생활과 병행하느라 바쁜 나날을 보냈다.

결과적으로 취업준비활동에 누군가에게 자랑할 만한 결과를 내지 못하고 내가 진정으로 하고 싶은 일에 대해 좀 더 고민하던 나는, 방치해 둔 글이 계속 맘에 걸렸다. 모든 곳에서 거절당한 원고를 다시 들추어보는 일은 많은 용기가 필요했다. 내 스스로 애써 덮어 둔 상처를 다시 후벼파는 것이기 때문이었다. 하지만 용기를 내어 노트북을 펼쳐 글이 담긴 파일을 열었고, 글을 다시 읽어 보면서 나는 눈물을 펑펑 흘렸다. 모든 곳에서 거절당했었다는 상처, 열심히 쓴 글을 방치해 두었다는 과거의 내 자신에 대한 미안함, 글을 읽으며 되살아나는 유학 시절에 대한 추억과 그리움이라는, 복합적인 감정이었다.

글을 읽으며 스스로 원고를 고쳐 가던 나는 어떻게든 이 글을 세상에 내보이고 싶었다. 그래서 책을 디자인하는 프로그램을 독학하고 몇 번이고 수정 작업을 거쳐 가며 만사 제치고 이 작업에만 몰두했다. 틈만 나면 서점에 출석하며 많은 책들을 들여다보고, 연구하고, 아침에 일어나면 작업, 밥 다 먹고 나서 작업, 자기 전까지 작업, 밤을 샐 때도 작업, 잘 때도 작업 생각이었다. 나는 책을 만드는 과정에 완전히 미쳐있었다. 그리고 결국 여름방학 안에 책 한 권을 완성해냈다. 페이지 수는 386쪽으로 생각보다 많은 양이 나왔다.

처음에는 책 제목을 〈나의 알록달록 니뽕〉으로 지었다. 일본을 칭하는 일본어 '니혼'말고도 같은 의미인 '니뽕'이 더 발랄하고 튀는 느낌이 들었기 때문이다. 하지만 인쇄 직전, 막 완성된 책을 홍보하는 과정에서 주변 몇몇 사람들에게서 이 '니뽕'이라는 단어에 일본 제국주의를 상징하는 의미가 있다는 얘기를 듣게 되었고, 그것을 확실히 입증할 만한 명확한 근거는 찾지 못하여 이 제목을 두고 정말 많은 고민을 했다. 하지만 우리나라는 일본에 깊은 상처를 가진 나라이기 때문에 아무래도 마음에 걸려, 제목을 〈나의 알록달록한 일본〉으로 바꾸었다. 문제 제기를 해 준 사람들에게도, 같이 고민해 준 사람들에게도 감사한 마음이다.

그리고 나는 책을 찍어내기 위해 인쇄소를 알아보았고, 올컬러인데다 페이지 수가 많았기 때문에 인쇄비용은 100부 이하 소량인데도 예상보다 훨씬 많은 돈을 필요로 했다. 친구들과 지인들, 블로그를 통해 일부 선주문을 받은 돈으로는 많이 부족했기 때문에 부모님께 반 이상을 빌려 인쇄를 진행했다. 인쇄는 하루만에 완성되어 집에 택배로 도착했는데, 처음으로 책이라는 형태로 완성된 내 원고를 펼쳐보았을 때의 울컥함을 잊지 못한다.

하지만 받아 본 책은 생각보다 교정할 부분이 너무 많았고, 편집 디자인 실수도 많았다. 게다가 책이 깊이가 있지 못하고 블로그의 가벼운 글을 보는 것 같다는 평도 많았다. 주변에서 책을 출판했다는 것에 대한 칭찬과 격려는 많이 받았지만, 책 내용에 대한 호평은 많이 받지 못했다. 그래도 내 첫 책 〈나의 알록달록한 일본〉은 여러가지로 부족함도 부끄러운 점도 많지만 정말 열심히 준비했기에 첫째 아이처럼 애착이 가는 책이기도 하다.

여름방학 내내 글을 다듬고 책을 만들면서, 나는 잊고 있었던 어린 시절이 떠올랐다. 생각해보니 나는 내가 최초로 기억하는 순간부터 언제나 항상 그림을 그리고 책을 읽고 있었다. 조금 더 큰 초등학생 시절에는 방구석에서 미친 듯이 그림을 그리고 글을 쓴 것을 호치키스로 찍어 쉴새 없이 나만의 책을 찍어내며 '손전등 출판사'라는 출판사를 만들기도 했다('손전등'이라고 이름을 붙인 것은 손전등처럼 책으로 세상을 비추겠다는 나름 장대한 뜻을 담은 것이었다). 만화책을 수집하여 방 안에 만화방을 만들기도 했고, 툭하면 엄마에게 서점에 데려다 달라고 떼를 썼으며 학창시절에는 학급도서위원이나 교지편집부 팀장을 맡기도 했다. 나는 장난감도 마찬가지지만, 책에 '미친' 아이이기도 했다.

서점에 다니며 책을 읽고 사는 일, 글을 쓰는 일, 책을 디자인하고 제작하는 과정에 그 무엇보다도 흥미를 느낀 나는 책을 만드는 것을 내 취미이자 직업으로 삼기로 결정했다. 남의 책이 아닌, 내가 기획한 책을 조금이라도 빨리 만들고 싶었던 나는 출판사에 취직하는 것을 포기하고 본격적으로 나만의 출판사를 만들기로 결심했다. 그리고 앞으로는 내 습관, 행동, 생각, 연구 등 생활의 모든 것을 책과 책을 제작하는 회사를 만드는 데 몰두하기로 했다.

물론 장난감을 수집하는 취미와 일본에 들락날락 하는 것도 멈추지 않았다.

2016년 8월에 출간된
〈나의 알록달록한 일본〉

첫 책이 완성되고 난 직후 개강과 함께 출판사 창업에 대한 공부를 시작하기로 했다. 학교생활은 저절로 우선순위에서 밀려났다. 학점 관리나 취업 준비도 이제는 더이상 내 관심사가 아니었다. 나는 매일 서점과 도서관을 드나들며 최대한 많은 책을 읽으려고 애썼으며 출판사 창업에 관한 서적도 닥치는 대로 사서 읽었다. 그런 나에게 한 대학 친구가 "학교 안에 학생 창업 지원 제도 있을걸? 한번 찾아 봐." 라고 말해 주었고, 그제야 나는 교내 창업지원단의 존재에 대해서 알게 되었다. 대학을 4년 이상 다니면서도 전혀 모르고 있었던 창업지원단은 내가 다니는 입체미술과 건물 바로 근처에 있었고 그곳에는 창업을 열심히 준비하는 학생들도, 이미 창업한 학생들도 많았다. 그들은 각자 젊은 열정을 불태우며 자신의 꿈을 향해 나보다 앞서 달려가고 있었다. 나도 그들을 보며 많은 자극을 받았다. 나는 단지 글을 쓰는 작가가 아닌, 책을 직접 기획하고 회사를 경영하는 사람이 되고 싶었고, 내가 좋아하는 장난감과 책을 결합한 '키덜트 분야 서적 출판사'를 세워 독특하고 다양한 주제의 신선한 책을 만들고 싶었다. 글을 쓰고 본문을 디자인하는 작업도 흥미롭지만 이런저런 주제의 책을 기획하며 노트에 글을 끄적이고 메모하는 순간도, 서점에서 책을 넘겨보며 이 책은 어떤 과정으로 만들어졌을지 상상하는 순간도, 책의 가운데에 코를 박고 종이 냄새를 맡으며 책을 만지는 것도 정말 좋았다. 다른 책을 이리저리 살펴보며 연구하는 것도 마냥 즐거웠다. 진정 내가 무얼 하고 싶은 지 찾았다는 확신이 들자 그와 관련된 모든 활동과 시간이 내 가슴을 쿵쿵 뛰게 하고, 열정적인 사람으로 만들었다.

여태 미술과 일본학이라는 짧지 않은 두 길을 걸어왔던 나는, '책의 길'이라는 새로운 길도 앞으로 내가 걸어갈 길로 정했다. 미술에서 책으로 전향하기로 마음먹은 나에게 여러 사람들이 왜 그렇게 막다른 길로 가느냐고 물어왔다. 하지만 책을 만드는 데 미술적인 감각은 반드시 필요한 요소임에 틀림없었고, 본문 디자인이나 삽화를 내가 직접 그리기도 했다(하지만 아직 많이 부족한 실력이고, 공부해야 할 것도 많다는 걸 느낀다). 애니메이션이나 피규어, 인형 등 키덜트 분야에는 일본이 대국이니 앞으로 일본에

취재를 갈 일이나 일본의 출판사와 거래할 일도 생길 것이 분명했기에 여태 공부한 일본학도 나에게 큰 자산이 될 것이라 확신하고 있다.
아무튼 나는 출판사를 차리기로 마음먹었기에, 창업과 경영에 대한 공부를 해야 했다. 개강 이후 창업지원단에 쉴새없이 들락날락하며 창업 관련 교육이나 행사, 캠프 등에 열심히 참가했고 틈틈이 글을 쓰는 것도 잊지 않았다. 앞서 일본 교환학생에 대한 경험을 써 냈으니, 그 다음은 올해 내가 일본에서 잠시 취준생이었던 경험을 이어서 쓰기로 한 것이다. 2,3,4,5월의 일본 여정을 최대한의 기억을 살려 기록해 놓은 후 올해 10월 초에 일본에 다시 가게 되면서 총 5장의 글을 완성해 나갔다. 그 와중에도 창업 공부를 열심히 하며 교외 창업캠프에서 상을 타기도 했다. 그리고 사람들 앞에서 내 사업계획을 여러 차례 피칭하며 열정적으로 어필한 결과, 창업지원단의 창업동아리에 선발되어 적지 않은 지원금도 받을 수 있었다. 그렇게 해서 이 책이 더 넓은 세상에 나올 수 있게 된 것이다. 하지만 동업자 없이 나 혼자서 회사를 만든다는 것은 쉬운 일이 아니었다. 나 혼자서 경영하고, 글을 쓰고, 디자인을 하고, 인쇄소를 알아보고, 배본사와 서점과 계약하는 것은 간단한 일은 아니었지만 진정 내가 원하는 일을 하고 있기에 매순간이 두근거리고, 꼭 이 세계의 프로가 되고 싶다고 느낀다. 참신하고 독특한 책을 계속해서 만들며 매번 나올 책을 독자들이 기대하고, 읽고 진심으로 즐거워하는 출판사로 자리잡고 싶다.
쓰다 보니 자만심이 묻어나는 구절이 꽤 보인 것 같아 부끄럽지만 내 꿈이 바뀐 과정과 그에 대해 노력했던, 그리고 노력하고 있는 것을 솔직하게 말하고 싶었다. 그리고 내 스스로 느낀 것은, 내가 진정으로 뭘 해야 할지 깨닫고 나니 머리가 모터처럼 내 몸에 에너지를 가동시켜, 그 일에 대한 모든 것이라면 지치는 것 없이 열정적으로 임할 수 있게 되었다는 것이다.

5월 전까지의 여정에 대한 초고를 얼추 완성시켜 놓은 후, 나는 오랜만에 바람을 쐬기 위해 친구들을 만나러 다시 일본으로 가는 티켓을 끊었다. 당연히 이번 여정에서 겪은 일도 글로 기록하기로 마음먹었다. ●

다섯 번째 여정

후쿠오카 히로시마

2016.10.6 ~ 13
7박 8일

5월 이후 일본으로의 취업준비를 완전히 접고
다시 시작된 학교생활과 첫 책을 만드는 작업에 바빠
한동안 일본에 가지 못하고 있었다.
아무래도 일본이, 그리고 2015년 5개월간 살았던
후쿠오카와 친구들이 그리워 다시 티켓을 끊었다.
그리고 친구 U짱도 만나기 위해
2박 3일간의 히로시마 일정도 넣었다.
후쿠오카에서는 마냥 즐겁고 행복했지만
난생 처음 가는 히로시마에서는
머리아픈 일만 가득했는데...!

10월 6일 목요일   첫째 날 후쿠오카공항-센의 집

"너는 오늘 잘 못 걸린 줄 알아!"
후쿠오카로 떠나는 당일, 나는 학교에서 오전 수업을 듣고 난 다음 바로 공항으로 향해 저녁 여섯시 반 비행기를 탈 예정이었다. 오랜만에 일본에 간다는 설렘은 호통 소리로 와장창 깨지고 말았다.
나는 오늘 아침 수업에서 교수님께 호되게 꾸중을 들었다. 그것도 나보다 어린 후배들 앞에서. 덕분에 수업 분위기는 심각하게 엄숙해졌다. 하지만 나는 혼나도 싼 입장이었다. 저번 주 수업시간 도중에 약간 산만해진 수업 분위기를 틈타 몰래 빠져나온 전적이 있었기 때문이다. 그 날 나는 도서관으로 도망쳤다.
2016년 현재 나는 4학년을 다 마치고도 1년을 더 다니는 중이다. 그 수업은 내가 3학년 때 도쿄에 교환유학을 가느라고 어쩔 수 없이 아직 이수하지 못한 수업이었고, 수강할 이유는 이수해야 졸업을 할 수 있는 전공 필수 수업이라는 것뿐이었고, 이제는 미술을 계속 할 생각이 없는 나에게는 버겁고 부담스러운 수업이었다는 변명 같지도 않은 변명은 늘어놔 봤자 소용이 없는 것 같다. 나도 (비록 아르바이트 형식이었지만)누군가를 가르치는 선생인 적이 몇 번 있었기 때문에, 선생의 입장을 모르는 것은 아니었다. 잠시 충동에 휩쓸려 망각하고 있었던 것이다. 내가 지도하는 수업의 학생이 태도가 좋지 못하거나 회피하려고 하면 엄청난 스트레스가 된다는 것을. 나는 수업이 끝난 후 교수님께 찾아가 진심으로 나의 지난 잘못을 사과드렸다. 그리고 학교보다 우선순위로 하고 있는 것을 대략적으로 설명드리자, 교수님은 이렇게 말씀하셨다. "이왕 할 거면 잘 해."

한참 학기중이었다. 심지어 이 다음주는 중간고사 기간이었다. 하지만 나는 시험을 보는 과목도 없는데다 출석과 성적은 이미 포기한 상태. 저녁 여섯시 반 비행기를 위해 거대한 캐리어를 드르륵 끌며 세시 쯤 학교에서 나왔다. 봄에도 이렇게 몇 번 방과 후에 도쿄 비행기를 탔었던 기억이 났다.

시간적 여유를 넉넉하게 가지고 공항에 도착했고, 장가 자리도 아시겠냐는 질문에 망설일 것도 없이 "네!" 하고 대답했다. 지인들에게서 부탁받은 면세품 몇 개를 사고 나서 패스트푸드점에서 가볍게 저녁을 먹었다. 그리고 여유롭게 비행기에 탑승했다.

비행기 안은 한산해서 내 옆 두 자리에는 아무도 앉지 않았다. 친한 언니의 배웅 전화를 받은 후, 비행기가 이륙하려고 할 땐 해가 서서히 지고 있었다. 곧이어 비행기가 굉음을 내며 육지를 힘차게 달렸고, 곧 붕 뜨기 시작했다. 이때가 여행 중 내가 가장 좋아하는 순간이다. 나는 해가 지는 모습을 예술 작품 구경하듯 구름 위에서 마음껏 관람했다.

유학 시절을 포함해서, 벌써 다섯 번째 후쿠오카. 이번 여정은 친구들이 너무 보고싶어서 견디기 힘들었기에 떠나게 된 것이다.

비행기가 뜬 지 30분도 지나지 않았는데도 곧 착륙한다는 안내 음성이 흘러나왔고 40분 후에는 완전히 육지에 착륙했다. 후쿠오카는 돈만 넉넉하게 있다면 왠지 비행기로 등하교도 가능할 것 같다. 영국의 집세가 너무 비싼 탓에 옆나라에서 비행기를 타고 출퇴근한다던 한 외국인이 문득 떠오른다.

저녁 7시 반, 생각보다 일찍 도착했지만 문제는 입국심사였다. 한꺼번에 내린 관광객들이 많아 최소 30분은 넘게 기다린 듯하다. 나는 그동안 핸드폰에 기존의 유심칩을 빼고 잘 끼워지지 않는 새 유심 칩을 넣으려고 애를 썼다. 일본에서 일주일 간 사용하기 위해 미리 사 둔 것이다. 나노칩마냥 작았지만 여러 차례의 시도 끝에 핸드폰 안에 넣는 데 성공했다.

오늘 내가 묵을 곳은 대만인 친구인 '센'의 집이다. 센은 내가 2015년에 후쿠오카에서 교환유학을 했을 때 친하게 지내던 두 살 아래의 친구다. 센이 후쿠오카에 다시 취직하게 된 소식을 듣고 오랜만에 연락했다가, 후쿠오카에 오게 되면 자신의 집에 묵으라는 말을 듣고 덥석 그렇게 해도 되겠냐고 했다. 센은 사양 말고 그렇게 하라고 하며 자신의 집 주소와 집 구조 이미지를 전송해 주었다. 집은 딱 봐도 꽤 넓어 보였다.

- 우와! 집이 엄청 넓은가 봐!
- 그러니까 부담 갖지 말고 꼭 와~

고맙기도 하지. 센의 집은 후쿠오카공항 역에서 도보 20분 정도의 거리에 있었고, 후쿠오카공항 역이 아닌 JR 유스 역이 그나마 제일 가까운 곳에 있다고 했다. 나는 입국 심사를 마친 후 센에게 연락했다. 센과 내가 만나기로 한 곳은 공항과 집의 중간 지점이었다.

회전초밥처럼 줄줄이 나오는 많은 캐리어들 중, 진한 핑크색이라 유난히 눈에 띄는 거대한 내 캐리어를 들고 후다닥 공항을 빠져나왔.

그리고 오랜만이지만 익숙하기도 한 후쿠오카의 밤 풍경이 나를 반겨주었다. 진짜 드디어 후쿠오카다! 후쿠오카는 작년인 2015년 3월부터 8월까지 5개월간 교환유학을 했던 곳이고, 유학이 끝나고 난 직후에도 친구들이 보고 싶어서 두 번 더 왔었다. 작년 12월에도 친구들을 만나러 왔었고, 그 때

장거리 연애를 하던 일본인 남자친구와 완전히 끝내기도 했었다. 그래서 뭔가 아련한 기분이 드는 곳이기도 하다.

아까 비행기에서 내 건너편에 앉았던 내 또래 여자아이는 일본인 남자친구로 추정되는 사람이 마중나와서 짐을 들어주는 모습이 보였다. 그리고 둘이서 다정하게 걸어갔다. 서로 수줍어하는 모습이 뒤에서 그대로 보였다. 솔직히, 조금 부럽긴 했다.

어쨌든 두근두근 설레는 마음으로 한 손으로는 캐리어를, 한 손으로는 휴대폰 지도 어플을 보며 열심히 길을 찾아갔다. 생각보다 금방 약속 장소가 보이기 시작했고, 반갑게도 우뚝 솟은 맥도날드 간판도 보였다. 나는 센에게 맥도날드 안에서 기다리겠다고 말한 후 가게 안으로 들어가자마자 해피밀 세트를 주문했다. 이번 일본 해피밀 장난감은 '후낫시' 라는 캐릭터의 장난감이다. 일본에 머무르는 동안 열심히 모으기로 다짐한 이 장난감을 손에 넣기 위해 나는 앞으로 해피밀 세트를 질리도록 먹을 계획이다. 마침 조금 허기진 상태였기 때문에 맥너겟과 스위트콘을 우걱우걱 집어먹었다. 그리고 얼마 후, 센이 왔다! 우리도 10개월 만에 만나는 것이기 때문에 서로 반갑게 인사했다. 그런데 센이 거의 잠옷 바람으로 나와서 흠칫 놀라긴 했지만 자세히 보니 잠옷은 아니었고 잠옷 비슷한 옷이었다. 그리고 우리는 오랜만에 서로의 근황을 물었다.

"센, 사귀고 있는 일본인 남자친구랑은 잘 사귀고 있어?"

"헤어진 지 몇 달 됐어."

"뭐라고?! 어쩌다 그렇게 됐어?"

"그냥 갑작스럽게…. 장거리가 힘들대."

내가 겪었던 상황이랑 너무 똑같다. 나도 일본인 남자친구를 사귄 적이 있었고, 그쪽에서 돌연 장거리가 힘들다는 이유로 어쩔 수 없이 이별을 받아들여야 했던 적이 있다. 센은 후쿠오카에 취직되기 전, 잠시 대만에서 머물렀는데 그 때 센도 그렇게 당한 모양이었다.

"어쩜 이렇게 상황이 똑같지. 일본 남자애들은 다 왜 그런대? 얘네 바람이

라도 났었나?"
내가 코웃음을 치며 말했다.
"그러게 말이야. 근데 다른 사람 통해서 들어보니까 걔 아직 나한테 미련이 있는 것 같대."
"뭐? 진짜 웃긴다. 지가 차놓고 무슨 미련이야? 나도 차이고 나서 몇 달 지나고 지 서울 왔다고, 만날 수 없겠냐고 연락 오더라. 어이가 없어서. 그래서 무참히 씹었어."
"나도 혹시 언젠가 연락 오면 무시하면 되겠다."
우리는 큭큭 웃었다.
"센, 지금 다니고 있는 회사는 어때?"
"나 트럭 운전도 해."
"뭐?! 회사에서 그런 것도 시켜? 어떤 회사인데 그래?"
"운송 관리 업체인데, 우리 회사가 블랙기업(장시간 노동 등 불합리한 노동을 강요하는 기업)이라는 얘기가 있더라구."
센의 얘기를 이어서 들어보니 업무를 과도하게 시키는 듯 했지만 한국의 일반적인 회사와 크게 다를 바가 없었다. 그만큼 한국의 회사원들이 야근이나 불합리한 노동력을 당연한 듯이 강요받고 있는 것이 안타깝다. 센도 마찬가지로.
"그렇구나. 센 안 힘들어?"
"힘든데 그래도 할 만해. 친구들도 생겼고."
"센 진짜 대견하다. 나보다 어린데도 나보다 어른이네."

우리는 맥도날드에서 나와 센의 집으로 걸어가기 시작했다. 인적은 드물었고, 좁은 샛길 옆으로 커다란 운송 트럭들이 우리를 위협하는 굉음을 지르며 빠른 속도로 지나다녔다.
"이 동네에는 공장이 많아. 완전 시골이지?"
센의 말에 나는 멋쩍게 웃으며 고개를 끄덕였다. 하지만 센의 집은 넓은 만큼 집세가 꽤 비쌌다. 공과금 포함 월 6만 엔 정도라고 했다. 보통 후쿠오카는 지방이기 때문에 집세(원룸 기준)가 5만 엔이 넘으면 비싼 편이 되는데, 센의 집은 넓다고는 하지만 도심과 가까운 것도 아니었다.
"센, 혹시 외국인을 타깃으로 한 부동산 사기는 아니겠지? 후쿠오카 치고 좀 비싼거 아냐?"
"음… 그런가? 잘 모르겠네."

센과 얘기를 하는 동안 종종 목소리가 트럭 굉음에 묻혔지만 서로 목청을 높여가며 즐겁게 대화하면서 걸어갔다. 그리고 센이 손가락으로 가리키는 쪽에 이 동네에서 그나마 가장 높은 것 같은 맨션이 보였다. 바로 센의 집이 있는 곳이었다. 맨션 앞에는 〈입주자 대모집중!〉이라고 적힌 플랜카드가 펄럭거리고 있었고, 꽤 깨끗하고 괜찮은 건물이었다.

엘리베이터를 타고 올라가 센의 집으로 들어가보니 어두컴컴한 암흑 뿐이었지만 곧 스위치를 켜자 밝고 넓은 실내가 보였다. 아직 미처 버리지 못하고 겹겹이 쌓인 골판지 박스 더미도 보였다.
"와, 진짜 넓네!"

"나 혼자서 살기엔 조금 넓은 것 같아. 여기서 회사 사람들이랑 한 번 파티도 할까 해."
"그러게! 센 진짜 좋은 데 산다."
나는 캐리어를 방 한구석에 놓고 펼친 다음 센에게 주려고 가져온 선물을 건네주었다. 나를 재워주는 사람들에게 무조건 주는 선물 키트. 센도 나에게 대만에서 가져온 차를 주었다. 몇 달은 족히 먹을 수 있는 양이었다. 재워주는데다 선물까지 주다니. 그리고 나는 일본으로 들고 온 내 첫 책, 〈나의 알록달록한 일본〉에 나오는 센의 사진을 보여주었고, 센도 그걸 보며 무척 기뻐하고 신기해했다(이미 모두 팔렸기에 재고는 없었다). 그리고 센은 여분 열쇠 하나를 나에게 건네주었다. 내일 센은 새벽 여섯시 반에 일어나서 7시 반 쯤에는 출근해야 하기 때문이다.

나는 캐리어를 정리하며 센에게 물었다.
"센, 요즘 썸남은 없어?"
"나? 음… 있는 것 같기도 하고. 잘 모르겠어."
"그게 무슨 말이야? 누군데?"
대충 센의 말을 들어보니 꽤나 관계가 복잡해 보였다. 센의 프라이버시를 존중하기 때문에 이정도까지만….

아직 여행 첫날인데도 벌써부터 아쉬운 기분.
센은 바닥에 있는 카페트 위에 폭신한 이불을 깔아 주었다. 나는 거기에 내가 가져온 베개와 담요를 올려두었다. 그리고 얼마 후 나는 그 위에서 다리를 쭉 뻗고 온 몸으로 큰 대자를 표현한 채 기절하고 말았다. 그 때 시간은 아마 밤 11시 쯤이었던 것 같다.

10월 7일 금요일 둘째 날 후쿠오카대학교-아부라야마-기숙사-센의 집

다음 날 아침, 나는 센이 출근하는 소리도 전혀 듣지 못한 채 계속 잠들어 있었다. 그만큼 센도 나를 배려해서 외출 준비를 조용조용히 했다는 것이겠지. 베란다 문이 살짝 열려 있어서 선선한 가을바람이 커튼을 펄럭였다. 나는 그 커튼에 얼굴을 살짝살짝 맞으며 잠에서 깼다. 아직은 몽롱한 상태로 눈을 떠 핸드폰 시계를 보니 오전 9시 반쯤. 여행의 첫 날은 짧게 끝났지만 둘째 날인 오늘은 오랜만에 일본에서 아침을 맞이했다.
오늘의 첫 번째 일정은 내가 한 학기 동안 다녔던 후쿠오카 대학교에 가서 일본인 친구 에미카를 만나는 일. 에미카는 유학 시절 친해진 세 살 아래의 친구이며 약속한 시간은 낮 12시. 에미카의 학교 수업 일정 때문에 점심시간에만 잠깐 만나서 같이 점심을 먹기로 했다. 나는 주인 없는 넓은 집에서 씻고, 외출 준비를 했다. 느긋하게 준비했던 탓에 아침 식사는 그냥 에미카와 만날 때 점심 겸으로 먹기로 했다.

날씨는 적당히 화창했고 적당히 선선했다. 지나가는 행인에게 물어 JR 유스 역의 위치를 찾아갔다. 역은 센의 집에서 도보 10분 정도의 거리에 있었는데 일반적인 지하철역이 아닌, 노면 전차를 타는 역과 비슷해서 도로 한복판에 전차가 지나가는 선로가 있었다. 하카타 역을 거치고 텐진 역을 거쳐 나나쿠마선의 후쿠다이마에(후쿠오카대학 앞)행 지하철을 탔다.
그동안 나는 이 지하철을 정말 그리워했었다. 나나쿠마 선만의 이 냄새, 안내 음성, 다음 역으로 출발하고 도착할 때마다 땡 하고 울리는 종소리, 소파처럼 푹신한 초록색 좌석. 후쿠오카에 있지 않은 10개월 동안 이 지하철에 너무나도 타 보고 싶었다. 남들은 뭐 그리 지하철에 그렇게 추억을 갖고 있느냐 할 수도 있겠지만, 내가 후쿠오카에서 유학하는 동안 이곳저곳을 쉴새없이 돌아다니며 추억을 만들었을 때 항상 여기에 몸을 실었기 때문에 이 지하철은 내 추억들의 커다란 일부분이 되어 있다. 당연한 듯 무심하게 전철에 타는 타인들과 달리, 나는 여기에 타고 있는 것만으로도 감격에 젖어 있었고, 흥에 겨워 있었다.

역에 내리고, 정문을 통해 교정으로 들어갔다. 다시 작년 유학시절로 돌아간 기분이었다. 약속한 시간보다 조금 이르게, 우리가 만나기로 한 학생식당에 도착했다. 여기 냄새도 오랜만이다(나란 사람은 냄새에도 참 민감한 사람인 것 같다). 아직 수업이 끝난 시간이 아니어서 식당은 조금 한산했다. 나는 식당 앞에서 파는 오므라이스 도시락을 사들고 자리에 앉았다. 한산한 것도 잠시, 점심시간이 되었는지 곧 수많은 학생들이 몰려들기 시작했다. 혼자서 4인용 테이블에 앉아 있자니 조금 민망해하던 찰나, 누군가가 뒤에서 내 어깨를 두드렸다. 에미카였다.
"스안쨩, 오랜만이야!"
"에미카! 어떻게 연락도 없이 바로 찾았어?"
"뒷모습 보고 느낌이 왔어. 나 잠깐 밥 사올게!"
에미카와도 10개월만의 만남. 세 살 아래의 친구 에미카와 만나게 된 계기는 유학하던 학교의 캠프에서 같은 조원으로 만났는데 한국에 관심이 많아서 친해지게 된 것이었다. 캠프가 끝난 이후에도 우리는 학교에서 주기적으로 만남을 가지곤 했다. 오랜만에 만난 에미카는 변한 것 없이 여전했다.

우리는 식사를 하며 근황을 서로 알렸다. 나는 에미카에게도 책에 에미카가 나온 부분을 보여주었다. 에미카도 굉장히 신기해하고, 축하해 주었다.
"스안쨩, 이번 여행은 어디어디 갈거야?"
"나 내일은 히로시마 가!"
나는 이번 여행에 일본인 친구 U쨩을 만나기 위해 히로시마 일정도 2박 3일간 넣었고, 내일 떠날 예정이다.
"오 정말? 나도야! 여행으로 가는 거지?"
"오 진짜? 응, 여행! 에미카는 왜 가는 거야?"
"나는 부활동 때문에. 내일 뭐 타고 가?"
"버스 타고 가. 에미카는?"

"나도! 몇시 차야? 나는 아홉시 반."
"나는 열시 반. 비슷하네!"

식사를 마치고 나는 에미카의 다음 수업이 있는 건물로 배웅해 주었다. 유학 시절에도 한 번도 들어가 본 적이 없는 생소한 건물이었다. 어떤 수업을 하는 건물이냐고 물으니 에미카의 전공인 약학 수업을 듣는 곳이라고 했다. 아직 수업이 시작하기 전까지 10분이 남아서 아쉬운 대로 둘이서 사진을 찍어 남기기로 했다.
"스안짱, 다음에 후쿠오카에 올 때 또 연락 줘."
"당연하지, 에미카! 수업 잘 들어. 그리고 또 만나자."
수업 시작 1분을 남겨놓고 에미카는 교실로 들어갔다. 오랜만에 만난 친구와의 한 시간은 짧지만 행복했다.

에미카와 헤어진 후, 후쿠오카에서 유학하고 있는 다른 한국인 친구들을 만날까 했으나 친구들의 수업 때문에 시간이 애매해서 이따 저녁에 만나기로 했다. 그리고 나는 다시 지하철을 타고 텐진 역으로 돌아갔다. 후쿠오카 최고의 쇼핑 천국 텐진! 텐진은 없는 게 없는 후쿠오카의 심볼과도 같은 곳이다. 이번 여행의 목적은 친구들과의 만남도 있지만 텐진에 있는 장난감들을 제대로 털어제끼고 가겠다는 거창한 목표도 있었다. 한국인 친구와는 저녁 6시쯤에 다시 학교 쪽에서 만나기로 약속하고, 나는 주어진 약 5시간 동안 그동안 참아왔던 덕후의 기운을 마음껏 뿜어내며 텐진 이곳저곳에 있는 장난감들을 미친 듯이 카트에 담았다. 내가 가장 흥분하고 집중하는 이 시간. 정신을 차려보니 두 손에는 쇼핑백이 수두룩했다.
무거운 쇼핑백들을 두 손에 가득 쥔 채로 다시 학교 쪽으로 돌아왔다. 하늘은 해가 져 약간 어둑어둑해지고 있을 때였다. 후쿠다이마에 역 앞에는 후쿠오카대학 학부 유학생인 승우가 나를 기다리고 있었다.
"승우야!!!"
"누나 오랜만이에요. 근데 뭘 이렇게 많이 샀어요? 이리 주세요. 제가 좀 들게요."
승우의 걸쭉한 부산 사투리는 여전했다. 승우는 성격이 쾌활하고 시원시원해서 내가 참 좋아하고 아끼는 동생이다.
"이거 다 내 장난감이야."
우리는 학교 근처에 있는 '야마토야'라는 식당으로 향했다. 유학 시절, 이곳에서 여러 번 밥을 먹은 적이 있었다. 학교 바로 근처에 있는데다 양이 많고 가격도 저렴해서 거의 학생식당이나 다름없는 곳이다. 우리는 둘 다 가츠동을 주문했다. 그리고 서로의 근황을 알리면서 식사를 했. 맛있는 건 여전했다. 다만 밥은 산만큼 쌓아 주면서 단무지는 작은 거 단 두 개만 얹어 주는 게 이해하기가 힘들다.

"누나가 오랜만에 여기까지 왔으니까 제가 사드릴게요."
"아이고, 뭘 사 줘. 진짜 괜찮아!"
"안돼요, 제가 살게요."
나보다 세 살 어린 승우는 고맙게도 내 몫까지 계산해 주었다.
"누나 이제 어디 가려고 했어요?"
"나 저녁 아홉 시 쯤에 살던 기숙사에 삼산 들리려고 헷지. 그 전에는 딱히 없어."
"그럼 경치 죽이는 데 한 번 갈까요?"
"정말? 거기가 어딘데?"
"야경이 끝내주는 곳이 있는데, 아부라야마(油山)라는 산이라고 있거든요. 여기서 차로 15분도 안 걸려요. 제 차로 한 번 가봅시다."
승우는 차가 있었다. 그것도 엄청 크고 멋진 차. 작년에 유학생들과 함께 승우의 차를 타고 반딧불이를 보러 간 적도 있었다. 내가 밥도 얻어먹고 차까지 얻어 타도 되냐며 미안한 내색을 하자 승우는 아무런 신경도 쓰지 말라고 했다. 야마토야 바로 뒤에 승우가 혼자 사는 집이 있었고, 우리는 집 앞에서 차를 타고 승우 말대로 야경이 끝내준다는 곳으로 향했다. 과연 어떤 곳이길래. 그곳이 어떤 곳이든 승우와 같이 있으니 편안하고 안정된 느낌이

들었다.

승우는 매우 경사진 언덕길도 능숙하게 운전해서 올라갔다. 정말 동네 근처였다. 언덕길은 잘 닦인 산길이었는데, 올라가는 길 옆에 한 고급진 레스토랑 건물이 보였다.
"누나, 저기 쩔지 않아요? 저 나중에 결혼하고 싶은 사람 생기면 저기서 프로포즈 하려구요."
승우 말대로 레스토랑 앞에는 멀리서 보기만 해도 멋진 야경이 내려다 보였다.
"야, 승우야. 저기는 무조건 상대방이 오케이 할거야."

어두운 언덕길을 마저 올라가고 나서 얼마 후 승우는 차 시동을 껐다.
"누나, 다 왔어요."
"벌써?!"
우리는 차에서 내렸다. 아직까지는 어두컴컴한 밤하늘만이 보일 뿐이었다. 그곳은 산 중턱인 듯 했다. 주인이 있는지도 잘 모를 것 같은, 군옥수수를 파는 포장마차 가게와 차 두세 대만이 있었다.
"누나가 이제 계단만 올라가면 엄청난 광경이 펼쳐질 걸요?"
승우의 말에 약간 긴장을 하고 몇 걸음 걸어 올라가서 전망대에 오르자, 숨이 턱 막힐 듯한 멋진 야경이 눈앞에 펼쳐졌다. 수많은 건물들이 빛을 반짝이고 있었고, 눈꼽만큼 작게 보이는 자동차들이 가는 도로를 달리고 있었다. 저 너머에는 어두운 바다가 보였다. 마치 우주 은하수의 일부를 보는 것 같았다. 이 순간에 DSLR 카메라를 센의 집에 놓고 온 게 후회가 되다. 아니, 어차피 DSLR도 이 광경을 제대로 잡아내지 못했을 것이다. 아쉬운 대로 핸드폰으로 찍었다.
"승우야, 진짜 멋있다…. 여기를 어떻게 알았어?"
"제가 이 동네 사니까요. 이미 알 사람들은 알죠."
우리는 홀린 듯이 야경을 멍하니 내려다보았다. 잠시 후 승우가 입을 열었

사진이 실사의 아름다움을 10분의 1도 담아내지 못했다.

다.
"저는 밤 고속도로만 보면 설레요. 저 사람들이 자동차로 이 시간에 어디로 가는 걸까, 퇴근하고 돌아오는 길일까, 아니면 여행이라도 가는 걸까 상상하게 돼요."
역시 차를 좋아하는 승우다. 그리고 나도 어느 정도 동의한다.
"후쿠오카 타워는 좀 가려져서 잘 안보이네. 저기는 텐진 같고, 저기는 하카타 쪽이겠다. 저기 끝은 공항일거고…"
나는 넓게 펼쳐진 야경을 보며 위치를 추측해 보았다.
"누나 후쿠오카 빠삭하네요."
"그래? 유학할 때 하도 여기저기 돌아다녀서 그런가 봐."
우리가 야경을 감상하는 동안 전망대로 커플들이 심심치 않게 야경을 보러 올라오는 게 보였다. 그걸 보며 승우가 말을 꺼냈다.
"여기가 가X의 숨겨진 명소래요."
"그러게. 그럴 것 같다."
우리는 야경을 바라보며 계속 의식의 흐름대로 튀어나오는 말을 내뱉었다. 20분 쯤 지났을까.

"이제 슬슬 내려갈까요?"
"그래, 승우야. 이번 여행에서 이런 광경을 보게 될 줄은 몰랐네. 진짜 최고였어! 정말 고마워."
차에 올라타려고 하는 순간, 돌연 승우의 안색이 심상치 않은 게 보였다.
"누나, 빨리 타요, 빨리!"
"왜, 왜?!"
승우가 내 몸을 차 안으로 잽싸게 밀어넣었다. 우리는 급하게 차에 올라탔다.
"지금 저거 멧돼지예요!"
승우가 가리키는 쪽을 보니 정말 멀지 않은 곳에 멧돼지의 실루엣이 보였다.
"아따, 진짜 크네."
그리고 우리는 숨을 죽이고 멧돼지를 주시했다. 멧돼지는 전망대 주변을 어슬렁거렸다. 다른 사람들은 이미 황급히 대피한 후였다. 그런데 어둠 속에서 전망대에 여전히 앉아있는 한 남자가 보였다.
"아니, 저기 저 사람은 왜 안 도망가?"
"혼자 와서 상황 파악이 안 되는 거 아닐까요?"
우리는 계속 그 남자와 멧돼지를 바라보았다. 멧돼지는 그 사람에게 어슬렁어슬렁 다가가기 시작했다. 잠시 후 남자는 멧돼지의 존재를 파악했는지 화들짝 놀라며 잽싸게 전망대에서 내려왔다.
"아, 다행이다."
지켜보던 우리는 가슴을 쓸어내렸다. 그런데 얼마 후 멧돼지는 우리 차 바로 앞으로 다가오기 시작했다.
"저 새끼 지금 우리 쳐다보는데요."
"쟤는 진짜 겁도 없다. 사람들 있는데 막 나오네."
다행히도 멧돼지는 차 앞으로 다시 어슬렁어슬렁 지나간 후 다시 숲속으로 들어갔다. 우리는 다시 한 번 가슴을 쓸어내렸다. 설마 이곳에서 멧돼지를 바로 앞에서 보게 될 줄은 몰랐다.

다가가는 멧돼지

멧돼지가 다가오는 줄
모르고 혼자 앉아있는 사람

승우는 차에 시동을 건 후 다시 가파른 내리막길을 내려갔다. 아까 보였던 레스토랑이 다시 보였다. 운전하던 승우가 옆을 계속 힐끗 바라보며 말했다.
"저기에서 한잔 딱, 하고 나서, 캬~"
"캬~ 저기는 백발백중이다."
나는 승우의 말을 받아쳤다.
"누나, 이제 기숙사 가는 거죠?"
"응, 부탁할게."
산에서 기숙사까지는 정말 금방이었다. 승우는 나를 기숙사 앞까지 데려다주었고, 기숙사 앞에는 만나기로 약속했던 일본인 친구들인 리나와 마키노가 나를 기다리고 있었다.
"승우야, 오늘 진짜 고마웠어. 우리 다음 주에도 또 만나는 거 알지?"
"당연하죠, 누나 한국 가기 전날에 모여야죠."
나는 차에서 내리면서 승우에게 양손을 마구 흔들며 고마움을 표현했다.
"승우야 잘 가!"
승우의 크고 멋진 차는 붕 떠나갔다. 그리고 나는 일본인 친구들과 반갑게 인사했다. 리나와 마키노는 내가 후쿠오카에서 유학했을 때 같은 기숙사를 쓰고 친하게 지내던 친구들이다. 둘 다 한국에 관심이 많고 어느 정도 한국어를 할 줄 안다. 당시에는 풋풋한 새내기였는데 지금은 2학년이 되어 있었다.
"꺄~ 온니~ 히사시부리(오랜만이야)!"
"얘들아~ 오랜만이야!"
우리 셋은 얼싸안고 반갑게 인사를 나누었다. 그 때, 퍼뜩 승우 차에 놓고 온 내 장난감 쇼핑백들이 떠올랐다.
"악! 안 돼! 얘들아, 잠깐만!"
나는 그 자리에서 바로 승우에게 전화를 걸었다.
"여보세요? 누나. 무슨 일 있어요?"
"승우야, 나 네 차에 물건을 놓고 내렸어! 진짜 미안해."

"하하. 진짜요? 다시 그쪽으로 갈게요."
승우는 1분도 지나지 않아서 다시 기숙사 앞으로 와 주었다.
"승우야, 정말 미안."
"누나, 이거 짐 엄청 많아 보이는데 그냥 저희 집에 맡기실래요? 어차피 다음 주에 또 만나잖아요."
"헉, 진짜 그래도 돼…? 그렇게 해 주면 너무 감사한데… 내가 너무 민폐만 끼치는 것 같아서 정말 미안해서…."
"아우, 신경 쓰지 마세요. 그럼 이거 다음 주에 받아 가세요. 누나 잘 놀아요!"
나는 짐 중에서 당장 필요한 것만 몇 개 꺼낸 후 다시 승우를 돌려보냈다. 역시 승우는 정말 착하고 듬직한 친구다. 너무 고맙고, 미안하기도 하고.

나는 설레는 마음으로 일본인 친구들과 함께 기숙사 오르막길로 걸어 올라갔다. 기숙사에서 살 때 매일 걷던 이 길을 걷는 것도 오랜만이었다. 기숙사는 산 바로 앞에 있어서 벌레 때문에 고생한 기억도 나고, 친구들과 즐거운 후쿠오카 유학생활을 보낸 곳이라 이런저런 추억이 많이 묻은 곳이다. 곧 어둠 속에서 밝게 빛나고 있는 기숙사가 보였고, 관리인은 새로운 사람으로 바뀌었고 좀 더 엄격해졌다고 한다. 이제부터는 관리인의 눈을 피해 기숙사로 들어가는 게 문제였다. 사실 이 기숙사는 아무리 예전에 살았던 학생이라고 해도 외부인은 출입금지이기 때문이다. 하지만 나는 작년 유학을 마친 후의 후쿠오카 여행에서도 이곳에서 관리인의 눈을 피해 친구들의 방에서 머물곤 했었다. 그리고 이번 여행에서 기숙사에 다시 들어가 보는 것이 계획 중 하나였다.
친구들과 기숙사 입구 앞에서 약 10분 간 관리인의 상태를 살피고, 잠시 자리를 비운 사이에 후다닥 안으로 들어갔다. 건물 안으로 들어가자 옛날 그 냄새가 내 코로 훅 들어왔다. 이 기숙사 특유의, 이 건물만의 냄새. 유학시절의 추억을 후각으로 느낄 수 있었다. 들자하니 내가 이곳에서 유학을 마친 이후에, 기숙사 안에서 조금이라도 문제를 일으킨 전적이 있는 학생은

이 기숙사에서 다 내쫓아서 입주민(?)을 대거 물갈이 했다는 소식이 있었다. 아쉽게도 내가 알 만한 친구들은 대부분 기숙사를 나와서 다른 집을 구했거나 마침 아르바이트를 하고 있어서 거의 남아 있지 않았다. 사실 나도 이 기숙사에 지내면서 새벽에 나가기 일쑤였고 외부인을 여러 번 데려오기도 하면서 규칙을 많이 어겨 불려가 혼난 일이 많았다. 유학을 마친 직후 머무르는 날짜보다 더 오래 머무르며 복도를 돌아다니다 발각되기도 했고 그 이후에도 다시 찾아 와서 친구의 방에서 묵다가 들켰을 때는 관리인들에게 정말 많이 혼난 기억이 있다. 나는 내가 봐도 정말 말썽쟁이 유학생이었다. 그 이후 한동안 기숙사의 사감에게 크게 혼나는 꿈, 기숙사에 몰래 침입하는 꿈, 기숙사에서 빠져나가지 못하는 등의 악몽을 많이 꾸곤 했다.

우리는 아무도 없는 공동 키친에서 조금 수다를 떨었고, 셴의 집으로 돌아가는 시간이 너무 늦어지지 않도록 30분도 지나지 않아서 다시 기숙사에서 나오기로 했다. 빠져나올 땐 관리인에게 얼굴을 들키지 않게 뒤통수만 보이도록 어정쩡한 자세를 하고 빠른 걸음으로 나왔다.
기숙사 내리막길 앞까지 친구들이 배웅해 주었다. 그 때 시간은 밤 아홉시가 조금 넘어있었다.

왼쪽부터 마키노, 나, 리나

나는 다시 지하철을 타고 센의 집으로 향했다. 오늘은 JR 유스 역으로 가지 않고 후쿠오카 공항 역을 통해서 돌아가기로 했다. 역에서 나와서도 센의 집까지 2~30분은 걸어야 했지만 전철로 갈아타는 비용도 아끼고 산책도 할 겸 그렇게 하기로 했다. 지도 어플로 길을 찾아보니 두 갈래의 길이 보였는데 한 길은 센과 어제 같이 걸어갔던 길이고 한 길은 다른 길보다 왠지 더 빨리 도착할 것 같아 보였다. 나는 그 지름길로 보이는 길로 걸어가기로 했다. 하지만, 그러지 말았어야 했다.

내가 선택한 길목으로 들어서자 인도가 없었다. 거의 찻길이었다. 그래서 내 바로 옆으로 차들이 내 피부를 스칠 듯이 빠른 속도로 지나갔고, 나는 흰 선 안으로 폭이 1미터도 안 되는 좁은 갓길로 걸어갔다. 점점 더 걸어갈수록 가로등도, 집도, 인적도 드물어지기 시작했다. 나는 서서히 겁이 나기 시작했고 누가 중간에 차를 멈추고 나를 채 가도 모르겠다 싶을 정도로 길은 어두웠다. 게다가 심지어 나는 그 때 짧은 치마를 입고 있었다. 점점 두려움이 엄습해 오기 시작했고 이미 길을 돌아가기엔 시간도 늦었고 너무 많이 와 버린 상태였다. 지름길인줄 알았던 길과 어제 센과 함께 걸었던 길 사이에는 매우 좁고 메마른 강이 있었는데, 건너 갈 다리라도 있을 것 같아서 핸드폰 플래시를 켜고 강변 주위로 들이기 살펴보았지만 거친 수풀과 칠흑 같은 어둠뿐이었으며 육교나 다리 같은 건 전혀 없었다. 이곳 역시 어떤 괴한에게 습격당한다 한들 아무도 모를 만큼 어둡고 인적이 아예 끊긴 곳이었다. 다리가 없는 걸 확인하고 나는 다시 도망치듯 도로로 빠져나왔다. 지도 어플을 보며 계속 걸었다. 역에서 나온 지 벌써 30분이 지나가고 있었다. 이제는 차들조차 잘 지나다니지 않았다. 계속 걷다 보니 한 공장이 보였는데, 사람이 몇 명 보여서 반갑기까지 했다. 좁은 강의 건너편에는 센의 집 근처에 있는 골프장이 보여서 괜히 서러워졌다. 이 강만 건너면 바로 집인데, 나는 엉뚱한 길을 걷고 있는 것이었다. 하지만 좀 더 걸으면 집 쪽으로 넘어갈 수 있는 도로가 있는 것 같아 끝까지 걸어가기로 했다.

계속 걷다보니 가로등 개수도 점점 늘어났고 거리가 점점 환해지면서 사람들과 자동차들도 많이 보이기 시작했다. 저기 멀리에 센의 집이 보이기 시작했고 그제야 나는 안도의 한숨을 쉬었다. 이대로 쭉 걸으면 갈 수 있는 길이었다.

결과적으로 훨씬 더 시간을 허비하고, 위험한 길을 걷고, 괜히 심장을 졸였다. 여행은 새로운 길을 개척하는 재미도 있지만, 이런 위험하고 겁나는 여행은 굳이 할 필요가 없었다. 앞으로는 지도를 좀 더 면밀히 파악하고 안전한 길로 다녀야겠다고 다짐했다. 우여곡절 끝에 역에서 나온 지 약 40분 만에 센의 집에 도착했고, 나는 센에게 오는 길이 너무 무섭고 힘들었다고 징징댔다.
그리고 내일은 토요일이긴 하지만 센이 아침 일찍 출근해야하기 때문에 제대로 인사할 시간이 없을 것 같아서 아쉬운 마음에 둘이서 사진을 찍었다. 그리고 이 날은 이상하게도 잠이 잘 오지 않아서 계속 뒤척이다 베란다에 나가서 고요한 밤 풍경을 멍하니 바라보기도 했다. 그러다 새벽 세시 가까이 되어 잠에 들었다.

오늘 보고 놀랬던 것. 마치 변기와도 같은 지하철 화장실의 세면대. 레버를 누르면 물이 내려간다.

10월 8일 토요일　　셋째 날　하카타 역-히로시마 역-U짱의 집

이 날도 살랑거리는 커튼의 감촉을 얼굴로 느끼며 잠에서 깼다. 센은 이미 출근하고 없었다. 나는 오전 8시에 맞춰 둔 알람보다 일찍 일어났고, 늑장 부릴 것도 없이 바로 일어나서 나갈 채비를 했다. 오전 10시 반의 히로시마 행 고속버스를 타야 하기 때문이다. 얼른 씻고, 옷을 입고, 화장을 하고, 짐을 쌌다. 남의 집에서 묵은 것에 대한 예의를 갖추기 위해 화장실 욕조의 머리카락이나 바닥에 떨어진 머리카락을 말끔히 정리한 후, 묵게 해 줘서 고마웠고 다시 빨리 만나자는 메시지를 종이에 적어 테이블 위에 올려두었다. 그리고 계획한 대로 9시 반에 얼추 맞추어 센의 집에서 나왔다. 그리고 몇 걸음 걸어간 후에야 냉장고에 음료수를 두고 왔다는 것이 생각이 났지만 다시 돌아가는 것도 귀찮아서 그냥 계속 앞을 향해 걸어가기로 했다. 어제 갔던 유스 역으로 다시 가서 전철을 탄 후, 버스 터미널이 있는 하카타 역으로 향했다. 센의 집에서 하카타 버스 터미널 까지는 30분 정도밖에 걸리지 않았다. 버스 출발 시간까지 시간은 아직 넉넉히 남은 상태여서 버스터미널 건물 안에 있는 맥도날드에서 아침을 먹고 두 번째 해피밀 장난감을 받았다.

시간이 되어 줄을 서고, 운전기사에게 예약 메일 화면을 보여주고 난 다음 차례차례 버스에 올라탔다. 하나 둘 자리가 차기 시작했고, 버스 안에는 몇 개의 자리만이 비어 있었다. 다행히도 내 자리는 창가자리였다.

나와 같이 후쿠오카에서 히로시마까지의 버스를 탄 사람들은 어떤 목적으로 이 길을 가는 것일까. 여행? 본가 방문? 나는 이번 히로시마 일정에서 여행보다는 친구 U짱을 만나러 가는 목적이 더 컸다. U짱은 올해(2016년) 초 친구 소개로 알게 된, 나보다 한 살 어린 일본인 소녀이고, 서로 대화가 잘 맞아 연락을 자주 하고 지냈다. U짱과 직접 만난 건 소개해 준 친구와 한국에서 셋이 만났을 때 뿐이었지만 그 이후에도 연락을 하도 자주 해서 이미 오래된 친구 같은 느낌이었다. 히로시마에 대해 아는 것은 기껏해야 원폭 돔 정도라 크게 관심이 있는 지역은 아니었지만 U짱을 만나기 위해 나는 처음으로 히로시마에 가는 것이다. U짱은 히로시마 대학원에 다니고 있었고, 나는 2박 3일간 학교 근처에 있는 U짱의 집에서 머물며 함께 여행도 다니기로 했다. 오늘은 히로시마에 도착하자마자 U짱이 사는 동네에서 열리는 술 축제에 갈 예정이었다. 술을 그다지 좋아하는 편이 아니라 썩 내키는 축제는 아니었지만 그래도 U짱이 나를 많이 데려가고 싶어 했고 1500엔짜리 입장권까지 사두었다고 하니 다양한 경험을 해볼 겸 가 보기로 했다.

후쿠오카에서 히로시마로 넘어가려면 고속버스로 5시간 정도를 달려야 했다. 서울에서 부산까지 걸리는 시간과 거리도 비슷하다. 차 안에서 노래를 들으며 시간을 보냈다. 옆에 앉은 여자처럼 책이라도 읽고 싶었지만 나는 차 안에서 뭔가를 계속 들여다보면 멀미가 나는 체질이라 그럴 수 없었다. 가는 길에 휴게소에 두 번 들렀는데, 뽕짝 트로트 노래가 울려 퍼지는 한국의 휴게소와는 다르게 일본의 휴게소는 고요했다. 그것 말고는 한국의 풍경과 얼추 비슷한 느낌이었다.

5시간이 약간 지루하다 싶을 때 쯤, 히로시마에 곧 도착한다는 버스 기사의 안내가 들려왔다. 창밖을 보니 히로시마의 풍경은 정말 내가 예상한 대로였다. 왠지 히로시마는 높은 건물도 별로 없고 도시의 분위기가 차분할 것 같다고 생각했는데 히로시마는 정말 그랬다. 왠지 모르게 도시 자체가 흐릿할 것이라는 예감도 맞았다. 하늘은 구름이 잔뜩 껴서 탁했고, 금방이라도 비가 내릴 것 같았다. 시내로 진입하니 높은 건물들이 보이기 시작했다. 히로시마 버스 센터를 지나 히로시마 역에 하차했고, 그 시간은 오후 2시 반쯤이었다. 나는 바로 U짱에게 도착했다고 연락했다.
"나 히로시마 도착했어!"
"스안짱, 무사히 잘 도착해서 다행이야."
"이제 나 축제가 열리는 곳으로 가면 돼?"
"아, 그런데 내 남자친구가 입장권을 잃어버렸대…. 그래서 지금 찾아보는 중이었어."
U짱이 축제에서 자신의 친구들도 만날 수도 있다는 얘기는 들었지만 남자친구와 동행하게 될 줄은 몰랐기 때문에 조금 엥?스러웠다.
"아 그래…? 그러면 내 입장권을 그냥 남자친구한테 주는 게 나을 것 같아."
"정말 그래도 괜찮겠어…?"
"너가 사준 거니까 너가 편할 대로 하면 되지! 나는 그동안 히로시마 역 주변에서 구경하고 있을게."
"스안짱, 정말 미안해. 그럼 저녁에 언제쯤 올래?"
"여섯시 쯤 내가 그쪽으로 갈까?"
"그래, 알겠어! 또 연락하자."
나는 차라리 잘됐다 싶었다. 술 축제보다는 히로시마 역 주변을 구경하는 게 더 내켰으니까. U짱이 있는 곳은 지금 술 축제가 열리고 있는 사이죠 역 부근이었고, 사이죠 역은 학교와 집이 있는 곳과 제일 가까운 역이기도 하며 지금 내가 있는 히로시마 역에서는 전철로 3~40분 정도 걸리는 거리였다.
히로시마 역 부근에서 제일 눈에 띈 건 일본의 대형 전자제품 상점인 '빅카메라'였고, 이곳에도 장난감이 코너가 따로 있기 때문에 제일 먼저 가보게 되었다. 지하도와 연결되어 있는 매장에 들어가서 입구 앞에 서있는 직원에게 혹시 이 큰 캐리어를 잠시 맡아주실 수 있는지 여쭈어 봤더니 흔쾌히 맡아 주셨다. 보통 이런 곳에서 개인 짐은 잘 맡아 주지 않는 걸로 알고 있었는데, 의외였다. 게다가 너무 친절하기까지 했다. 덕분에 가벼워진 몸으로 매장 안을 돌아다닐 수 있었다. 나는 신나게 가챠퐁(장난감 뽑기 기계)을 돌렸고, 다양한 장난감 신상품을 구경한 후 바로 옆 건물의 서점에도 가보았다. 그런데 그 때, 비가 후두둑 떨어지기 시작했다. 역시나 비가 올 것 같더라니. 히로시마 첫날부터 비가 오다니, 예감이 좋지 않았다. 서점에서 이런저런 책을 구경하고 나왔는데, 이제는 비가 쏴아아 하고 쏟아지고 있었다. 나는 어쩔 수 없이 서점에서 팔던 1500엔짜리 우산을 사기로 했다. 질에 비해 조금 비싸게 산 감이 있지만 작고 가벼운 여행용 우산이 있으면 좋겠다 싶었기에 이참에 잘 산거라고 생각하기로 했다. 그리고 다시 빅카메라로 돌아가서 캐리어를 돌려받고 밖으로 나왔다.

히로시마 역 부근의 도로 한복판에는 노면전차가 다니고 있었다. '히로덴'이라고 한다. 보통 일본에서 이런 전차는 그다지 번화하지 않은 동네를 다니는데, 히로시마는 대놓고 다니고 있었다. 그리고 나는 한 손에는 우산과 가방을, 한 손에는 무거운 캐리어를 들고서 어딘가 갈 곳을 다시 찾아보려 했다. 안그래도 비를 싫어하는 나는 이런 상황이 영 맘에 들지 않았다.

'히로시마의 시내를 가로지르는 '히로덴'

곧 허기를 느끼기 시작한 나는 끼니를 해결할 맥도날드의 위치를 찾아 들어가서 자리를 잡고 앉았다. 그리고 지갑을 꺼내려 핸드백 속을 뒤졌는데, 뒤졌는데...! 지갑이 보이지 않는 것이었다! 그 크고 눈에 엄청 잘 띄는 디자인의 그 지갑이 가방 속에 있지가 않았다. 내 가방은 크기가 작아서 더 뒤질 것도 없었다. 명백하게 지갑은 가방 속에서 달아나 있었다. 나는 그 자리에서 얼굴이 새파랗게 질린다는 표현을 몸소 느낄 수 있었다. 그대로 캐리어를 들고 밖으로 뛰쳐나갔다. 그리고 내가 갔던 길을 다시 돌아갔다. 거대한 캐리어를 끌고 미친 사람처럼 다급하게 뛰어다녔다. 너무 정신이 없어서 캐리어가 무거운 줄도, 내 손에 있는지도 느끼지 못할 정도였다. 중간 중간 역무실로 가서 물어봐도 딱히 분실물이 들어오지 않았다는 얘기를 들었고, 지하도 거리에 서 있는 할아버지 순경에게 여쭤 봐도 모르겠다는 답변이 돌아왔다. 지갑을 보지 못했느냐고 묻는 내 얼굴에는 누가 봐도 엄청난 절박함과 처절함이 담겨져 있었을 것이다. 지갑 안에 현금과 신용카드와 교통카드, 주민등록증 등 모든 것들이 다 들어 있는데, 어떻게 이런 일이. 대학교 새내기 때 이 지갑을 두 번이나 택시에 두고 내린 적이 있었는데, 두 번 다 택시 기사가 직접 가지고 우리 집 앞으로 찾아와 준 적이 있는, 질긴 인연의 지갑이었다. 그런데 어떻게, 나한테 또 이런 일이……. 너는 평소에 지갑을 소중히 하지 않았지. 왜 진작 지갑을 소중히 하지 않았을까! 너무 당황하고, 황당하고, 패닉상태라 눈물도 나오지 않았다.
가방의 지퍼를 열고 다녔기 때문에 누군가 몰래 가방에서 빼갔을 가능성도 있었다. 나는 마지막으로 빅카메라로 다시 향했다. 빅카메라에도 없다면 나는 파출소에 가서 도난 신고를 하기로 마음먹었다. 아, 아무래도 히로시마에 오지 말았어야 했나 보다. 나는 빅카메라로 달려가서 지푸라기라도 잡는 절박한 심정으로 계산대의 직원에게 혹시 지갑 분실물 들어온 게 없는지 물었다. 직원은 내 말을 듣고 어딘가에 전화를 걸었고, 곧 끊었다. 그리고 알아볼 테니 나에게 잠시만 기다려 달라고 했다. 역시 여기에도 없을 것 같다. 와, 난 이제 정말 어떡하지. 아직도 지갑을 잃어버린 게 실감이 나지 않았고 이제부터 어떻게 해야 할지 도저히 생각이 떠오르지 않았다. U짱한한테는 뭐라고 해야 하지. 눈동자의 초점이 풀린 채 망연자실해 있는 내 앞에서 직원은 다시 전화를 받았다. 전화를 받으며 고개를 여러 번 끄덕끄덕대더니, 나에게 다시 물었다.
"어떤 모양의 지갑이죠?"
"연두색 글씨가 여러 개 적혀 있고, 장지갑이에요…."
"있는 것 같습니다. 여기서 잠시만 기다리세요."
"네…? 정말요?!"
세상에, 이럴수가. 지갑이 있단다! 직원은 에스컬레이터를 타고 재빨리 위층으로 올라갔다. 신이시여, 감사합니다. 정말 감사합니다. 그제야 안도감에 눈물이 저절로 줄줄 흘러나왔다. 하지만 누가 볼까 싶어 금방 뚝 그쳤다. 몇 분 정도 기다리자 직원이 내 지갑을 가지고 돌아왔다. 나는 지갑을 받고 정말로 감사드린다고 연신 꾸벅꾸벅 인사를 했고, 직원은 찾아서 다행이라며 같이 기뻐해 주었다. 지갑 안에 있는 현금도, 카드들도 모두 그대로였다. 나는 감격한 표정으로 직원에게 물었다.
"이 지갑이 어디 있던가요?"
"이 매장 층에 있는 의자에서 어떤 손님이 주웠다면서 직접 카운터에 가져다 주셨다고 하네요."
아무래도 아까 잠시 의자에 앉아서 가방을 정리할 때 지갑을 의자 위에 올려놓고 그대로 나온 모양이었다. 정말 나란 인간은 어떡하면 좋아. 이렇게 나 정신도 지갑도 놓고 다니다니. 아무튼 다시 찾게 되어서 정말 다행이었다. 그리고 일본의 국민성을 느낄 수 있었다. 하지만 뭐, 한국인 나라도 지갑을 주우면 당연히 카운터에 맡길 것이긴 하다. 아무튼 얼굴 모를 그 분에게 정말 감사함을 느꼈다.
이미 진이 다 빠지고 체력도 바닥나 버려서 당장 뭐라도 먹고 충전해야 할 것 같았다. 나는 다시 맥도날드로 돌아와서 해피밀을 주문하고 세 번째 장난감을 받은 후 마음을 진정시키며 자리에 앉았다. 시간은 아까 이곳에 왔을 때보다 벌써 한 시간도 더 지난, 다섯 시 반 정도가 되어 있었다. 이곳에서 끼니를 때우고 난 후에는 U짱이 있는 곳으로 이동할 생각이었다. 혼자

서 열심히 맥너겟을 입에 꾸역꾸역 집어넣고 있는데, U짱에게서 전화가 왔다.
"스안짱, 정말 미안한데 좀 더 늦게 출발할 수 있어…?"
"나는 괜찮은데 무슨 일 있어?"
사실 '무슨 일'은 아까 나한테 있긴 했다. U짱은 미안한 말투로 말을 꺼냈다.

"오늘 마을에 술 축제가 있었으니까 벌써 도로에 경찰들이 쭉 깔려 있거든. 나도 술기운을 빼려면 시간이 걸리고 해서, 혹시 역에서 택시 타고 우리 집 근처에 와줄 수 있어? 택시비는 내가 낼게."
"택시비를 왜 너가 내. 괜찮아! 근데 택시를 타야 할 정도의 거리야?"
"응, 역에서 집까지 걸어서 올 거리는 절대 아니야. 버스도 오기 힘들고. 아무튼 미안해…."
"택시비는 얼마정도 나오는데?"
"2000엔 정도?"
"2000엔이나!"
2000엔이라면 당시 환율로 따지면 약 22000원 정도의 적지 않은 금액이었다.
"그렇구나… 일단 알겠어. 그럼 내가 여기서 저녁 9시 쯤 출발할까 해. 그때 다시 연락할게."
"미안해, 스안 짱. 연락 줘."
사실 전화를 끊자마자 히로시마에 도착한 이후로 상황이 계속 꼬이고 있다는 기분이 들었다. 나는 이제 와서 물품보관함에 넣기도 애매한 거대한 캐리어를 질질 끌며, 역 안에 있는 백화점에 들어갔다. 뭐라도 구경하자 싶어서 들어갔는데 마침 서점이 보였다. 들어가서 책을 구경하려는데, 마음이 굉장히 복잡하고 피곤해서 책이 도저히 눈에 들어오지 않았다. 나는 서점 안에 있는 의자에 털썩 앉았다. 차라리 이대로 그냥 버스 표를 다시 끊어서 후쿠오카로 돌아가는 게 낫겠다는 생각이 들었다. 진심으로, 히로시마에 더 이상 있기가 싫었다. 차라리 이 시간에 후쿠오카에 있는 추억의 장소들을 더 돌아보는 편이 나을 것 같았다. 나는 핸드폰으로 버스 예매 사이트를 뒤져보다가, 한국의 친한 친구에게 연락해서 징징댔다(맨 앞 오사카 일정 부분에 아파트 옥상에서 짐승처럼 울부짖는 전화를 받아주었던 친구도 이 친구다). 사실 무슨 일을 겪으면 남한테 구구절절 설명하는 성격은 아니지만 지금 이 순간은 당장이라도 누군가 나를 툭 치면 눈물을 왈칵 쏟아 버릴 것 같은 우울한 기분이었다. 차라리 한바탕 눈물이라도 쏟아내면 우울함이 좀 가시는데 말이다. 그래서 나는 친구에게 내 사정을 설명하고 내가 지금 어떻게 하면 좋을지 의견과 조언을 구했다. 친구는 내 얘기를 듣더니 히로시마의 네 일본인 친구가 너가 오는 것을 그다지 반기지 않는 것처럼 느껴진다고 말했다. 그리고 결정권은 어디까지나 너에게 있으니 너가 내키는 대로 하는 것이 정답이라고 말했다. U짱이 내가 오는 것을 반기지 않는다는 말은 조금 공감이 가지 않았다. U짱은 연락할 때마다 항상 나에게 언제 히로시마에 오는지, 빨리 만나고 싶다고 얘기해왔기 때문이다. 사실, 여기서 U짱에 대해 조금이라도 나쁜 생각을 가지기 시작하면 정말로 U짱이 미워질 것 같았다. 아무튼 나는 친구의 말을 듣고 내가 내키는 대로 하기로 했다. 하지만 내키는 대로 하는 것도 결정이 필요했다. 나는 다시 버스 예매 사이트에 접속했다. 돌아오는 월요일에 히로시마에서 후쿠오카로 돌아가는 버스를 취소하면 취소 수수료 1000엔이 부담되고, 오늘 밤이나 내일 아침에 후쿠오카로 돌아가는 버스를 다시 예매하려면 4000엔이 조금 넘는 가격을 다시 부담해야 했다. 오는 표, 가는 표 각각 3500엔씩 구매한 것에 비해서는 조금 더 오른 가격이었다. 게다가 후쿠오카로 돌아가면 잠은 어디서 자야 할지… 나는 후쿠오카의 호텔이나 게스트하우스를 찾아봤지만 전날에 예약을 하려니 빈 방도 거의 없고 가격도 평소보다 비쌌다. 나는 센에게 곧장 연락을 해서 지금 사정이 이러이러한데, 혹시 오늘 늦은 밤이나 내일 후쿠오카에 돌아가면 다시 묵을 수 있는지를 물었다. 센은 흔쾌히 괜찮다고 해주었다. 나는 생각을 정리해 보았다.

당장 티켓을 끊고 후쿠오카로 돌아가면 이젠 숙박도 문제가 없을 것이고 히로시마 일정 때문에 시간이 부족해서 못 갈 것 같던 곳도 갈 수 있게 된

다. 하지만 버스 취소 수수료와 새로 티켓을 끊을 때 추가요금이 발생한다. 그리고 제일 억울한 건 5시간 걸려서 여기까지 왔는데 히로시마 역 하나만 보고 바로 돌아가면 나중에 후회할 것도 같고, U짱한테 뭐라고 말을 해야 할지 애매하다. 정신을 차려 보니 나는 같은 자리에서 핸드폰을 붙잡고 한 시간 넘게 고민하고 있었다는 걸 깨달았다. 그리고 이제 최종 결론을 내리기로 했다. ...이왕 히로시마까지 온 거, 일정대로 하자. U짱의 집으로 가보자. 앉은 자리에서 일어난 시간은 9시가 되기 조금 전 이었다.

히로시마 역에서 사이죠 역으로 가는 전철을 탔다. 전철은 두 자리씩 마주 보는 식의 좌석이었고, 역과 역 사이의 텀이 길었다. 핸드폰으로 음악을 들으려고 보니 배터리가 20%정도밖에 남아있지 않아 참기로 했다. 35분정도가 지나자 사이죠 역에 도착했고, 역에 내렸다. 역에서는 술 축제가 열렸다는 것을 확실히 증명해주듯 술냄새가 진동을 했고 얼굴이 빨갛게 달아오른 사람들이 많이 보였다. 벌건 눈으로 나를 뚫어져라 쳐다보는 사람도 있었다. 대부분 학생들이었고 외국인도 꽤 보였다. 나는 무시하고 얼른 역을 빠져나왔다. 그리고 역 바로 앞에 있는 버스 정류장에 가서 버스 노선을 보았다. U짱의 집이 내충 히로시마대학교 근처라고 하니 그 부근에서 내리기로 했다. 최대한 교통비를 줄이기 위해, 택시를 타라는 U짱의 말은 무시하기로 했다. 20분 넘게 기다려서야 버스에 탈 수 있었고, 내 캐리어가 너무 커서 자리 한 개를 차지한데다 통로까지 막게 되었다. 설상가상으로 버스는 한 정거장을 지날 때마다 사람이 점점 늘어나서 만원버스가 되었다. 나는 모두에게 너무나 미안한 마음으로 안절부절못하며 앉아있었다. 지도 어플을 계속 보며 얼추 내려야겠다 싶은 역에서 내리기로 했다. 통로가 사람들로 꽉 차있어서 계속 굽신굽신대며 빠져나가는 길을 확보하고, 요금을 지불한 다음 버스에서 빠져나왔다. 그리고 U짱에게 연락을 하려고 했다. 그런데 옆에서 버스가 계속 떠나지 않는 것이었다. 기사가 나를 쳐다보며 딱딱한 목소리로 말했다.
"요금 지불해주세요."

"네...?"
"아직 요금 안 내셨습니다."
나는 얼떨떨해하며 멈춰있는 버스에 다시 올라탔다. 알고보니 지폐를 동전으로 환전만 한 것이었고 동전을 넣어야 하는 곳에 넣지 않은 것이었다. 나는 당황하며 요금 200엔을 넣었다. 사람들의 곱지 않은 시선이 등에 따갑게 박히는 느낌이었다. 버스는 나를 내팽개치듯 부웅 하고 다시 떠나갔다.

지도를 보고 내리긴 내렸는데, 거의 고속도로 한복판이었다. 비도 계속 내렸다. 차도에는 차들이 빠른 속도로 쌩쌩 지나갔고, 인적도 없었다. 아무래도 잘못 내린 것 같아 이제라도 택시를 잡아보려 했지만 지나가는 택시도 없었다. 몇 분을 기다리자 택시 하나가 멀리서 보였고, 손을 흔들었지만 빗물만 튀기고 쌩 지나가버렸다. 차도에 차를 멈출 공간도 없었던 것이다. 어제에 이어서 또 이런 짓을 하다니. 나는 지도도 못 읽는 바보가 확실하다. 지금 내가 있는 버스 정류장에서 U짱의 집까지는 걸어서 25분 정도가 걸린다고 지도 어플에 나와 있었다. 하지만 걸어서 갈 수 있을 것 같던 길은 차만 다닐 수 있고 어두컴컴한 도로인 듯 했다. 나는 하는 수 없이 U짱에게 연락했다. U짱은 내 연락을 받자마자 차로 데리러 오겠다고 했다.

몇 분 지나지 않아 차 한 대가 내 앞에 섰고, 자동차 유리창을 내리고 U짱이 얼굴을 내밀며 인사했다. U짱이 차에서 내려 내 캐리어를 트렁크에 집어넣고, 우리는 차 안에서 오랜만에 인사를 했다.
"U짱, 잘 지냈어? 지금 위험할 텐데 데려오게 해서 미안해."
"아니야, 스안짱이랑 오랜만에 만나서 정말 좋아! 여기까지 오느라 고생 많았어. 그런데 음… 사실 잘 지내진 못해."
"왜! 무슨 일 있어?"
"너도 알다시피 이틀 전에 스리랑카에서 여행하고 돌아왔는데, 그 이후로 계속 배가 아프네. 오늘 술까지 마셔서 좀 더 심해진 것 같기도 하고…."
"정말? 진짜 큰일이네… 내가 좋지 않은 시기에 와서 정말 미안해."

"아, 아니야! 내 스스로 관리 못한 내 잘못이야. 내일은 괜찮겠지 뭐. 내일부터는 재밌게 놀자."

내가 오기를 U짱이 별로 원하지 않는다는 것 같던 친구의 말은 사실인 것 같았다. 나와 놀아주기에는 U짱의 건강상태가 좋지 못했으니까…

차로 가니 10분도 안 되어 U짱의 집에 도착했고, 주변은 매우 한적해 보였다. 차에서 내리자 U짱이 사는 집이 바로 앞에 있었고, 2층 다세대주택이었으며 건물이 온통 핑크색이어서 굉장히 예뻤다. 이런 한적한 동네가 아닌, 미국의 어느 바닷가 근처에 있을 법한 느낌의 건물이었다.
집에 들어가 보니 깨끗하게 정돈되어 있었고, 짐을 풀고 U짱에게 한국에서 가져온 선물들을 건네주었다. 그리고 U짱이 주는 차를 받아 마시며 다시 얘기를 시작했다. 나와 얘기하는 내내 U짱은 계속 배를 손으로 쓸어내렸다. 애처로웠다. 역시 오지 말 걸 그랬다.
우리는 둘 다 꽤 피곤한 상태여서 씻고 얼른 잠들기로 했다. U짱이 침대에서 같이 자자는 걸 극구 마다하고 나는 바닥에 누웠다. 막상 눕고 잠에 들려니 잠이 잘 오지 않았다. 센의 집에서 잘 때는 바닥에 폭신한 이불이라도 깔고 있었는데, 이 집에서는 얇은 카페트 한 징이이시 비단이 딱딱했다. U짱은 담요만 덮고 있는 나를 위해 자신의 이불을 반쪽을 내려서 덮어주었다. 나는 잠이 오지 않는데다 허기까지 느껴져서 배에서는 꼬르륵 소리가 나기 시작했다. U짱도 계속 뒤척이더니, 화장실을 들락날락댔다. 나는 배가 고프면 절대 잠에 들 수 없고 꼬르륵대는 소리도 매우 우렁차기 때문에 U짱에게 방해가 될까봐 화장실에 간 사이 가지고 있는 쿠키를 몇 개 꺼내서 억지로 먹었다. 급하게 먹었는지, 스트레스 때문인지 U짱이 화장실에서 나온 직후 나도 들어가서 변기에 얼굴을 박았다.
"구웨에엑!"

10월 9일 일요일   넷째 날 U짱의 집 부근

U짱은 밤 내내 계속해서 화장실을 왔다갔다했고, 나는 먹은 걸 다 토해버려서 다시 허기진 상태가 계속되어 결코 잠들 수 없는 상황이었다. 그리고 새벽 다섯 시, 결국 U짱은 방 불을 켜고 옷을 챙겨 입기 시작했다.
"스안짱, 정말 미안한데 나 아무래도 지금 응급실에 가봐야 할 것 같아."
"응급실이라니?! 상태가 많이 심각하구나, 나도 같이 따라갈게."
"아니야, 괜찮아. 남자친구랑 같이 가려고. 스안짱은 집에서 마저 자고 있어."
"진짜 괜찮겠어? U짱, 진짜 너무 미안해. 내가 올 시기가 아니었나봐."
"아니야, 내가 더 미안하지… 같이 여행하자는 약속 못 지켜서 정말 미안해. 그리고 침대에서 편히 자고 있어."
우리는 서로 계속 사과했다. 배가 너무 아픈 상황에 내가 있어서 얼마나 불편했을까. 곧이어 U짱은 다급하게 집을 나갔고, 나는 그런 U짱의 뒷모습을 안타깝게 바라보는 것 말고는 당장 할 수 있는 일이 없었다. 얼마 후 차 시동 소리가 들렸고, 나는 불을 끄고 침대에 누웠다. 대체 이게 무슨 상황인지. 황당하기도 했고, 너무 미안하기도 했다. 몇 분 후 구급차 사이렌 소리가 건물을 가로질러 지나갔다.

잠에서 깨고 나니 오전 11시가 지나 있었다. 또, 아무도 없는 빈집에 혼자 남아 있게 되었다. 테이블 위에는 현관 비밀번호가 적힌 쪽지가 놓여 있었다. 나는 U짱에게 상태는 좀 어떤지 메시지를 보냈다. 그리고 당장 지금이라도 후쿠오카에 돌아갈까 싶어 버스 편을 알아봤지만 오늘 돌아가나 내일 돌아가나 큰 차이가 없을 것 같아서 잠시 고민한 끝에 그냥 계속 이곳에 남아있기로 했다. 아무리 생각해도, 역시 어제 돌아갔어야 했나 보다.
일단 배가 고프니 옷을 챙겨 입고 화장도 하지 않은 채 밖으로 나갔다. 날씨는 구름이 조금 껴 있지만 어제와는 다르게 화창했다. 주변에는 논과 산, 드문드문 민가가 있었다. 여기 정말 시골이구나. 아무리 시골이라고 해도

설마 밥집이 없을까 싶어 10분 정도 걸어가자 한국에도 많은 체인점이 있는 카레집이 보였다. 생각보다 손님이 꽉 차 있어서 약간 대기해야 했다. 주문한 카레 맛도 나름 만족스러웠다.
식사를 마치고 나와서 동네를 둘러보는데, 왠지 모르게 피곤하고 목이 타기 시작했다. 나는 잠시 쉬는 겸 물도 가지고 나오기 위해 다시 U짱의 집으로 향했다. 쪽지를 보며 비밀번호를 찬찬히 누르고 문을 열자, 내 눈 앞에 낯선 남자가 서 있는 것이 아닌가.
"...혹시 스안짱?"
그 남자가 나에게 묻자 그제야 그가 U짱의 남자친구라는 감이 잡혔다. 그는 손에는 옷가지를 들고 있었다.
"아, 네, 맞아요! 제가 지금 U짱한테 신세를 지고 있어서 죄송해요!"
"여자친구한테서 스안짱 얘기 많이 들었습니다. 저는 잠깐 부탁을 받고 생필품이랑 옷을 챙기러 왔거든요. 아, 일단 들어오세요."
나는 현관에서 집 안으로 들어갔고 우리는 서로 마주보고 무릎을 꿇고 앉았다.
"U짱의 상태는 좀 어때요...? 병원에 갔더니 뭐라고 하던가요."
"일주일간 입원하게 됐습니다."
"입원이라니...!"
"스안짱한테는 정말 많이 미안하게 생각합니다. 원래는 오늘 셋이서 차를 타고 미야지마에 갈 계획이라고 들었는데, 그러지 못하게 됐네요."
"아니에요, 제가 지금 좋지 않은 시기에 와버려서 U짱한테 민폐를 끼치는 것 같네요…. 혹시 장염인가요?"
"장염은 아니고 그보다 좀 더 심한 상황인 것 같아요. 자세한 건 면밀한 검사를 해 봐야 알 수 있다고 하네요."
U짱의 남자친구는 중국인이라고 들었는데, 일본어가 굉장히 자연스럽고 능숙했다. 그리고 매우 정중했다.
"아무튼 여자친구도 스안짱에게 굉장히 미안해하고 있어요. 부디 이 집은 자기 집처럼 편안히 쓰세요."

"미안할 것 없다고 U짱에게 전해주세요. 오히려 제가 너무 미안하죠."
"그런데 스안짱, 히로시마 여행 중에 미야지마는 꼭 가 봤으면 해요. 세계문화유산이거든요. 결과적으로 오늘 다 같이 가지는 못하게 됐지만 일정이 된다면 한 번 다녀오세요."
"안그래도 U짱도 저한테 계속 얘기하더라구요. 네, 꼭 가 볼게요."
"그럼 이만 저는 다시 병원에 가 볼게요. 스안짱, 바이바이."
U짱의 남자친구는 끝까지 미야지마를 적극 추천하며 집을 떠나갔다. 하지만 시간은 오후 두 시가 넘어있었고 이 집에서 미야지마까지는 2시간이 넘는 소요시간과 적지 않은 교통비가 들었다. 게다가 나는 어젯밤 이후로 샤워도 화장도 하지 않은 상태라 다 준비하고 전철을 타서 그곳에 도착하면 이미 개방 시간이 끝난 후일 것이다. 나는 침대에 한숨을 쉬며 드러누웠다. 그리고 그대로 잠들었다.

미야지마

'신을 받들어 모시는 섬'으로 '이쓰쿠시마'라고도 부른다. 예로부터 섬 자체가 신으로 신앙되었으며 풍부한 자연과 전설이 남아있는 섬이다. 1002년에 섬 전체의 14%를 차지하는 광범위한 면적이 세계문화유산으로 등록되었다. 물에 잠긴 도리이가 이 미야지마의 대표적인 광경이다.

눈을 뜨니 방 안은 어두웠다. 시계를 보니 오후 8시였다. 오늘 하루도 이렇게 허비한 건가 싶었다. 또 허기가 져서 떡진머리를 한 채 다시 밖으로 나갔다. 아까 식사를 했던 카레집을 좀 더 지나 걸어가 보니 큰 마트가 보였다. 반가운 맥도날드 간판도 보였다. 바로 맥도날드로 들어가서 네 번째 장난감을 받고 저녁식사를 했다. 맥도날드에서 나온 후에는 마트 안으로 들어가 마실 물과 군것질거리를 몇 개 샀다. 2층과 이어지는 에스컬레이터가 있어 올라가보니 서점이 있었다. 일본은 이렇게 서점이 어디에나 있는 것 같아서 참 좋고 부럽다는 생각이 들었다. 서점에서 내 취향을 저격한 동화책

세 권을 사 들고 나온 후, 이번에는 마트를 지나 좀 더 멀리 걸어보기로 했다. 아직 밤 열 시 정도밖에 되지 않았는데 길거리를 걷는 사람도 거의 보이지 않았고 몇 개 없는 가게들도 거의 문이 닫혀 있었다. 길목에 미국 서부의 펍 느낌이 물씬 나는 술집이 포크송을 틀고 외롭게 영업을 계속하고 있었다. 한 번 들어가 볼까 싶은 생각이 들었지만, 그냥 가던 길을 계속 갔다. 그리고 조금 더 갔더니 히로시마대학교가 보였다. 여기가 U짱이 다니는 학교구나. 생각보다 집에서 그다지 멀지 않았다. 자전거로 통학하기에는 충분할 것 같았다. 내일 시내로 갈 때 탈 버스 정류장은 어디에 있을지 미리 확인하기 위해 학교 맞은편에 있는 코방(한국의 파출소와 비슷)으로 들어갔더니 전등이 희미하게 켜져 있을 뿐 사람이 아무도 없었다. 원래 이런 곳도 이렇게 자리를 비워 두나 싶었다. 다시 나와서 학교 입구 앞에 있는 경비실로 갔더니 다행히도 경비원이 있었다. 버스 정류장이 어디에 있는지 물으니 바로 이 근처에 있다며 손가락으로 가리켜 주었다. 그리고 몇 걸음 더 걸어가니 정말 바로 정류장이 있었다. 그리고 저편에는 내가 어젯밤 버스에서 내린 후 헤맸던 곳으로 추정되는 길이 보였다. 생각보다 가까운 거리였다….

집으로 돌아와서 방에 있던 청소기로 얼추 바닥을 청소한 후, TV를 틀고 테이블 위에 군것질거리를 펼쳤다. U짱에게는 조금 미안하지만 정말 내 집처럼 지냈다. 사 온 것들 중에는 국내 SNS에서 '일본에는 이런 약 빨은 과자도 있다'며 올라온 적이 있는, 헤어스타일을 꾸며 주는 과자도 있었다. 일본에 가게 되면 꼭 사보려 했던 것이다. 그것을 시간 가는 줄도 모르고 혼자서 열심히 가지고 놀았다. 아주 신났다. 히로시마에 와서 그나마 가장 신나는 순간이었다. TV에서는 식사를 할 공간이 없어서 테이블도 없이 서서 먹어야 하는 라면 가게와, 카레 한 그릇에 100엔밖에 하지 않는 가게를 보여주었다. 잠들기 전에는 한 무용수가 TV 화면으로 아름다운 춤사위를 보여 주어서 홀린 듯이 바라보았다. 마치 움직이는 예술 공예품 같았다. 나는 꽤 오랫동안 그 광경을 홀린 듯이 바라보다 잠들었다.

오카시나 사롱 (이상한 살롱)

인터넷에서만 보던 바로 그 약 한사발 들이킨 일본 과자! 딸기맛 카라멜을 손으로 녹여 원통 모양에 올리고 그 위에 더 큰 통을 끼워 꾹 누르면 머리카락 모양이 피지처럼 새어나온다. 그걸 다양한 모양으로 꾸미거나 가위로 자르고 다 즐긴 다음에는 씹어먹으면 된다. 일본의 마트나 잡화점에서 종종 볼 수 있다. 가격은 300~350엔 정도.

10월 10일 월요일   다섯째 날 사이죠 역-히로시마 역-원폭 돔-혼도오리-후쿠오카

오늘도 느긋하게 오전 11시가 좀 지나서야 침대에서 일어났다. 나는 U짱에게 다시 메시지를 보냈다.

-U짱, 상태는 좀 어때?
-약 먹고 치료 받았더니 어제보단 좀 나아졌어.
-정말? 다행이다. 나는 이제 집에서 나가려고 해.
-아직 혼도오리 안 갔지? 히로시마의 번화가니까, 꼭 가 봐.

좀 나아졌다고는 하지만 병원 침대에 누워 있을 U짱을 생각하니 마음이 좋지 않았다. 나는 나갈 채비를 하고, 짐을 챙기기 시작했다. 후쿠오카로 돌아가는 날이다. 더 이상 이곳에 있을 이유가 없었다. 버스는 오후 다섯 시 버스였다. U짱에게 신세 많이 졌고 빨리 쾌유하라고 쪽지를 적어 테이블에 붙여두고 짐을 다 챙겨 집 밖으로 나왔다. 날씨는 오늘도 화창했다. 그리고 나는 어제 먹었던 카레집으로 다시 향했다. 이번 카레도 어제와 같은 메뉴였고, 만족스럽게 해치웠다. 다시 버스 징류장 쪽으로 향하는 길에, 어젯밤에 미처 발견하지 못했던 또다른 중고 서점이 보여서 들어갔다. 사람은 주인 딱 한 명뿐이었고, 매장은 내 숨소리가 들릴 정도로 매우 고요했다. 딱히 살 건 없어서 조금 둘러보고 나왔다.
히로시마 대학교 안을 좀 둘러볼까 하다가, 큰 캐리어도 있고 해서 그냥 정류장에 앉아서 사이죠 역으로 가는 버스를 기다렸다. 몇 분 후 버스가 내 앞에 섰고, 캐리어를 들고 낑낑대며 올라탔다. 다행히도 버스가 대학교 안을 한바퀴 돌아가서 창문 너머로 캠퍼스 구경을 할 수 있었다. 오늘은 일본에서 체육의 날이라는 공휴일이라 학교 안에는 사람이 거의 보이지 않았다. 이 동네는 정말 한적하구나.

사이죠 역 앞에 내려 전철을 타러 갔다. 플랫폼에서 전철을 기다리며 서 있는데, 왠지 모르게 사람들의 시선이 느껴지는 것 같았다. 내 옆에 있던 두 명의 할머니는 내 뒤에서 수군거렸다. 갑자기 그 중 한 할머니가 나에게 다가와서 치마 어쩌구 하시더니 치마를 싹 내려주시는 게 아닌가. 추측하건대 치마가 올라가서 속옷이 다 보일 지경이었던 것 같다. 나는 얼떨떨하게 감사 인사를 한 후 너무 당황해서 잠시 패닉 상태에 빠졌다. 허공을 바라보며 어떡해, 어떡해 하고 중얼거렸다. 제발 내 속옷이 보였던 게 아니길 빈다. 전철에 올라 창가 자리에 앉았다. 곧 달리기 시작한 전철의 창 너머로 히로시마의 철길 풍경이 휙휙 지나갔다.

다음 역에서 한 할머니가 내 옆자리에 앉았다. 할머니가 내 쪽을 힐끗힐끗 쳐다보더니, 나에게 말을 붙였다.
"아가씨, 해외여행 가? 좋겠다. 젊어서 부러워."
할머니는 진한 아이라인에 마스크를 하고 있었다. 일본은 전철 안에서 모르는 사람에게 이런 식으로 말을 붙이는 일이 별로 없을 거라고 생각했는데, 사람 사는 곳 다 똑같구나.

"아, 제가 여기로 여행 온 외국인이에요."
"우소(거짓말)!!!"
할머니는 내 말을 듣고 굉장히 놀라워했다.
"어디서 왔어?"
"한국에서 왔어요."
"어머, 한국 여자들은 어쩜 이렇게 피부도 곱고 다 이쁠까."
그다지 예쁜 얼굴이 아닌데도 칭찬해주셔서 괜히 머쓱해졌다.
"한국 연예인들도 일본에서 엄청 유명하지. 겨울연가의 배용준, 박용하, 최지우…"
할머니의 말을 듣고 박용하는 몇 년 전 안타깝게 생을 마감했지, 하고 생각했다. 할머니는 순간 나를 아래위로 훑고는 다시 말을 꺼내셨다.
"…혹시 아가씨도 여배우 아니야?"
"저요? 저는 절대 아니에요!"
손사레를 치며 부정했지만 여배우로 의심(?)받았다는 것 자체가 기분은 매우 좋았다. 몇 정거장 지난 후 할머니는 내게 일본에서 재밌게 여행하고 돌아가라며 인사를 해주신 후 전철에서 내렸다.

히로시마 역 부근의 풍경

히로시마 역에 도착한 나는 남은 세 시간을 어떻게 보내면 좋을까 잠시 고민하다가 노면전차를 타고 시내 여행을 하기로 했다. 히로시마까지 왔는데 미야지마는 못 봤더라도 원폭 돔은 보고 가야지 싶었다. 전차가 원폭 돔 쪽으로 가는 것을 확인한 후, 히로시마 역 바로 앞에 있는 노면전차에 올라탔다. 이제서야 제대로 히로시마를 관광하는 기분이었다. 내 맞은편에 앉은 서양인들이 내 캐리어를 힐끗힐끗 쳐다보았다. 내 캐리어가 거대하긴 한가 보다.

몇 정거장 지난 후 원폭 돔 앞 옆에서 내렸다. 기관사가 매우 친절하게도 내 무거운 캐리어를 자리에서 일어나 직접 내려 주었다.

역 바로 앞에는 원폭 돔이 있었다. 말로만 듣고 사진으로만 보던 이 피폐한 건물. 공원 안에 돔이 있었는데 알고 보니 공원의 이름은 '평화 기념 공원'이었다. 돔 주변에는 다양한 인종의 관광객들이 있었고, 나도 그 사이에 껴서 돔을 구경했다. 형태만 간신히 남은 이 건물이 히로시마의 심볼이군. 미리 알아본 정보에 따르면 원폭 돔은 본래 1915년에 건설된 일본 히로시마 시의 상업전시관으로, 원자폭탄이 투하된 인근 지역에서 유일하게 남겨진 건물이었다. 1945년 8월 6일 제2차 세계 대전 중 미국이 히로시마에 투하

한 원자폭탄의 피해로 반파되고 남아있는 전쟁유적 중 하나이며 1996년 유네스코 세계문화유산으로 지정되었다고 한다.

나는 한국인의 입장에서 무슨 생각을 하고 이 건물을 바라보아야 할까. 머리가 복잡해진다. 그래서 복잡한 생각 없이, 그저 히로시마의 대표적인 관광지 정도로만 생각하고 싶다. 사실은 속으로, '그러게 누가 전쟁 유발하래?' 하고 중얼거렸다. 들어가는 글에서 미리 밝혔지만 나는 일본의 역사에 대해 거부감이 많다.

평화의 공원 안은 때마침 날씨도 맑고 경치도 좋았다. 원폭 돔을 봤으니 이제 됐다 싶어 공원 밖으로 빠져나왔다. 나중에 한국에 돌아가서 안 사실이지만 공원 안에는 당시 원폭 피해 상황을 그대로 증명하는 물건들을 전시해 놓은 평화 박물관이 있다고 한다. 왜 이걸 미처 알지 못했을까. 알고 있었다면 보러 갔을 텐데, 뒤늦게 아쉬움이 몰려왔다. 사실 나는 히로시마에 오기 전에 관광 코스를 미리 짜 두거나 여행 정보를 알아놓지 않았다. 관광보단 U짱을 만나러 온 것이었으니까….

평화 기념 공원에 나와 U짱이 가 보라고 했던 혼도오리로 향해 보았다. 지도를 보니 공원에서 걸어서 5분 정도의 거리. 혼도오리는 히로시마에서 가장 번화가라고 한다. 도쿄의 시부야, 오사카의 난바처럼 말이다. 하지만 사람들의 밀도는 확실히 도쿄나 오사카보다 훨씬 낮다. 그곳의 한 큰 건물에는 야구 선수들의 사진이 있는 커다란 현수막에 '오메데또(축하해)' 라는 글자가 거대하게 쓰여져 있었다. 알고보니 히로시마 야구 25년만의 첫 승리란다. 기쁠 만도 하겠다. 역시 새삼 일본이 역시 야구의 나라라는 걸 느낀다.

벌써 네 시가 넘었다. 나는 혼도오리의 서점이나 다양한 가게에도 들어가 보며 적당히 구경한 후, 이제 슬슬 5시의 버스를 타러 히로시마 역으로 가기로 했다. 걸어가기엔 시간이 꽤 걸릴 것 같아 다시 노면전차를 타기로 했다. 앙증맞은 괴수가 군데군데 그려진 열차가 혼도오리 역 쪽으로 다가오고 있었다. 노면전차를 타고 히로시마 역에 내린 나는 여기에서도 히로시마 야구의 승리를 축하하는 조형물과 글자로 장식된 전차를 보았다. 그런데 버스 터미널 위치가 잘 기억이 나지 않아서 근처에 있던 안내소로 들어가 물었다. 그러자 안내원은 히로시마 발 버스는 이곳에서 타는 게 아니라 혼도오리 근처에 있는 '히로시마 버스 센터'에서 타야한다고 알려주었다. 나는 그제서야 버스 예매 내역을 뒤져서 다시 확인했다. 확실히 돌아가는 버스의 출발지는 히로시마 버스 센터의 출발지로 적혀 있었다. 시간이 조금 여유가 있으니 망정이지, 5시가 다 된 시간이었으면 위험할 뻔 했다. 안내원의 안내를 받고 버스 센터로 향하는 버스를 탔다. 지도를 보니 혼도오리 바로 옆에 버스 센터가 있었다. 참 항상 미련하기 짝이 없다. 발차를 20여 분 남기고 간신히 버스 센터에 도착했다.

혼도오리의 풍경

일본 번화가 곳곳에서 만날 수 있는 인공지능 로봇 페퍼. 이 아이들은 히로시마에서 만난 아이들이다.
나는 이 아이에게 흥미가 있어서 발견하면 쉽게 지나치지 못한다.
소프트뱅크가 인수한 프랑스 로봇 개발 업체에서 만든 인공지능 로봇이라고 한다.
실제로 일본에는 이 로봇을 자신의 가족처럼 여기고 함께 사는 사람도 있다.

근처 편의점에서 급히 산 유부초밥과 푸딩으로 허기를 달래고 버스를 기다렸다. '오사카 행'이 적힌 거대한 2층 버스가 내 앞으로 왔다. 나도 2층 버스를 한 번 타 보고 싶었다. 내 앞에 있던 여자가 버스에 올라탄 친구에게 두 팔을 벌려 열심히 손을 흔들었다.

나도 곧이어 온 후쿠오카 행 버스에 올라탔다. 이번에는 창가 자리가 아닌 통로 자리였다. 버스는 정시에 출발했고, 나는 드디어 히로시마를 벗어날 수 있었다.

2박 3일동안 히로시마에서 이런저런 좋지 않은 일들이 있었지만 워낙 사소한 일들이었기에 이것도 추억이 되지 않을까 싶었다. 그런데 다시 이곳에 올 일이 있을지는 모르겠다.

히로시마로 왔을 때처럼, 돌아갈 때도 중간에 휴게소를 두 번 들렀다. 두 번째 휴게소에서 타코야끼 자판기를 발견하고 뽑아서 먹어보았다. 여태 먹은 타코야끼 중 가장 맛이 별로였지만 나름 먹을 만 했다. 맛없는 타코야끼를 먹어보는 것도 타코야끼 마니아에게 있어서는 경험이 된다. 이렇게라도 먹을 수 있어서 좋았다.

안녕, 히로시마.
다시 찾아올 일이 있을지는 나도 모르겠어.

휴게소의 타코야끼 자판기.
370엔.

이번에도 다섯 시간이 조금 안 되어, 후쿠오카의 하카타 역에 도착했다. 히로시마에 갇혀(?) 있을 동안 그토록 갈구하던 후쿠오카. 풍파를 겪고 돌아온 후 반겨주는 내 고향 같은 기분까지 들었다. 밤 10시가 다 되어 가는 시간이었기 때문에 어딘가에 들를 시간은 없었고, 앞으로 3일간 묵을 게스트하우스가 있는 곳으로 향했다. 대충 공항선 후지사키 역 근처겠거니 해서 지하철에서 내리고 지도를 보며 찾아가는데, 꽤 많이 걸었다. 도중에 눈앞에 무로미 역이 보였는데 알고보니 게스트하우스는 후지사키 역이 아닌 무로미 역 근처에 있었다. 나는 미리 제대로 확인하지 않고 온 탓에 무거운 캐리어를 드르륵 끌며 역 한 정거장을 더 걸어야 했던 것이다. 이번 여행은 정말이지 준비성이 제로다.

게스트하우스는 일반적인 가정집들이 많은 동네에 위치해 있었다. 건물 앞에 도착해서 초인종을 누르니 한 사람이 문을 열어주었다. 그는 '난초머리'라고 하는, 보통 일본의 락 밴드나 호스트들이 하는 머리 스타일에 푸른색의 컬러렌즈를 끼고 있었다. 피부는 매우 검었다. 하지만 외양과는 다르게 굉장히 친절했다. 차분하게 게스트하우스 이용 수칙을 설명해 준 다음 2층으로 함께 올라가서 내가 묵을 방을 안내받았다. 한국 집의 내 방보다 조금 더 작은 곳에 두 개의 2층 침대가 있었다. 이 방은 4인실인가 보다. 생각보다 좁지 않고 괜찮았다. 한 명은 바닥에 앉아서 머리에 수건을 두르고 잘 준비를 하고 있었고 한 명은 아예 커튼을 치고 이미 잠들어 있었다. 내 자리까지 두 자리는 비어 있었다. 부스럭대며 짐을 놓고, 다시 밖으로 나와서 주변을 돌아다녔다.
늦은 시간이라 동네에 사람은 거의 없었다. 나는 편의점으로 들어가 아이스크림을 하나 사 물고 근처에 있던 강가를 바라보았다. 바다와 이어지는 강은 한강의 반절 넓이 정도였다. 저 멀리 은은하게 파란 빛을 뿜는 후쿠오카 타워가 보였다. 약 30분 정도 홀로 산책을 하다 숙소로 다시 돌아온 나는 씻고 편한 옷으로 갈아입고 침대에 누웠다. 묵혀둔 졸음이 쏟아지기 시작했다. 내일 계획은… 내일은… 일단 너무 졸리다…

10월 11일 화요일 여섯째 날 텐진-후쿠오카대학교-텐진-모모치해변-무로미

잠깐 눈만 감았다 뜬 것 같은데 아침이었다. 시간은 오전 여덟시 반. 어제 나는 그렇게 기절했었다. 오늘은 오전에 한국에서 친한 오빠가 후쿠오카에 와서 만나기로 한 날이고, 오후에는 후쿠오카대학교에서 아는 교수님을 만나뵙기로 약속이 되어 있었다.

나갈 준비를 마치고 숙소에서 나와 지하철 1일권을 끊고 텐진으로 향했다. 오빠가 오기 전까지 혼자서 텐진 곳곳의 여러 가게에서 폭풍 장난감 쇼핑을 하며 기다렸다. 한 시간 쯤 지났을까, 오빠가 텐진에 도착했다는 연락이 왔고, 우리는 만다라케에서 접선했다. 이 오빠의 이름은 세오. 나처럼 장난감을 좋아하는 키덜트족이며 장난감 마니아다. 장난감이 너무 좋은 나머지 장난감 가게까지 차렸고, 후쿠오카에서 물건을 떼 가기 위해 1박 2일 동안 소위 '출장'을 온 것이다. 내가 후쿠오카에 있는 여러 장난감 스폿에 대해 꽤 빠삭한 편이기 때문에 오빠와 같이 쇼핑하며 다양한 장소를 알려주고 가이드를 해 주기로 한 상황이었지만, 막상 같이 쇼핑을 하니 오빠와 은근 경쟁하게 되는 해프닝이 생겼다. 한 체에 400엔밖에 하지 않던 80년대 바비인형 10체를 모두 눈앞에서 놓치고 말았다. 오빠가 먼저 발견했기 때문에 어쩔 수 없었다. 오빠가 다른 곳을 보는 사이에 내가 고른 300엔짜리 하와이 소녀 빈티지 인형은 오빠가 매우 아쉬워하며 탐을 냈다.

2시에 교수님과 약속했기 때문에 오빠를 잠시 텐진에 남겨두고 나는 학교로 향했다. 오늘 뵙기로 한 교수님은 내가 한국에서 대학교에 다니며 일본학 수업을 들었을 때 원어민 수업의 여자 일본인 지도교수님이었다. 우연한 기회로 국민대학교에서 후쿠오카대학교로 옮겨가게 되셨고, 현재 한국 관련 수업을 지도하고 계신다고 했다.
학교에 도착하여 교수님의 연구실로 들어갔고, 교수님은 나를 반갑게 맞아주셨다. 그리고 내 손에 들린 커다란 쇼핑 가방을 발견하고 안에 뭐가 들어있는지 물으셨다. 쇼핑 가방 안에는 여러 장난감들이 가득 들어있었고, 교수님은 그걸 보고 엄청 웃으셨다. 그러고 보니 교수님의 선물은 깜빡 잊고 있었다. 진짜 나란 학생은...! 다음에는 꼭 준비해 와야지. 나는 교수님과 서로의 얘기를 나누었고, 내가 쓴 책을 보여드렸더니 자세히 살펴보며 굉장히 신기해 하셨다. 그리고 곧 있을 교수님의 수업에 함께 참여하기로 했다. 한국 관련 세미나 수업이며 총 다섯 명의 일본인 학생들이 수강한다고 한다. 교수님과 미리 메일로 약속을 한 부분이었다. 그리고 교수님은 수업시간에 내가 쓴 책을 학생들에게 보여주고 싶다고 하셨다.
오랜만에 후쿠오카대학교에서 수업을 들을 수 있어서 설렜다. 다시 이 학교의 유학생이 된 기분이었다. 교수님과 함께 교실에 도착하자 일본인 학생 세 명이 앉아서 기다리고 있었다. 두 명은 오늘 결석이었다. 안그래도 인원이 적은 수업인데 살짝 아쉬웠다. 하지만 곧 내가 지금 다니고 있는 학교에서의 생활도 엉망이라는 것이 떠올랐다.
수업은 일본인 학생들과 내가 자유롭게 대화를 나누는 식으로 진행됐다.

후쿠오카대학교에서의 유학생활은 어땠는지, 한국으로 교환유학을 가면 어떤 식으로 생활하면 될지, 한국과 일본의 차이점 등 다양한 질문을 받았다.
"일본남자와 한국남자의 차이점은 어떤 게 있는 것 같나요?"
"사람마다 다르지만 제 개인적인 의견으로는 한국남자는 키가 크고 덩치가 큰 사람이 많고 안경을 많이 끼는 것 같아요. 일본남자는 한국남자들보다는 비교적 덩치가 왜소하지만 외모에 관심이 많은 것 같아요. 특히 머리스타일이 독특한 사람이 많고, 안경을 낀 남자는 많이 못 본 것 같아요."
나의 주관적인 의견이다.
"그럼 일본 남자와 한국 남자 중에서 어떤 타입을 더 선호해요?"
"야노 시호의 남편인 추성훈처럼 피부가 검고 스포츠형의 남자다운 남자가 이상형인데 일본에서 종종 많이 본 것 같아요."
이런저런 질의응답이 끝나고 교수님은 갖고 계시던 내 책을 꺼내서 들어보이셨다.
"이건 스안상이 직접 쓴 책이랍니다. 후쿠오카 대학교에 대한 얘기도 많이 나오니 여러분도 한 번 돌려가면서 보세요."
"우와, 진짜요?!"
학생들은 다행히도 내 책에 매우 큰 흥미를 가져 주었다. 책을 넘겨 보며 '스고이(대단해)'를 연발하며 놀라기도 하고, 웃기도 하며 재밌게 구경해주었다. 쑥스럽기도 하고 고맙기도 했다.

수업이 끝난 후, 교수님과 나는 연구실로 다시 돌아왔다.
"오늘 수업 어땠어요? 같이 참여해줘서 고마워요."
"저야말로 오늘 이렇게 잠깐이지만 이 학교 학생으로 돌아간 것 같아서 정말 좋았어요. 감사합니다."
"오늘 식사라도 같이 했으면 좋을 텐데, 스안상도 나도 오후에 일정이 있으니 다음에 후쿠오카에 올 땐 꼭 식사를 같이 하도록 해요."
교수님은 엘리베이터 앞까지 나를 바래다 주셨다.
"다음에 후쿠오카에 올 때 하시모토에 있는 우리 집에서 묵어도 됩니다. 방이 여러 개 있어서 친구를 데리고 와도 되고요."
교수님의 말씀에 나는 잠시 얼떨떨해졌다.
"여태 일본인 친구들한테는 그런 말을 많이 들었지만 설마 교수님한테까지 그런 말씀을 들을 줄은 상상도 못했어요……. 그러면 너무 많이 민폐일 것 같은데… 말씀만으로도 너무 감사합니다."
내가 당황하며 말하자 교수님은 웃으며 말씀하셨다.
"어차피 넓은 집에 나 혼자밖에 없으니 묵을 곳이 없다면 사양 말고 얼마든지 연락하세요."
여기서 독자들에게 묻고 싶다. 다음에 내가 다시 후쿠오카에 왔을 때 정말로 교수님 집에 묵고 싶다고 연락을 드리면 눈치가 없는 학생일까…?

교수님과 헤어진 후 지하철을 타고 세오오빠가 있는 텐진으로 다시 돌아왔다. 만나기로 한 장소인 맥도날드에서 나는 또다시 해피밀을 주문하고 다섯 번째 장난감을 받았다. 생각보다 늦는 오빠를 기다리며 옆 가게에서 팔던 딸기 파르페까지 사먹었다.

파르페를 다 먹고 난 후에야 오빠가 나타났다. 오빠의 짐은 아까보다 훨씬 늘어나서 커다란 가방들이 금방이라도 터질 것 같았다. 그리고 오빠도 항상 그렇듯이 나처럼 해피밀을 주문하고 장난감을 받았다. 서로의 배를 다 채운 후 우리는 다시 텐진에 있는 장난감들을 더 획득하기 위해 열심히 돌아다녔다.

잠시 숨을 돌리기 위해 우리는 텐진의 케고 공원에 앉았다. 오빠는 옆에서 잠시 짐을 정리했다. 짐은 상상 이상으로 많았다. 내가 없는 사이에 괜찮은 물건들을 많이 입수한 듯했다. 오빠한테 있는 장난감 중 한 바비인형이 탐이 난다고 했더니 오빠는 주저없이 그 인형을 나에게 양도했다.

공원에 앉아서 주변 건물들을 올려다보는데, 건너편에 내가 자주 가던 이탈리안 레스토랑인 '사이제리야' 간판이 보였다. 나는 간판을 가리키며 오빠에게 물었다.
"오빠, 배 안 고파요?"
"좀 배고프긴 한데."
"그럼 저기 갈래요? 제 단골 가게였는데, 맛은 그냥 그래도 가격이 정말 저렴해요."
사이제리야는 이탈리안 레스토랑으로, 다양한 메뉴와 놀랍도록 저렴한 가격을 자랑하는 곳이다.
"그래? 가 보자."
우리는 곧장 그곳으로 들어가서 나는 미트소스 파스타를, 오빠는 먹물 파스타와 도리아(밥과 치즈를 볶은 그라탕)를 시켜 세 개를 나눠 먹었다. 열심히 먹고 먹물로 이빨이 새카매진 오빠가 한 마디를 꺼냈다.
"생각보다 꽤 맛있는데?"
"그러게요, 맛있네요."
세 개의 메뉴는 다 합해도 천 엔이 조금 넘었고, 고맙게도 오빠가 계산해 주었다.

사이제리야는 언제나 사람들로 가득하다.

배불리 먹은 우리는 게스트하우스로 이동했다. 오빠의 짐이 너무 많아서 애처로웠다. 도와주고 싶었지만 내가 들고 있는 짐도 꽤 많아서 남을 도와 줄 만한 처지는 아니었다. 오늘 밤에 함께 밤바다에 가기로 약속했는데, 오빠가 너무 힘들어 하는 게 계속 눈에 보였다.
"오빠, 오늘 제가 바다로 오빠를 강제로 데려가진 않을게요. 오빠 힘들면 저 혼자 가면 되니까…"
"무슨 소리야. 난 무조건 갈 거야. 니가 막지 마."
"좋은 자세예요. 알겠습니다."

내가 묵고 있는 게스트하우스에 오빠도 하루 묵기로 예약해 두었다. 게스트하우스에 도착해서 체크인을 했지만 어제의 그 난초머리 직원은 보이지 않고 다른 직원이 있었다. 어제의 직원에게 얘기를 들었는지, 내 일본어가 아주 능숙하니 오빠에게 자기 대신 입실 규정을 설명해 주는 게 더 빠를 것 같다고 하길래 흔쾌히 수락했다. 오빠에게 규정을 설명해 준 다음, 오빠는 직원의 안내를 받아 배정된 방으로 들어갔다. 직원이 입은 옷 뒤에는 한국인 야구선수의 이름이 적혀 있었다.
부엌을 개조한 듯한 로비에 앉아 오빠를 기다리는 동안, 직원과 대화를 나눴다.
"한국에서 왔죠? 일본어를 정말 잘 하시네요. 일본인인줄 알았는데, 한국인이시네요."
"후쿠오카에 유학한 적이 있어서 오랜만에 놀러왔어요."
"얼마나 유학했어요?"
"후쿠오카에서 5개월, 도쿄에서 반 년이요. 근데 티셔츠 뒤에 한국인 이름이 적혀있네요."
"이건 제가 좋아하는 한국인 야구선수의 이름이에요. 얼마 전 여름에 한국에 여행을 간 적이 있는데 다들 친절하고 정말 재밌었어요."
"저도 일본 사람들은 다들 친절하고 유학 시절에 즐거운 추억밖에 없어서 계속 오게 돼요. 아, 그런데 혹시 여기에 자전거 대여해 주나요?"

"네, 하루에 300엔으로 대여해 드려요. 지금 어디 가시게요?"
"네, 바다로 가려고요. 어느 방향으로 가면 되나요?"
"건물에서 나가서 쭉 직진하면 나올 거예요."
얘기를 나누는 사이 오빠가 준비를 마치고 내려왔다.
"오빠, 우리 자전거 타고 가요. 300엔이래요."
"어차피 오늘 몇 시간만 타지 않으시나요? 무료로 빌려드릴게요. 대신 다른 손님들한텐 비밀이에요."
"우와, 정말요? 감사합니다!"
감사하게도 자전거를 무료로 빌릴 수 있었다! 직원은 한국에 정말 좋은 인상을 갖고 있는 것 같았다.

우리는 각각 한 대씩 자전거에 올라타고, 신나게 페달을 밟으며 인적 드문 어두운 동네를 질주했다. 바다가 있는 메이노하마 역은 숙소가 있는 무로미 역의 바로 옆 역이었고, 메이노하마 역에서 바다까지도 그다지 멀지 않았다. 여태 계속 길을 걷기만 하다가 자전거를 타니 속이 다 시원했다. 우리는 신이 나서 탄성을 질렀다. 더 달리니 왠지 익숙한 느낌의 길이었다. 과거에 메이노하마로 걸어갔을 때마다 간 길이었다. 도중에 길이 헷갈려서 헤매고 있는데, 오빠가 지도를 한 번 보고 앞장서더니 아무데나 막 들어갔다.
"오빠, 진짜 이 길 맞아요?"
"확실해. 너는 조용히 하고 나만 따라와."
우리는 좁은 동네 길을 지나쳐, 낯선 길을 달렸다. 마치 길에 하늘열차의 레일을 깔고 그 위를 지나는 짜릿한 기분이어서 정말 신이 났다. 자전거란 참 좋은 것이다. 그리고 얼마 후 내가 아는 길이 나왔고, 우리는 페달을 더 빨리 밟으며 바다를 향해 달려갔다.
얼마 후 탁 트인 밤바다가 우리의 눈앞에 펼쳐졌다. 마음까지 탁 트이는 기분이었다. 늦은 시간이었지만 몇 명의 사람들이 보였다. 강아지와 산책을 나온 사람도 있었다. 우리는 모래사장 앞에서 자전거를 멈추고, 오빠의 자물쇠로 두 대의 자물쇠를 묶었다.

"와, 이제야 여행 하는 기분이네."
계속 많은 짐들을 들고 나르느라 힘들어하던 오빠는 바다를 바라보며 멍하니 중얼거렸다. 나는 모래사장에서 바다 한복판으로 쭉 이어진 길로 오빠를 안내했다. 이 길은 사실 내 비밀장소다. 모래사장에서 바다로 이어지는 길인데, 바다 한가운데까진 아니지만 마치 그쪽까지 들어간 느낌이 들게 하는, 내가 이 바다에 올 때마다 항상 오는 길. 사실 조금 더 깊게 들어가면 출입금지 구역이라고 적어 놓고 어줍잖은 쇠사슬로 막아 놓은 것을 볼 수 있다. 하지만 너무나도 간단히 들어갈 수 있고 비밀장소라고 하기엔 은근 사람들이 잘 들어오는 곳이다. 들어온 길 양 옆으로 넓은 바다가 펼쳐지고 검은 파도가 철썩거렸다. 깊이를 가늠할 수 없어서 더 무서웠고, 무서운 만큼 설렜다. 길에는 난간 따위가 전혀 없어서 바다 한가운데에 오롯이 서 있는 느낌이 든다. 후쿠오카의 바다는 딱 1년 만이었고, 작년 여행 때 시간에 쫓겨 바다에 가지 못한 게 후회로 남아 있었다. 이 길을 정말 걷고 싶었다.
"야, 여기는 진짜 누가 빠져죽어도 모르겠다."
"오빠, 저 바다에 빠트려서 수장시키면 안돼요! 물귀신 돼서 평생 저주할거에요!"
"미쳤니?"

철썩대는 파도를 바라보고 있다 보니 약간의 두려움에 적응하고 기분이 좋아져서 나는 핸드폰으로 노래를 틀고 춤을 마구 추기 시작했다. 나는 신나면 춤을 추는 버릇이 있다. 이 길에 우리밖에 없고 우리를 볼 사람도 아무도 없었으니까. 어차피 우리는 어둠에 묻혀 있었고, 우리만의 어둠을 즐기고 있었다. 나는 오빠가 내가 춤추는 모습을 보지 못하도록 핸드폰을 하고 있으라고 명령했다.

얼마 후에 바다의 다른 길로 갔더니, 생각보다 많은 사람들이 옹기종기 모여 낚시를 즐기고 있었고 어리고 젊은 낚시꾼들도 많았다. 우리는 여유롭게 바다를 바라보았고, 오빠는 옆에서 줄곧 이번 일정이 1박 2일뿐인 것을 한탄하는 소리를 냈다. 나도 내일 모레 한국에 돌아가야 하는 것이 아쉽다.

우리는 다시 자전거를 타고 돌아와 숙소 근처 편의점에서 야식을 사 들고 벤치에 앉아 야식을 먹었다. 오빠는 야끼소바와 호로요이(과일주) 한 캔을, 나는 우마이봉(10엔짜리 막대기형 과자)과 딸기맛 아이스크림을 먹었다. 우리는 두 시가 넘어서야 다시 숙소로 향했고, 방으로 들어온 나는 사람들이 깨지 않게 최대한 조심해서 잘 준비를 하려 했지만 어쩔 수 없이 씻는 소리나 짐을 부스럭대는 소리를 또 내며 밤늦게 민폐를 끼치고 말았다. 그리고 이 날도 자리에 눕자마자 정신을 잃었다.

다음 날

10월 12일 수요일 일곱째 날 하카타-도진마치-모모치해변-텐진-후쿠다이마에

세오오빠가 한국으로 돌아가는 날이다. 외출 준비를 마치고 로비에서 오빠를 아무리 기다려도 내려오지 않길래 오빠가 있는 방으로 올라갔다. 오빠는 아무도 없는 방에서 혼자서 낑낑대며 짐 정리를 하고 있었다. 가방 문을 닫으려고 해도 넘쳐나는 장난감들은 자꾸만 삐져나왔다. 몇 번의 시도 끝에 간신히 장난감을 가방에 다 집어넣고, 우리는 전철을 타고 하카타역으로 향했다. 역 출구 바로 근처에 있는 전자제품 매장인 '요도바시카메라'에 가기 위해서다. 일본의 대표적인 전자제품 매장에는 히로시마에서 다녀왔던 '빅카메라'와 '요도바시카메라' 이 두 군데가 유명하며 특히 한국인들에게도 많이 알려져 있다. 두 매장 다 전자제품 뿐만 아니라 다양한 장난감이나 완구도 판매하며 특히 하카타의 요도바시카메라(이하 카메라 생략)에는 후쿠오카 최고의 개수를 자랑하는 수많은 가챠퐁 머신들과 인형, 피규어, 건담 등을 비롯한 다양한 장난감이 매우 많아서 나름 알려진 '오타쿠 쇼핑 스폿'이기도 하다. 그리고 요도바시 건물 안에는 복합 쇼핑몰처럼 옷가게, 식당, 빌리지뱅가드 등 다양한 매장이 있는데 그 중 '우오베이'라는 초밥집이 있다. 이곳은 현지인보다 외국인 관광객들 사이에서 더 유명하며 내가 자주 온 단골 가게이기도 하다. 이번에도 어김없이 세오오빠와 우오베이를 찾았다. 스시를 못 먹는 나는 이번에도 항상 먹던 메뉴(유부초밥과 햄버거스테이크초밥, 우동, 푸딩 등)를 주문했다. 정말 오랜만에 먹어서 굉장히 행복했는데, 옆에서 오빠가 스시를 먹다 말고 아주 극찬을 했다.

회전초밥집은 아니고, 직진초밥집이랄까...?

"여태 먹은 스시 중 최고야! 저번에 도쿄에서 먹었던 스시집은 비싸기만 하고 맛은 드럽게 없었는데 여기는 아주 그냥...!"
"여기 진짜 괜찮지 않아요?"
"야, 스안아. 이런 데로 데려와줘서 진짜 너무 고마워."
여기서 더 가면 의도치 않게 광고하는 꼴이 될 것 같다. 아무튼 여기에 함께 데려 오는 모든 사람들은 이곳을 아주 만족스러워한다.
그래서 만족스럽게 배를 채운 우리는 본격적으로 장난감을 구경하기 시작했다.

하카타 빌리지뱅가드에서 발견한 파란색의 좀비라면   요도바시카메라의 실바니안 코너

두 시가 되고, 오빠는 서서히 공항으로 갈 시간이 다가오고 나는 일본인 친구와의 약속 시간이 다가왔다. 오빠는 조금 남은 시간 동안 마지막으로 하카타 역에 있는 '포켓몬센터' 매장으로 가 보겠다고 했다. 나는 역 근처에 있는 후쿠오카의 최대 규모의 100엔샵에 들렀다 가기로 했다. 갈 길이 나뉜 우리는 하카타 역 앞에서 서로 발로 차는 작별 세레모니를 한 후 조만간 한국에서 다시 만날 것을 약속했다.

나는 일본인 친구인 마유를 만나러 하카타 역에서 여섯 정거장 떨어진 도진마치 역으로 향했다. 오늘 우리는 후쿠오카타워 쪽의 해변에 함께 가기로 약속했고, 도진마치는 후쿠오카 타워와 그나마 제일 가까운 역이다. 나는 역 근처의 가스토에 들어가서 딸기 디저트를 먹으며 마유를 기다렸다. 마유는 내가 후쿠오카에서 유학하던 시절 제일 처음으로 사귄 일본인 친구이며 나보다 한 살이 어리다. 그래봤자 내 생일과 4개월밖에 차이가 나지 않아서 완전히 동갑 같은 친구다. 얼마 후, 마유가 내 앞으로 와서 반갑게 인사했고, 우리는 1년도 더 넘어서 만나는 것이었지만 어색함이 없었다. 마유에게 근황을 묻자, 고속버스로 1시간 20분 거리에 있는 키타큐슈(코쿠라 쪽)에서 대학원을 다니고 있다고 했다. 그래서 한 달 교통비만 20만원이 넘게 나온다고 했다. 그리고 알고 보니 첫 날 나를 재워 준 대만인 친구 센의 유학생활 도우미 역할이었다고 한다. 몰랐던 사실이었다.

우리는 밖으로 나와서도 대화를 계속했다. 가는 길에 돈키호테가 보여서 내가 평소에 갖고 싶었던 도라에몽 젤리 박스를 샀다. 커다란 도라에몽 피규어 박스 안에 젤리가 열 개 들어있는 것인데, 여태 여러 번의 일본 여행 중 곳곳에서 발견하기만 하고 항상 손에 넣을 기회가 없어서 나중에 사려고 미뤄둔 것이다. 흡족한 마음으로 도라에몽을 들고 마유와 함께 모모치 해변 쪽으로 걸어갔다. 낮에 보는 바다도 보고 싶어서 마유에게 같이 바다에 가자고 제안했던 것이다. 길에서 마주오던 많은 초등학생들이 내 도라에몽

후쿠오카타워는 밤이 되면 알록달록한 색을 뽐낸다.
개인적으로 보라색으로 빛날 때가 가장 예뻐보인다.

을 보고 "와, 도라에몽이다!" "도라에몽! 도라에몽!" 하고 소리치며 격한 반응을 보였다.

우리는 약 20분 정도를 걸었다. 가는 길에 후쿠오카 타워가 우뚝 솟아 있는 모습이 저 멀리서도 보였다. 바다도 살짝 보이기 시작했다. 우리는 그 전에 통과해서 바다로 들어가려고 했던 건물 안에 '로보스퀘어'라는 로봇 전시장이 있는 것을 알게 되어 잠시 구경하다 갈까 했지만, 아쉽게도 휴관일이었다. 유리창 너머로 어두운 실내 안에 허리를 숙이고 잠들어 있는 페퍼들의 모습이 보였다. '다음에는 꼭 너희들을 만나러 올게.'

후쿠오카 타워가 점점 가까워지면서 어제의 밤바다와는 사뭇 다른 풍경의 밝은 바다가 보였다. 어두웠던 어제의 밤바다도 아름답지만 이런 맑은 날의 바다는 더더욱 아름답다. 해변에 들어서자 웨딩촬영을 하는 두 그룹이 보였는데, 바람이 세게 불어서 모두 곤혹을 치르고 있는 것이 보였다. 그래도 그들은 매우 들뜨고, 행복해 보였다.

나처럼 관광 온 한국인들이 많은지 한국어도 곳곳에서 자주 들렸다. 나와 마유는 바닷바람을 느끼며 신나게 사진을 찍고 떠들며 놀았다. 바다를 두 번이나 왔으니 이제 미련이 없다.

바다를 충분히 즐긴 우리는 해가 지기 전에 텐진으로 가는 버스를 탔다. 나는 저녁에 텐진을 거쳐 학교로 한국인 친구들을 만나러 가기로 했고, 마유는 텐진에서 쇼핑할 것이 있다고 했다. 우리는 마지막으로 30분 정도 텐진에서 같이 돌아다니기로 했는데, 그때 서로가 아는 친구인 나나에게 찾아가 보기로 했다. 나나도 내가 후쿠오카대학교에서 유학하던 시절 알고 지내던 친구이다. 나나는 '키와미야'라는 스테이크 전문점에서 일을 하고 있었는데, '키와미야'는 텐진의 파르코 백화점 안에 있으며 한국인 관광객들 사이에서 특히 유명한 맛집이라 한국이 손님이 항상 많다. 나나가 가게에서 일하던 도중이라 짧은 시간밖에 만날 수 없었는데, 중간 중간 손님을 맞이하느라 매우 바쁜 와중에도 나를 반갑게 맞아 주었다. 작년까지는 그 가게의 알바생이었던 나나는 어느새 매니저가 되어 있었다. 대학교 졸업 후 이곳에 아예 취직했다고 한다. 바쁜 나나를 위해 우리는 금방 떠나가기로 했고, 다음으로 케고 공원 근처에 있는 '플라잉타이거'라는 북유럽 잡화점으로 향했다. 최근에 국내에서도 새로 런칭한 이곳은 독특한 디자인의 아이디어

상품이나 생활 잡화를 판매하는 잡화점인데, 대부분 가격이 매우 저렴하여 '북유럽 다이소' 라고 칭할 정도다. 심지어 세금이 물건의 가격에 포함되어 있어서 가격표 그대로 저렴하게 구입할 수 있다. 구경할 거리는 많았지만 오늘은 딱히 살 만한 건 없었다. 조만간 국내 지점에 가서 입고되어 있는 물건은 같은지, 가격은 얼마가 차이가 나는지 확인하러 가야지.

마유와 구경을 마치고 우리는 각자 갈 길로 갈 시간이 되었다. 오늘 짧은 시간이지만 나와 함께 해 준 마유가 고마웠다. 마유는 올해 12월 말에 한국에 놀러 온다고 하니, 곧 다시 만날 수 있다. 우리는 작별인사를 하고 나는 학교 쪽으로 가는 지하철을 타러 이동했다. 오늘의 마지막 코스는 친한 한국인 유학생들과 함께 저녁식사를 하는 것이다.
후쿠다이마에 역 개찰구에서 나오자 승우와 민철오빠가 나를 기다리고 있는 것이 보였다.
"승우야! 민철 오빠!"

승우는 저번 주에 만났지만 민철오빠는 거의 1년 만이었다. 민철오빠도 승우와 같은 후쿠오카대 학부생이며 동글동글한 얼굴에 전라도 사투리가 매력적인 사람이다.
"한국에서 잘 지냈어? 이제 먹으러 가자."
"오빠, 오랜만이에요! 저야 잘 지냈죠. 혜인 언니는요?"
"지금 오고 있대."
역에서 나와 술집으로 걸어가는데, 승우가 말했다.
"누나, 나 억울한 일 있었어요."
"왜, 왜! 무슨 일이 있었는데?"
"누나가 저희 집에 짐을 맡겼잖아요? 근데 장난감 중에 좀 변태같은 인형 하나 있었잖아요?"
"...내가 변태같은 인형을 샀었나?!"
"그 왜 있잖아요, 머리 털 달리고 짧은 치마 입은 애. 금마가 빤쓰가 다 보이던데요?"
"아, 걔! 걔가 뭐가 변태같아~"
"엊그제 일본 사시는 저희 이모가 잠깐 집에 오셨는데 제 방에 금마가 있는 걸 보시고는 저한테 '승우 너 언제부터 이런 취미가 있었니?' 이러셨다니깐요. 저 완전 오해받았어요."
"아하하하, 어떡해!"
"남자 혼자 사는 집에 그런 인형이 있으니까 얼마나 이상하게 보셨겠어요...!"
나는 딱히 승우가 불쌍하다기보다는 징징거림이 너무 웃기고 귀여웠다.
"미안해, 승우야. 그래도 다 이해해 주실 거야."
모이기로 약속한 술 집 앞에서 자전거를 타고 온 혜인언니와도 오랜만에 만났다. 혜인언니는 나보다 세 살 위인데 20대 초반으로 보이는 얼굴을 하고 있어 굉장히 동안이고 춤을 잘 추며 후쿠오카대 박사과정을 밟고 있어서 내가 '박사님' 이라고 부르곤 한다. 넷이 되고 우리는 술집 안으로 들어가 앉았다. 학교 근처에 있었는데, 손님은 우리뿐이었다. 우리는 각자 맥주

를 한 잔씩 주문하고, 내가 편식이 심하고 타코야끼를 광적으로 좋아하는 걸 아는 사람들은 내 타코야끼 한 그릇, 저들이 먹을 타코야끼 한 그릇도 주문해 주었다. 그 후에도 우리는 끊임없이 안주를 주문했다. 우리는 네 시간이 넘도록 얘기를 나누었는데 한국과 일본의 관계에 관한 이야기, 한국 정치에 관한 이야기, 인종차별에 관한 이야기 등 많은 주제를 입에 올렸다. 특히 승우는 일본에서 당해 온 서러움을 털어놓았다.

"제가 요즘 건축 관련해서 현장에서 인턴 뛰고 있잖아요? 하루는 나이 많은 아저씨랑 둘이서 같이 거래처에 가게 됐는데, 가는 길에 장어 덮밥 같이 먹자고 하데요? 그래서 알겠다고 했더니, 가게 들어가서 딱 자기 것만 계산하시더라구요. 이게 뭐 틀린 건 아닌데, 보통 한국 같으면 연장자가 사기보다 많이 어린 사람한테는 당연히 사주지 않아요..? 자기가 먼저 먹자고 제안했기도 하고. 그래서 아, 일본은 참 개인적이다 이 생각을 했죠. 그리고 또 한 번은 같이 일하는 아저씨들이랑 술자리를 가지게 됐는데, 우리 엄마에 대해서 묻더라구요. 그리고 킬킬 쪼개면서 하는 말이, 엄마가 일본에 놀러오시게 되면 자기 방에서 묵게 하라고 하는 거예요. 와… 그때는 정말 기분 더러웠어요. 남의 엄마를 놓고 그렇게 성희롱을 하더라구요."

그리고 승우가 이어서 꺼낸 말은 적잖이 충격이었다.

"그리고 제가 차가 있잖아요. 근데 작년 여름에, 하루는 차를 보니까 막 흠집이 나 있는 거예요. 왜 이러지 했는데, 며칠 지나서 보니깐 또 흠집이 더 나있는 거예요. 그래서 차에 블랙박스를 돌려 보니까, 내랑 과에서 제일 친한 친구가 내 차를 발로 차고 도망가는 게 찍혀 있는 거예요. 그땐 저 정말 너무 충격먹었어요. 그리고 또 작년 겨울에는 집에서 지갑을 털렸는데, 또 블랙박스를 돌려 보니깐 또 그 새끼가 우리집에 들락거린 게 찍힌 거예요. 그래서 참다 참다 자료 들고 경찰서에 갔더니, 이걸로는 증거가 확실하지 않대요. 이게 말이 돼요? 그러고서는 경찰관이 내한테 하는 말이, 너 일본어 엄청 잘한다, 이 말만 하고 저를 돌려보냈어요. 진짜 너무 답답하더라고요. 내가 차마 금마한테 면전에서 물어보긴 좀 그래가지고 계속 일단 가만히는 있는데 이렇게 시게 뒤통수 맞을 줄은 몰랐어요. 한 번만 더 그러면 그 땐 정말 안봐줄거예요."

승우의 말을 들은 우리는 너무나 어이가 없어 한동안 입을 벌리고 서로의 눈을 깜빡깜빡 쳐다보고 있었다. 그리고 각자의 입에서 나온 말은,

"이럴 수가. 최근 들은 얘기 중에서 제일 충격적이다." -스안

"승우야, 너는 사람이 너무 좋고 착해서 사람들이 그걸 이용하는 게 아닐까 싶다." -민철오빠

"그러게, 듣는 내가 너무 화가 난다. 정신나간 것들이 왜 이렇게 착한 승우를 괴롭히나 몰라." -혜인언니

그리고 우리는 계속 여러 주제로 대화를 이어갔다.

"다들 일본이랑 잘 맞아요?" -스안

"나는 잘 맞는 것 같아." -민철오빠

"나는 일본이 잘 안 맞을 줄 알았고 유럽이나 미국 쪽이 잘 맞을 거라고 생각했는데 일본도 살아보니 은근 잘 맞아." -혜인언니

"저는 아직도 맞는지 안 맞는지 모르겠는데, 일단 졸업하고 여기에서 쭉 일하게 됐으니까 안 맞아도 잘 살아 봐야죠." -승우

"나는 여태 뭐 당한 게 없어서 그런지 잘 맞는 것 같아요. 근데 일본에서 제대로 사회를 겪어 보면 이런저런 차별이나 피해의식이 생길 수도 있을 것 같기도 하고." -스안

술집에서 나온 우리는 술집과 가까운 기숙사 앞 잔디밭에서 다시 짧게 2차를 가졌다. 그 때 현재 후쿠오카대학교에서 교환유학을 하며 기숙사에 살고

있는 학생과도 만났는데 내 친구를 통해 내 책을 본 적이 있다며, 나를 이렇게 실물로 보게 될 줄은 몰랐다고 했다. 나도 내 책을 봐 준 사람이 있어서 기뻤다.

우리는 내 막차 시간 때문에 30분정도만 놀고 헤어졌다. 조만간 한국에서든 일본에서든 다시 만나게 될 사람들이다.

혜인언니와도, 민철오빠와도 헤어진 후 지하철을 타러 가기 전에 승우 집에 들러서 내 짐들을 받았다. 승우를 진땀 빼게 한 그 변태같은 아이와도 다시 만났다. 그리고 짐을 돌려주는 승우가 일본 차(茶)를 선물로 주었다. 그것도 세 개나. 나는 이번에 승우한테 자꾸 받기만 했다. 승우가 다음에 서울에 놀러올 일이 있으면 최선을 다해서 안내해 줘야겠다. 승우는 나를 개찰구 앞까지 배웅해 주었다. 만족스럽고 편안했던 이번 여행의 마지막 일정이었다.

나는 끝자리에 앉아 지하철 통로를 멍하니 바라보았다. 이제 내일이면 이곳을 떠나야 한다. 아쉬움은 극심한 슬픔으로 바뀌기 시작했다. 추억이 많은 후쿠오카. 좋아하는 사람들이 많은 후쿠오카. 내가 너무도 사랑하는 후쿠오카. 이곳을 너무나도 떠나기 싫었다.

숙소가 있는 역에 내리니 시간은 정오가 넘어 있었다. 아, 역시 이대로는 너무 아쉽다. 내일은 오전에 다시 텐진으로 가서 마쓰야에서 오리지널 카레로 아침을 먹고야 말겠다.

승우를 억울하게 한
그 변태 인형

2015년, 5개월동안 지냈던 기숙사

막차가 가까운 시간, 텐진 역 지하상가의 풍경

나나쿠마선 지하철 맨 뒷자리에 앉아 한참을 멍하니 터널을 바라보았다.

10월 13일 목요일   마지막 날 무로미-후쿠오카공항-한국

마쓰야의 오리지널 카레를 아침으로 먹겠다는 계획은 미련한 늦잠 때문에 물거품이 되고 말았다. 어제 너무 피곤했던 탓에 아까 나도 모르게 알람을 끄고 다시 잠든 모양이다. 맞춰둔 시간보다 두 시간 가량 늦게 눈이 떠진, 오전 8시 반이었다. 오전 12시 반 비행기라 공항에 아무리 늦어도 11시에는 도착해야 했고, 여기서 공항까지는 30분 이상이 걸리는 거리였다. 나는 일어나자마자 부랴부랴 나갈 준비를 하고, 짐을 챙기고 바로 공항으로 향했다. 마쓰야 카레는 다음에 다시 일본에 오면 마음껏 먹도록 하겠다.
10시가 좀 지나기 전에 게스트하우스에서 나와, 지하철을 타고 공항 역으로 향했다. 그닥 시간이 여유로운 상황은 아니었지만 어떻게든 끼니를 때우고 가야 했기에 공항 국내선 터미널 안에 있는 '하나마루 우동'에서 우동&카레 세트를 주문하고 아침 겸 점심을 먹었다. 이 가게도 내가 일본에서 자주 다녔던 단골 가게이다. 딱 15분만에 식사를 해결하고 바로 뛰쳐나와 국제선 터미널로 공항버스를 타고 이동했다. 급히 먹었지만 나름 만족했다.

발권 마감을 20여분 남겨두고 발권 부스 앞에 도착했다. 이 공항은 부스 쪽으로 들어가기 전 부터 캐리어 검사를 하는데, 뭔가 들어있으면 안 될 것이 있었는지, 보안검색대 직원이 나를 멈춰세웠다. 그리고 캐리어 안에 폭발위험물이 있으니 꺼내서 찾으라고 했다. 아니, 내 캐리어 안에 무슨 폭발위험물이 있어..?! 나는 대체 그게 왜 이 안에 있나 의심하며 캐리어를 열었다. 직원은 나를 계속 주시하고 있었다. 미처 제대로 정리하지 못한 수많은 장난감들이 어지럽게 섞여 있는 것이 노골적으로 드러나 조금 부끄러웠다. 그것들을 뒤지자, 밑에 하나비(불꽃놀이)가 살짝 보였다. 아! 이거였구나. 밤바다에 가면 하려고 사 두었는데, 깜빡 잊고 제때 가져가지 못한 것이다. 결국 압수당하고 말았다. 그래봤자 100엔 정도였으니 아쉬울 것은 없었다. 거의 마지막 순서로 티켓 발권을 하고, 이번에도 창가 자리로 부탁했다.

공항 게이트 옆에 있는 기념품 가게에서 가족에게 줄 기념품을 하나 샀다. 포장에는 '하카타인(人)'이라는 글자와 후쿠오카의 명물인 하카타인형이 그려져 있고 내용물은 작은 원기둥 모양의 카스테라 빵이었다. 사실 이건 내가 더 좋아하는 과자다. 인심쓰듯 나눠주는 척 하면서 나도 많이 먹을 셈이다.

시간이 되어, 비행기에 탑승했다. 어쩔 수 없이 여행의 끝이라는 것을 받아들이고 현실로 돌아가야 하는 우울한 순간이다. 나를 한국으로 데려가려는 이 비행기가 괜히 미웠다.

비행기는 이륙했고, 점점 작아지는 후쿠오카의 풍경을 내려다보며 언젠가 나시 올 날을 기약했다. 다음에 올 땐 부산을 거쳐 페리를 타고 와 볼까..? 나는 비행기에 탄 내내 창 너머 가득 낀 구름을 멍하니 바라보았다. 내 마음은 구름 뿐만 아니라 비까지 쏴아쏴아 하고 내렸다.

인천국제공항에 도착한 나는 유심칩을 도로 갈아끼우기 위해 가방을 뒤졌다. 하지만 아무리 가방을 뒤져도 원래 쓰던 유심칩은 보이지 않았다. 구석에 들어가서 캐리어를 열고 아무리 찾아봐도 나타날 기미가 없었다. 일단 집에 가서 다시 찾아보자 싶어 포기한 다음 집 앞까지 직행하는 공항버스에 지친 몸을 실었다.

집에 도착해서도 다시 캐리어와 가방을 뒤져 유심칩을 찾아봤지만 끝내 나타나지 않았다. 심지어 DSLR의 렌즈 뚜껑도 빠져 있다는 걸 깨달았다. 그것 또한 아무리 온 짐을 뒤져 봐도 발견되지 않았다. 대체 어디서 흘린 걸까. 저번에는 공항에 여권을 두고 왔는데 역시나 이번에도 이런 꼴이라니. 여행의 끝이 영 깔끔하지 못하다. 아무래도 이번 여행은 실수가 많았다(지난 일정들도 다를 건 없었지만 이번은 특히 심한 것 같다).
오늘 나름 고생을 한 탓인지 나는 이른 저녁에 정신을 잃고 그대로 침대에 흡수되어 버렸다.
평소와는 다르게 유난히 많은 일이 있었고, 유난히 많은 곳을 갔고, 유난히 행복했던 일본에서의 1주일은 그렇게 막을 내렸다. ●

그리고 나는 딱 한 달 후 지갑을 시내버스에 두고 내렸다가 종점으로 다시 가서 되찾는 실수를 또 저질렀고, 유심칩은 지갑을 버스에 두고 내린 다음날 치약칫솔이 든 파우치에서 발견되었다. 카메라 렌즈는 여전히 나타나지 않고 있다.

이번에 산 장난감들과 잡화들

8종의 후낫시 장난감 중 5개를 모았다.

311

글을 마치며

두번 째 책이 나왔다. 취업 성공기에 대한 책은 많지만 취업 실패기는 거의 없다. 그런데 이 책은 아무리 봐도 후자다. 그리고 그 실패가 나에게 새로운 물꼬를 터 주긴 했지만 말이다.

이 책을 정말 열심히 준비하긴 했어도 부족함이 많은 책이란 걸 스스로도 알고 있다. 글을 쓰고 책을 만드는 과정에서 이걸 세상에 내보일지 말지 셀 수 없이 많은 고민을 했다. 과연 이 글을 사람들이 읽어 줄까, 이 책은 내용이 뭐 이래 하면서 비난하진 않을까, 경험을 줄줄 나열하기만 해서 지루하진 않을까, 내 첫 책처럼 많은 실수를 한 건 아닐까, 그냥 소량만 찍어서 나만 보는 걸로 할까 생각했을 정도로. 그래도 내린 결론은, '그래도 한 번 이 세상에 질러보자'였다. 책이란 게 무조건 완벽해야 하고, 엄청난 필력을 자랑해야 하고, 엄청난 교훈을 줘야 하는 건 아니니까. 그저 나름대로 하고 싶은 말이 좀 있었던 거다. 그래도 적지 않은 가격을 지불하고 이 책을 선택해 주신 고마운 독자들에게 감사의 말을 전하고 싶다. 또, 내 스스로와 독자들에게 약속하고 싶은 것은 이 경험을 발판 삼아 앞으로 더 재미있고, 유익하고, 괜찮은 책을 만들겠다는 것이다.

그리고 글을 쓸 때 항상 느끼는 것은, 읽는 건 1분 만에 읽을 것을 쓰는 데는 한 시간이 넘게 걸린다는 것이다. 그래서 글을 쓰는 것은 나에게 고난과 인내의 시간이다. 하지만 기록해두었던 글을 가다듬고 완성해나가는 과정에서 지난 기억들이 생생히 되살아나면서 다시 그때의 일본으로 돌아간 듯한 착각에 빠진다. 글을 쓰다 말고 괜히 그 당시 만났던 친구들에게 보고싶다고, 잘 지내냐는 안부 연락을 하기도 한다.

후쿠오카에서 돌아온 지 4개월 정도가 지난 지금, 나는 조만간 다시 일본으로 떠나는 티켓을 끊을 것이다. 올해 일본 여정의 첫 스타트는 도쿄. 사실 나에게는 나만의 질병인 '도쿄병(病)'이라는 것이 있다. 몇 개월 이상 도쿄에 가지 못하면 어딜 가나 도쿄가 떠오르고, 그곳의 친구들과 단골 가게가 그리워지면서 우울증이 도지기 시작하는 증상이다. 참고로 이것은 '후쿠오카병'과 번갈아가며 재발한다. 이 두 군데는 아무래도 내가 적지 않은 기간 동안 유학하며 살았던 곳이고 많은 추억들이 있는 곳이라 그런 것 같다.

그리고 일본에서 나를 재워 준 친구들, 묵으러 오라고 해 준 친구들, 함께 놀아 준 친구들 모두에게 고마움을 느낀다. 현재 나는 가족들과 한 집에 살고 있기에 친구들을 묵게 하는 것에 어려움이 있지만, 언젠가 나도 나와 살게 된다면 외국인 친구들이 한국에 올 때마다 반드시 내 집에서 묵게 해 줄 것이다.

고마운 사람은 이들 뿐만은 아니다. 나를 언제나 항상 지켜봐주시고 격려해주시는 내 부모님, 친구들, 특히 출판사 로고를 제작해 주고 내가 짐승같이 울며 건 전화와 히로시마에서 미친 듯이 고민할 때 건 전화를 받아 준 대천사 미카엘 '강지현'씨, 그리고 내가 출판사를 만드는 데 심적으로도 금전적으로도 많은 도움을 주신 국민대학교 창업지원단, 또한 많은 정보를 계속해서 공유해 주시는 멘토님들, 작업할 때 내 귀를 행복하게 해 주는 내 가수 보아(BoA)님. 이 자리를 빌어 감사의 말을 전한다.

2016년, 스물다섯 살의 한 해. 정말 많은 생각과 고민을 하고, 많은 것을 느낀 한 해였다. 이 책이 세상에 빛을 볼 스물여섯 살의 2017년에도 한층 성장하는 내가 되기를 기대해 본다.

부록 점포명 / 위치 / 지도검색방법 / 홈페이지

오사카&교토

하나마루우동 신사이바시점 16p
大阪府大阪市中央区心斎橋筋2丁目8-7
はなまるうどん 大阪心斎橋店
구글 지도 어플에 'はなまるうどん 大阪心斎橋店' 검색
www.hanamaruudon.com

오사카성 28p
大阪府大阪市中央区1-1 大阪城
구글 지도 어플에 '오사카성' 검색
홈페이지 : www.osakacastle.net

구이다오레 29p
大阪府大阪市中央区道頓堀1丁目8-22
中座 くいだおれ ビル
구글 지도 어플에 'くいだおれ ビル' 검색
http://www.cui-daore.co.jp

호젠지요코초 31p
大阪府大阪市中央区難波 法善寺横丁
구글 지도 어플에 '호젠지요코초' 검색
http://houzenji.jp

츠텐카쿠 34p
大阪府大阪市浪速区恵美須東1丁目18-6 通天閣
구글 지도 어플에 '츠텐카쿠' 검색
http://www.tsutenkaku.co.jp

금각사 44p
京都府京都市北区金閣寺町1 金閣寺
구글 지도 어플에 '금각사' 검색
http://www.kinkaku-ji.or.jp

쿠라즈시 금각사점 44p
京都府京都市北区平野宮敷町4
くら寿司 金閣寺店
구글 지도 어플에 'くら寿司 金閣寺店' 검색
http://www.kura-corpo.co.jp

기요미즈데라 49p
京都府京都市東山区清水1丁目294 清水寺
구글 지도 어플에 '기요미즈데라' 검색
http://www.kiyomizudera.or.jp/

쿠라즈시 난바점 63p
大阪府大阪市浪速区敷津東1丁目8-23
くら寿司なんば元町店

도쿄

카마타 넷카페 manboo 72p
東京都大田区蒲田5丁目11
ネットルームマンボー 蒲田店
구글 지도 어플에 'ネットルームマンボー 蒲田店' 검색
http://www.manboo.co.jp

마쓰야 카마타점 73p
東京都大田区蒲田5丁目25-2
松屋 蒲田東口店
구글 지도 어플에 '松屋 蒲田東口店' 검색
www.matsuyafoods.co.jp

라디오회관 74p
東京都千代田区外神田1丁目15-16
秋葉原ラジオ会館
구글 지도 어플에 '라디오회관' 검색
http://www.akihabara-radiokaikan.co.jp

만다라케 컴플렉스점(아키하바라점) 74p
東京都千代田区外神田3丁目11-12
まんだらけコンプレックス
구글 지도 어플에 '아키하바라 만다라케' 검색
www.mandarake.co.jp (만다라케 공식 홈페이지)

가챠퐁회관 74p
東京都千代田区外神田3丁目15-5
秋葉原ガチャポン会館
구글 지도 어플에 '가챠퐁 회관' 혹은 '가챠폰 회관' 검색
www.akibagacha.com

도쿄 빅사이트 84p
東京都有明3丁目11-1 東京ビッグサイト
구글 지도 어플에 '도쿄 빅사이트' 검색
www.bigsight.jp

만다라케 나카노점 88p
東京都中野区中野5-52-15
まんだらけ 中野店
구글 지도 어플에 '만다라케 나카노' 검색

만다라케 시부야점 106p
東京都渋谷区宇田川町31-2
まんだらけ 渋谷店
구글 지도 어플에 '만다라케 시부야' 검색

다이소 하라주쿠점 106p
東京都渋谷区神宮前1丁目19-24 ダイソー原宿店
구글 지도 어플에 '다이소 하라주쿠' 검색
www.daiso-sangyo.co.jp

우오베이 시부야점 108p
東京都道玄坂2丁目29-11 魚べい 渋谷道玄坂店
구글 지도 어플에 '우오베이 시부야' 검색
www.genkisushi.co.jp/uobei

도쿄 역 캐릭터 스트리트 123p
東京都千代田区丸の内1丁目9-1
東京キャラクターストリート
구글 지도 어플에 '東京キャラクターストリート' 검색
http://www.tokyoeki-1bangai.co.jp/street/character

니혼바시 125p
도쿄 메트로 선 니혼바시 역 B9, B12출구에서 나와 도보 3분
구글 지도 어플에 '니혼바시 역' 검색

키디랜드 하라주쿠점 146p
東京都渋谷区 神宮前6-1-9
구글 지도 어플에 '키디랜드 하라주쿠' 검색
http://www.kiddyland.co.jp

코토리 카페 147p
東京都港区南青山6-3-7
구글 지도 어플에 'ことりカフェ' 검색
http://kotoricafe.jp

빌리지뱅가드 산겐자야점 159p
東京都世田谷区三軒茶屋1丁目34-12
ヴィレッジヴァンガード三軒茶屋
구글 지도 어플에 '빌리지뱅가드 산겐자야' 검색
http://www.village-v.co.jp

캐롯타워 157p
東京都世田谷区太子堂4丁目 キャロットタワー
구글 지도 어플에 'キャロットタワー' 검색
+츠타야는 캐롯타워 2층에 위치

쇼와여자대학교 165p
東京都太子堂1丁目7-57 昭和女子大学
구글 지도 어플에 '쇼와여자대학교' 검색
www.swu.ac.jp

스카이트리 168p
東京都墨田区押上1丁目1-2 東京スカイツリー
구글 지도 어플에 '스카이트리' 검색
www.tokyo-skytree.jp/kr

센소지 174p
東京都台東区浅草2丁目3-1 浅草寺
구글 지도 어플에 '센소지' 검색
www.senso-ji.jp

하쿠힌칸 토이파크 197p
東京都中央区銀座8丁目8-11
博品館トイパーク
구글 지도 어플에 '博品館トイパーク' 검색
www.hakuhinkan.co.jp

엔젤 돌즈 긴자 인형관 198p
東京都中央区銀座7丁目9 エンジェル・ドールズ
銀座人形館
구글 지도 어플에 '銀座人形館' 검색
www.angel-dolls.com

시부야 가스토 211p
시부야에는 가스토 점포가 3~4군데 정도 있으므로 구글 지도 어플에 '가스토 시부야'를 검색한 후 적당한 위치로 찾아 가면 된다.
http://www.skylark.co.jp/gusto/

후쿠오카&히로시마

후쿠오카대학교 236p
福岡県福岡市城南区七隈8-19-1
福岡大学
구글 지도 어플에 '후쿠오카대학교' 검색
www.fukuoka-u.ac.jp

아부라야마 전망대 239p
福岡県福岡市城南区片江106-1
구글 지도 어플에 '油山展望台' 검색

빅카메라 (히로시마 역) 251p
広島県広島市南区松原町5-1
http://www.biccamera.co.jp

히로시마대학교 271p
広島県東広島市鏡山1丁目 広島大学
구글 지도 어플에 '히로시마대학교' 검색
https://www.hiroshima-u.ac.jp/

원폭 돔 275p
日本広島県広島市中区大手町1-10 原爆ドーム
구글 지도 어플에 '원폭 돔' 혹은 '히로시마 평화기념공원' 검색
http://www.city.hiroshima.lg.jp/www/dome/index.html

혼도오리 278p
広島県広島市中区紙屋町2丁目3 本通駅
구글 지도 어플에 '혼도오리' 혹은 '혼도리' 검색

만다라케 텐진점 283p
福岡県福岡市中央区大名2丁目9-5
まんだらけ福岡店
구글 지도 어플에 '만다라케 텐진' 검색

텐진 북오프 283p
福岡県中央区天神4丁目3-20
BOOKOFF SUPER BAZAAR ノース天神店
구글 지도 어플에 'BOOKOFF ノース天神' 검색
http://www.bookoff.co.jp

케고 공원 286p
福岡県福岡市中央区天神2丁目2
구글 지도 어플에 '警固公園' 혹은 'kego park' 검색

빌리지뱅가드 텐진파르코점 287p
福岡県福岡市中央区天神2丁目11-1
福岡パルコ本館7F
구글 지도 어플에 '빌리지뱅가드 텐진' 검색

텐진 사이제리야 288p
텐진에는 사이제리야 점포가 3군데 정도가 있으므로 구글 지도 어플에 'サイゼリヤ 天神'를 검색한 후 적당한 위치로 찾아 가면 된다.
http://www.saizeriya.co.jp

요도바시카메라 하카타점 294p
福岡県福岡市博多区博多駅中央街6-12
구글 지도 어플에 '요도바시카메라 하카타' 검색
www.yodobashi.com
+큐슈 최대 규모의 가챠퐁 머신 구역은 3층에 위치
+우오베이 요도바시카메라점은 4층에 위치

포켓몬센터 후쿠오카(하카타)점 295p
日本福岡県福岡市博多区博多駅中央街1-1
ポケモンセンターフクオカ
구글 지도 어플에 'ポケモンセンターフクオカ' 검색
http://www.pokemon.co.jp

다이소 하카타 버스터미널점 295p
福岡県福岡市博多区博多駅中央街 2-1
ダイソ博多バスターミナル 店
구글 지도 어플에 '다이소 하카타' 검색

후쿠오카타워 296p
福岡県福岡市早良区百道浜2-3-26
구글 지도 어플에 '후쿠오카타워' 검색
www.fukuokatower.co.jp

로보스퀘어 298p
福岡市早良区百道浜2-3-2 TNC放送会館2階
구글 지도 어플에 'ロボスクエア' 혹은 'robosquare' 검색
robosquare.city.fukuoka.lg.jp

키와미야 텐진파르코점 300p
日本福岡県福岡市中央区天神2丁目11-1
極味や 天神パルコ店
구글 지도 어플에 '키와미야 텐진' 검색
www.kiwamiya.com

플라잉타이거 텐진점 301p
福岡県福岡市中央区大名1-1-40 フライングタイガー
구글 지도 어플에 '플라잉타이거 텐진' 검색
jp.flyingtiger.com

Canon

국대떡볶이

이 책에 사용된 서체들은 한글을 널리 이롭게 하기 위하여 개인/기업 사용 제한 없이
서체를 무료로 배포해 주신 기업들의 서체입니다.

- 캐논 EOS
- 배달의민족
- 티몬
- 스웨거
- 야놀자
- 국대떡볶이 등

기업들께 감사의 말씀을 전합니다.

지금까지의 여정 중 개인적으로 가장 좋지 않은 기억만 남아있는 히로시마.
하지만 아이러니하게도 그곳에서 가장 내 맘에 드는 사진을 건졌다. 2016/10/9

장난감 & 책 오타쿠 일본 취준생의
한 해 다섯 번 떠난 일본 여정 다이어리

글·사진 / 이스안

초판 발행 / 2017. 3. 16

출력·인쇄 / 유일인쇄

펴낸곳 / 토이필북스
편집 / 토이필북스
등록 / 2017-00016
팩스 / 02-6442-1994
메일 / toyphilbooks@naver.com

www.toyphilbooks.com
토이필북스는 키덜트 문화를 선두하고,
공유하는 출판 브랜드입니다.

이 책의 저작권은 저자와 토이필북스에 있으며
이 책에 실린 사진과 글의 무단 전재 및 복제를 금합니다.
잘못된 책은 바꾸어 드립니다.

ISBN 979-11-960284-0-4
책값은 뒤표지에 있습니다.

이 책은 국민대학교 창업지원단의 지원을 받아 제작되었습니다.